郑通涛 主编

柯雯靖 著

复杂动态理论下的国际汉语教师能力研究

"国际汉语教育研究"丛书

厦门大学出版社
XIAMEN UNIVERSITY PRESS

国家一级出版社
全国百佳图书出版单位

图书在版编目(CIP)数据

复杂动态理论下的国际汉语教师能力研究/柯雯靖著.—厦门:厦门大学出版社，
2019.6(2021.7 重印)
("国际汉语教育研究"丛书)
ISBN 978-7-5615-7426-3

Ⅰ.①复…　Ⅱ.①柯…　Ⅲ.①汉语－对外汉语教学－教师－教学能力－研究
Ⅳ.①H195

中国版本图书馆 CIP 数据核字(2019)第 093685 号

出 版 人	郑文礼
责任编辑	刘　璐
封面设计	张雨秋
技术编辑	朱　楷

出版发行　厦门大学出版社

社　　址	厦门市软件园二期望海路 39 号
邮政编码	361008
总 编 办	0592-2182177　0592-2181406(传真)
营销中心	0592-2184458　0592-2181365
网　　址	http://www.xmupress.com
邮　　箱	xmup@xmupress.com
印　　刷	广东虎彩云印刷有限公司

开本	720 mm×1 000 mm　1/16
印张	14
字数	238 千字
版次	2019 年 6 月第 1 版
印次	2021 年 7 月第 2 次印刷
定价	59.00 元

本书如有印装质量问题请直接寄承印厂调换

厦门大学出版社
微信二维码

厦门大学出版社
微博二维码

"国际汉语教育研究"丛书总序

郑通涛

国际汉语教育是面向国际汉语学习者的以汉语文化教学为载体的教育实践过程，是汉语和中华文化走向世界的重要平台。

作为一门多学科交叉融合的新兴学科，国际汉语教育虽起步较晚，但跨越国界的汉语教育实践活动却源远流长，历史上汉字文化圈的形成、中国语言文化典籍的外传、西方汉学的兴起发展以及海外华侨华人的华文教育等便是最好的明证，也为当今国际汉语教育和中华文化传播的实践与学术研究提供了丰富的历史借鉴。

作为文化载体的语言，是人类文明与民族文化的结晶。国外开展语言国际推广教育的历史悠久、影响深远。早在15世纪，"语言作为立国的工具"的重要性就得到了国际上的普遍认可。18世纪中叶，西方各国政府都把语言推广看作"教化属地内有色人种最重要的方式"，也是除政治、军事和经济以外的第四个层面的外交活动。

在当今强调文化影响力等"软实力"的时代，语言的国际教育不仅是国际政治、经济、文化交流的有效工具，也是获取民族和国家利益的重要手段。语言的国际化程度已日益成为国家综合实力的重要体现，向国外推广本国语言更是成为增强国家软实力、提升国际地位的重要战略手段。因而，语言的国际教育就不只是语言的教学和推广，更重要的是以本国语言为载体，传播自己的文化和价值观念，使本国文化在世界多元文化格局中占据重要地位，借以提高本国的国际地位。

综观国外的语言推广发展状况，可以发现这样两点共识：一是各国普遍将本民族语言教育的国际化纳入其强国战略的一个组成部分；二是将语言教育和文化推广相结合是发达国家向外传播自己的语言时所采取的一个基本政策。英国文化委员会、法语联盟、德国歌德学院、西班牙塞万提斯学院等借助语言国际教育在各国人文外交中逐步声名鹊起，在全球范围内建立了语言教学、教育文化交流、国际服务等分支机构，以促进文化、教育、国际关系的拓展和交流。

自新中国成立特别是改革开放以来，国际汉语教育承前启后，日渐由零散走向系统，展现出全新的局面。随着中国经济的高速发展和国际地位的大幅提升，国际汉语教育也被赋予新的历史内涵，成为中国语言文化传播和展现中国文化软实力的重要路径，得到国际社会越来越广泛的关注。

国际汉语教育作为一门学科，它以国际汉语学习者为中心，研究国际汉语学习者汉语学习的理论和实践，国际汉语教师的专业发展途径与特点，国别化汉语教育的课程、教材、教法，国际汉语教育所涉及的各种教育测评问题，不同国家的语言国际教育之对比，以及国际汉语教育发展的历史脉络，等等。较之传统的对外汉语教学，国际汉语教育所研究的对象和规律拓展到教学方法之外的教育学诸多分支领域，研究问题的转变带来了研究内容、研究方法的重大转变，学科内涵得到进一步丰富。

国际汉语教育学科既要分析与总结国际汉语教育的实践和现象，也要研究跨语言文化背景下的国际汉语教育的理论和规律，探索汉语国际传播的机制、路径、策略和手段，因此，语言学、教育学、心理学、管理学、经济学、历史学、文化学、政治学、社会学、国际关系学、计算机科学等都进入了国际汉语教育学科的研究视野。

第一，国际汉语教育以汉语教学为载体，因此必须在汉语语言学理论基础上研究作为外语或二语的汉语本体的特点、结构和功能，它一方面可直接为国际汉语教育服务，另一方面又可加深我们对汉语自身特点的认识，促进汉语本体研究的深入发展，因而汉语语言学和汉外语言对比成为学科重要的基础理论之一。

第二，国际汉语教育本质上是一种教育实践活动，因此就必须遵循教育教学的基本规律和原则，并针对国际汉语教育的实际需求，确立教育教学的具体原则和方法，使国际汉语教育既体现出教育的目的和教育的阶段性，又体现出本学科的性质和特点，这些都与教育学及其各分支学科密切相关。

第三，国际汉语教育是汉语作为第二语言的教育，涉及国际汉语学习者的生理、情感、认知因素及学习迁移、学习策略、交际策略等，也涉及国际汉语教师的心理素质、职业道德修养和职业发展规划等，这些都与心理学及其各分支学科有密切关系。

第四，国际汉语教育对象学习汉语的过程，实质上是跨越自己的母语文化学习另一种语言文化的过程。国际汉语教育要培养学习者的交际能力，实际上是培养其跨文化的交际能力。交际能力中所包括的社会语言能力、话语能力和策略能力，均与文化有关，因而国际汉语教育需要以文化学和跨文化交际学理论为指导。

第五，国际汉语教育本质上也是语言文化的国际推广和传播过程，传播学研究人类社会信息系统及其运行规律，研究传播行为和传播过程发生、发展的规律以及传播与人和社会的关系，因而国际汉语教育需要以传播学理论作为指导，以提高汉语文化教育传播的针对性和实效性。

第六，国际汉语教育作为中外人文交流的重要载体，需要以国际关系学及公共外交理论作为指导，研究如何通过汉语文化国际教育机制和体制及区域化、国别化策略，提升汉语与中华文化的国际影响力，不断丰富中外人文交流的内涵，在潜移默化中影响其他国家的民众并形成国际舆论，在国际上树立中国良好的形象，进而实现国家的战略利益。

国外在语言国际教育领域中的成果与经验，对我国国际汉语教育的学科建设发展具有诸多启发和借鉴意义。事实上，我国学界已经或正在把国外语言国际教育的理论和经验引入国际汉语教育的实践与科研之中，在借鉴国外语言国际教育相关理论和经验的同时，努力探索符合汉语与中国自身特点的国际汉语教育之路。

汉语教学是汉语国际教育的载体和支撑。汉语作为外语教学的主要难点是什么？如何降低汉语学习的门槛，帮助外国人更快更好地掌握汉语，这是我们在汉语国际教育过程中不得不面对的问题。作为汉语教学的母语国，我们不能仅仅依赖于对外来模式的借鉴，而必须具有国际领先和模式输出意识，必须首先建立自己的有说服力的品牌。在汉语教学国际化进程中，掌握制定规则、输出规则的主动权，这是决定我们能够引领国际汉语教育潮流的重要之举。

为此必须进一步促进汉语国际教育学科理论的深化和教学实践的创新，在借鉴、吸收世界第二语言教学经验和成果的同时，应着重从汉语内在的特征和自身规律出发，建构汉语作为第二语言教学基础理论。一是进行针对外国学习者的汉语本体研究，侧重点是教学中的难点以及汉语同学习者的母语或第一语言的差异，并结合学习者的认知心理和语言习得以及跨文化交际等对汉语进行多角度综合研究；二是进行汉语作为第二语言的学习理论与教学理论的研究，包括习得理论、教学模式、教学方法等的研究；三是进行针对教学实践和解决遇到的瓶颈问题的研究，包括教学案例、课堂教学设计、教学管理、测试评估、语料库建设、教材编写、师资培训、现代教育技术等的研究与推广。

"国际汉语教育研究"丛书收录了当今国际汉语教育领域最新的研究成果，并分门别类做了编排。我们衷心希望本套丛书的出版能为汉语国际教育事业添砖加瓦，也能为推动两岸国际汉语教育和中华文化传播协同创新及深化两岸关系和平发展做出一点应有的贡献。

目 录

第一章 绪 论

第一节 研究缘起

汉语国际教育对"教师""教材""教法"三教问题的讨论已成热门,其中,"教师"问题是核心。国际汉语教师的问题研究是国际汉语教育界的热门主题,也是制约国际汉语教学效率的因素之一。[1][2] 在教学环境、学习需求、学习目的、教学样式、教学理念和教学法都多样化的环境下,国际汉语教师的研究成为最受关注的内容。学者们不断重视国际汉语教师的发展现状,既讨论到加强国际汉语教师的师资队伍建设,将培养和建设专业化、高素质的师资队伍作为发展国际汉语教学的重要方式[3],也提出建立一支高素质的教师队伍是当务之急,是汉语国际教育发展的根本[4]。然而,目前研究显示,国际汉语教师所面对的师资问题并未得到有效解决。

一、国际汉语教师的普遍问题

师资数量不足与师资质量不高,是国际汉语教师所面临的两大普遍问题。

李嘉郁[5]提到,东南亚的汉语师资普遍问题在于师资匮乏、老化和后继乏人,且短期难以解决。东南亚地区的政治问题对教师数量产生限制,一些国家中断了多年的汉语教学,因而出现了汉语教师奇缺的困难现象。[6] 教师数量的缺乏,一定程度上降低了对汉语教师师资质量的要求。郭熙[7]从海外华文教师整体情况的角度分析,认为东南亚和欧美地区的师资问题主要体现在师资匮乏,教师队伍整体结构不稳定,兼职教师多,人员流动性大,而教师后

---

① 黄启庆, 刘薇. 国际汉语教师研究三十年回顾与展望 [J]. 云南师范大学学报 (对外汉语教学与研究版), 2017, 15(02):1-16.

② 崔希亮. 汉语国际教育 "三教" 问题的核心与基础 [J]. 世界汉语教学, 2010, 24(01):73-81.

③ 李泉. 国际汉语教师培养规格问题探讨 [J]. 华文教学与研究, 2012(01):51-59.

④ 刘珣. 迈向 21 世纪的汉语作为第二语言教学 [J]. 语言教学与研究, 2000(01):55-60.

⑤ 李嘉郁. 华文教师培养与培训研究 [M]. 北京 : 商务印书馆, 2016.

⑥ 刘珣. 迈向 21 世纪的汉语作为第二语言教学 [J]. 语言教学与研究, 2000(01):55-60.

⑦ 郭熙. 华文教师培养与培训研究 [M]. 商务印书馆, 2016.

· 1 ·

继无人和流失现象也很普遍，另外教师的专业素养和素质，尤其是汉语作为第二语言教学的技能严重欠缺，教师之间的交流和不够。以个案为例，王子义、牛端①就发现，埃及的教师师资数量严重缺乏，师资来源既包括中国教师也包括当地教师，师资质量参差不齐，学历背景也不齐整，不仅语言能力和专业知识不统一，教学也缺乏系统性。Chen②则认为澳洲汉语教师无法满足本土学生的需求，对澳洲文化不熟悉，对学生学习动机的感知程度低，不吸引学生注意力，无法准确获取学生语言学习的状态。

从国际汉语教师问题的研究中发现，对师资数量和师资质量问题的讨论往往是并行的。一方面教师的数量不能有效支持如今广泛开展的汉语国际教育，许多地区都在反映教师数量不足，另一方面，教师的教学水平并不能保证汉语国际教育的质量。对国际汉语教师的需求量逐年增加，但教师数量供不应求导致了教学机构降低了对国际汉语教师的能力要求。吕必松③提到，影响教师业务素质的一个主要观点是"教外国人学汉语并不难"，这个问题导致了聘用的教师不具备对外汉语教学的起码条件，选派出国的教师不具备教学经验，教师在职培训并未与教师专业背景相符，师资的培养也没有明确的培养目标。近二十年后国际汉语教师发展也仍然遇到这些问题。汉语教师需求量增加，对教师的录取要求不升反降，对教师教学水平和能力的要求放宽，虽能一定程度上缓解教师缺乏的问题，却导致了低效和消极的教学。教师的水平参差不齐，教学效果不好，优秀教师们在不受支持的工作环境中，降低了个人的教学效能感，在工作热情和工作动力都逐渐减少的情况下选择离职，从而导致了教师在数量和质量问题上的恶性循环。

教师培训是解决教师质量问题的有效方式。但目前研究主要针对新手教师和职前培训，对熟手教师和职内教师的研究都比较缺乏。④国际汉语教师队伍中教师的组成部分多样，赵金铭⑤认为，本土教师应该作为中坚力量存在，而他们的培养，则需要从汉语水平开始。但如今的教师培养与培训，注重语言技能的培养，以及对学习者学习过程的观察，却忽视了自身语言学知识

① 王子义，牛端．埃及汉语师资的现状与对策分析 [C]// 姜明宝．汉语国际教育：人才培养现状与对策．北京：北京语言大学出版社，2013: 24-42.

② Chen Z. Self-efficacy in Teaching Chinese as a Foreign Language in Australian Schools[J]. Australian Journal of teacher education, 2015,40(8):24-42.

③ 吕必松．关于对外汉语教师业务素质的几个问题 [J]. 世界汉语教学，1989(01):1-17.

④ 江新，郝丽霞．新手和熟手对外汉语教师实践性知识的研究 [J]. 语言教学与研究，2011(02):1-8.

⑤ 赵金铭．何为国际汉语教育"国际化""本土化" [J]. 云南师范大学学报（对外汉语教学与研究版），2014(02):24-31.

的积累。从海外华文教师的角度，李嘉郁[①]则提到，教师的培训多数为短期培训，比起国内的专业培训，在较高的岗位需求、较低专业素质和有限学习投入中，教师还是面临着期待值与实际效果之间的巨大落差。目前教师培训并未有效解决国际汉语教师的实际问题。

二、国际汉语教师的培养问题

汉语国际教育专业学习，是国际汉语教师的主要培养方式，在培养目标、课程设计、教师和学生实际情况等方面仍然存在问题。据李春玲[②]总结，目前汉语国际教育师资培养主要存在四方面的问题，包括师资质量总体不高，培养师资院校的师资队伍水平参差不齐，培养理念不够与时俱进，培养模式太过单一。目前国际汉语教师的培养方式不尽如人意，不能有效解决存在的教师师资数量和师资质量的双重问题。

以汉语国际教育硕士专业为例，对课程设置问题的讨论主要针对专业的具体定位。2013年，对外汉语专业从专业目录中并入汉语国际教育专业，但2009年改版的专业培养方案并未进行更新。在专业课程设置中要求更强的应用能力，区分了培养学生类型，用"专业型"硕士与"学术型"硕士相区分，在课程安排上更注重专业型训练，在培养方案中增加了教学实践，减少了汉语语言学等理论课程。与国外的专业设置相比，汉语国际教育硕士专业的专业教学法内容课程偏少，实习分数和比例太低，而研究方法的相关课程设置也不多。[③④] 何李[⑤]通过与台湾华语文教学专业比较发现，大陆高校的课程设置更强调必修课的比重和学分，忽视了实习和社会服务的重要性，课程设置的多元化特点也并不突出。

实际上，对于"学术型"和"专业型"硕士的区别，并未真正对专业定位和课程设置提供帮助。减少学术型课程没有使学生的学术意识得到培养，汉语语言本体和语言学理论知识的学习课程太少受到了诟病，专业型的实践课程在具体的课时安排中占比也不高，学习者表示能提高教学能力的实践性课

---

① 李嘉郁. 华文教师培养与培训研究 [M]. 北京：商务印书馆，2016.

② 李春玲. 关于汉语国际教育师资培养的新构想 [J]. 云南师范大学学报（对外汉语教学与研究版），2015(01):63-70.

③ 田艳. 基于英国 MTESOL 课程体系对汉语国际教育硕士课程设置的思考 [J]. 世界汉语教学，2012(02):276-288.

④ Kun S. Teacher development in China: A study of pedagogical training in TCFL[J]. US-China Education Review, 2010,7(8): 102-107.

⑤ 何李. 台湾高校华语文教学专业人才培养模式探析——以台湾师范大学、铭传大学、文藻外语大学为例 [J]. 四川职业技术学院学报，2015, 25(05):95-99.

程数量少。①②虽然"专业型"硕士更强调培养学生的应用能力，但很多学生的实习机会并没有获得保证，一部分学生无法进行有效的实践。③对"专业型"和"学术型"的区分培养更忽视了专业硕士的学术能力，对毕业论文的要求更强调应用价值和一线经验。但刘颂浩④认为，汉语国际教育硕士项目的学术意识同样不可或缺，要用学术的眼光找解决方案。但大部分学校将培养重点放在学生的应用和实践，忽视了学生的学术和研究能力。研究中也发现，对于专业毕业生而言，科研能力、学术意识和相应的语言学理论知识，都是未来教学中必需的能力，同样需要通过专业学习进行提高。

除了课程设置之外，专业培养中的师资配备同样遭受质疑。目前，高校的专业设置虽然将"专业型"硕士和"学术型"硕士进行区分，但汉语国际教育专业与应用语言学等学术型专业往往被安排在同一学院中。即使专业方向和授课内容有所区分，但授课教师团队却是相同的，不同专业学生往往同上一门课。对教师团队而言，如何有针对性地对待不同专业学习者进行有效的教学内容区分，甚至面对同一堂课里的不同专业的学生如何教学，都是巨大的挑战。目前，汉语国际教育硕士专业的授课教师的专业背景比较单一，在实际教学过程中，教学资源的整合很成问题。⑤授课教师教学能力有限，在专业分科教学中并未进行专业性区分，课堂教学不受学生的欢迎。⑥在专业设置上，力图对专业学生的实践性提出强调，但教学环节却无法有效实施。

专业学生的背景同样也导致了专业培养过程中的难题。学生最主要的问题就是基本功不扎实。⑦"专业型"专业对学生学习背景有更多元的要求，学生的学科背景构成包括了中文、外文和教育学，但学生学习过程中，不同的背景和能力的参差同样影响着学生的水平⑧⑨，在国际汉语教学复杂且多样的环境中往

① 陈申，薛馨华．国际汉语教师培养理念解构 [J]．语言教学与研究，2010(05):28-33.

② 吴坚，刘立云．汉语国际教育硕士课堂教学能力培养策略——基于 X 大学的案例分析 [J]．云南师范大学学报 (对外汉语教学与研究版)，2014(03):32-38.

③ 赵金铭．课程体系与实习体系——汉语国际教育硕士专业学位的两个科学体系：第二届全国汉语国际教育人才培养论坛暨专业硕士培养工作研讨会 [C]．北京：北京大学出版社，2011.

④ 刘颂浩．汉语国际教育专业硕士培养中的若干问题 [J]．华文教学与研究，2013(04):44-50.

⑤ 李向农，贾益民．对外汉语与汉语国际教育：专业与学科之辨 [J]．湖北大学学报 (哲学社会科学版)，2011(04):21-25.

⑥ 黄晓颖．汉语国际推广背景下的有效教学 [J]．东北师大学报 (哲学社会科学版)，2011(05):172-176.

⑦ 刘涛，刘富华．国际汉语教师课堂教学能力培训策略研究 [J]．东北师大学报 (哲学社会科学版)，2013(01):185-188.

⑧ 郭风岚．关于海外汉语教师培训的几点思考 [J]．语言教学与研究，2012(02):33-38.

⑨ 郭小瑜．汉语国际教育专业硕士培养的研究与实践 [D]．苏州大学，2014.

往暴露了教师职前知识体系的不完整①。专业硕士的学习年限以 2—3 年为主，而一年的实习要求也基本决定了学生在校学习的时间限定为一年左右，不同专业的学生知识体系都不一样，虽然各高校也尽量解决问题，例如北京大学就要求本科非汉语言文字学或对外汉语教学专业者在硕士学习过程中，需要必修应用语言学和汉语语言学导论两门课程，但正是培养方案中并未强调针对不同专业学生的不同培养方式，学生们进行教学实习时容易产生各种不适和教学问题。因此，国际汉语教师的背景不同往往会影响到教学发展，而这种背景的不同不可避免，针对性培养显得尤其重要，但目前的教师培养无法有效的支持。

专业硕士的教育，更应被理解成成人的专业教育，其功能是教师专业素质的养成，而并非基础素质的培养，因此它的学习过程是一个经验过程。②目前汉语国际教育专业的建设如火如荼，然而其中存在的问题，不仅影响专业学生的能力培养，也影响国际汉语教师师资队伍的建设发展，更直接影响汉语教学的实际效果。尤其在专业招收海外留学生的环境下，专业培养模式的针对性不足，并未有效培养未来教师的综合素质和能力。

国际汉语教师问题研究中，讨论最为普遍的是教师师资数量和教师师资质量之间的不平衡。教师需求量的增加并未促进教师数量和质量的共同提高，反而引起恶性循环。目前的教师培训和专业培养，也未能有效解决这个问题。教师能力是目前所有讨论的核心部分。从国际汉语教师师资的数量、质量双重问题上看，提高国际汉语教师师资的数量是解决表层问题，而注重教师质量的培养则是从深层次解决问题。提升国际汉语教师综合能力，不仅从质量上提高汉语教学水平，支持教师的教学工作，还可以提升汉语国际教育的整体吸引力，使更多的有志之士加入到国际汉语教师的队伍中。本文就试图从国际汉语教师的能力入手探讨如何解决国际汉语教师所面临的问题。

第二节　研究综述

一、国际汉语教师能力研究趋势

"一带一路"倡议旨在通过积极主动地发展中国与相关国家在经济、文化

---

① 王添淼. 国际汉语教师专业发展现状及其对策 [J]. 东北师大学报（哲学社会科学版），2015(02):229-231.

② 宁虹，赖力敏."零距离"教师教育——全日制教育专业硕士培养的探索 [J]. 教育研究，2015,36(01):81-89.

领域的深入合作，创造良好的外部环境和合作共赢的新格局。各国与中国的合作交流的增多，大幅度增加了对汉语人才的需求量。随着"一带一路"倡议的实施，中国与周边国家的合作交流升温，为提升产业经济合作和整体竞争力，加强"一带一路"语言能力建设也成为倡议顺利实施的重要基础性工作[①]。《"一带一路"大数据报告（2017）》[②]提出，需要着力培养"一带一路"复合型语言人才，也需要大力推进"一带一路"语言国际合作交流，刘曙雄[③]和聂丹[④]也分别提到，语言人才的培养，尤其是"语言＋专业"的复合型人才的培养，是为语言文化融通、民心相连和相通服务的，而汉语作为国家之间合作与交流的助推器，就应该通过语言教育和语言学习实现语言互通。汉语国际教育，在"一带一路"环境中更具有实用性，尤其能满足三个层次的汉语人才需求。一是基本交际型的通用汉语人才，二是具有专业特点的复合型汉语人才，三是了解中国文化、精通中文的高级汉语人才。[⑤]发展汉语国际教育培养人才，就是新形势下对语言能力建设的重要体现。吴应辉[⑥]也提到，汉语国际教育是为"一带一路"倡议培养亟须语言文化人才的重要协助。汉语人才的需求量增加，催生了又一波"汉语学习热"，从而推动了对汉语教师的旺盛需求[⑦]。近年的"汉语热"在"一带一路"倡议的作用下，更着重于沿线国家对专业汉语学习的需求，无论是汉语语言能力的提升，或者促进复合型人才的培养，这一切都将重点转移向国际汉语教师的引进和培养。在以"需求"为导向的汉语国际教育发展中，结合国家战略开展汉语教学也成为人才培养过程中需要着重强调的一环。[⑧]对于汉语教学的培养方式，新环境下的实际需求有着重要的影响。

根据《全面深化新时代教师队伍建设改革的意见》[⑨]要求，"大力振兴教师教育，不断提升教师专业素质能力"成为新时期的重点发展方向，对教师能力

① "一带一路"数据观：语言服务业，"偏科"严重，小语种服务能力匮乏 [EB/OL]. [2018-01-23]. https://www.yidaiyilu.gov.cn/xwzx/gnxw/39732.htm.

② 国家信息中心"一带一路"大数据中心，大连东北亚大数据中心，一带一路大数据技术有限公司，大连瀚闻资讯有限公司. "一带一路"贸易合作大数据报告 (2017) [R], 2017.

③ 刘曙雄. 与"一带一路"同行的"非通人才"培养 [J]. 神州学人，2016(01):12-13.

④ 聂丹. "一带一路"亟须语言资源的互联互通 [J]. 人民论坛·学术前沿，2015(22):66-71.

⑤ 何亮. "一带一路"需要国际汉语人才 [N]. 中国社会科学报，2016-02-02(003).

⑥ 吴应辉. 汉语国际教育面临的若干理论与实践问题 [J]. 云南师范大学学报（哲学社会科学版），2016, 48(01):38-46.

⑦ 孙宜学. "一带一路"建设催生对外汉语教师旺盛需求 [N]. 文汇报，2017-07-21(007).

⑧ 郑通涛，陈荣岚，方环海. 基于"需求"导向的汉语国际教育的发展与创新——亚太地区国际汉语教学学会第八届年会综述 [J]. 海外华文教育，2017(03):390-404.

⑨ 中华人民共和国中央人民政府，中共中央国务院关于全面深化新时代教师队伍建设改革的意见 [EB/OL]. [2018-01-31]. http://www.gov.cn/xinwen/2018-01/31/content_5262659.htm.

的进一步重视，不仅强调了"一带一路"环境下教师双向交流，还需要提高教师能力和质量，全面开展能力培训，建设高素质创新型的教师队伍。

对国际汉语教师能力的研究，在新环境新需求新时期中同样具有新意义。本文将通过对国际汉语教师能力发展的现有研究着手，转变研究思路，通过更为全面的视角去分析国际汉语教师在能力发展过程的必备条件，从更为真实的教学环境中去探讨国际汉语教师能力的实际特点，并从更具阶段性的过程去摸索国际汉语教师能力发展的过程，通过更复杂更动态的视角，去揭示国际汉语教师能力发展研究的新方向，从而更为有效地解决国际汉语教师目前存在的问题。

Fessler(1985)[①] 认为，教师的职业生命周期分为八个阶段，职前教育(Pre-service)、实习导入(Induction)、能力建立(Competency building)、有热情成长(Enthusiastic and growing)、生涯挫折(career frustration)、稳定和停滞(stable and stagnant)、生涯低落(career wind down)、生涯隐退(career exit)。其中可见，能力建立也是教师正式职业生涯中的起始阶段，说明教师教学工作的实际开展阶段，最需要的就是培养能力，建立个人能力体系，并开始应对职业生涯。这个阶段的教师不仅从学科掌握的程度而言，高于前两个阶段，从工作热情和工作态度方面也比后面几个阶段积极，教师更希望完善自己的教学，并且渴望提高技能，全面发展。教师能力的研究也集中于这个阶段。

无论是大环境下各国与中国关系的不断变化，或者"国别化"影响下各国的汉语教学需求个性化增强，都对教师提出更高的要求。汉语教师的师资来源、教学能力、实践效果等方面都受到了多方关注，但最主要问题，是国际汉语教师如今的发展水平，不能满足汉语学习大环境的需要。不仅如此，教师本身对教学的效能感低，也需要通过提高身份意识，肯定自己能力和价值等方面进行。而这些内容，都需要重新审视对国际汉语教师能力的要求。

二、国际汉语教师能力相关研究

（一）"国际汉语教师"主题硕博士论文研究热点

从 CNKI 高级搜索中，通过输入以"国际汉语教师"为精确题名或以"对外汉语教师"为模糊题名的搜索条件，搜索到自 2004 年至 2017 年共 198 篇硕博士论文，硕士论文 193 篇，博士论文 5 篇。学位论文的授予单位，包括北京外国语大学、中央民族大学、北京语言大学和华东师范大学，且文章数量都超过 10 篇，

---

① Fessler, R. A model for teacher professional growth and development [A]//In Burke P.J. & Heideman R.G. (eds.). Career-Long Teacher Education. Springfield, Illinois: Charles C. Thomas,1985:181-193.

有集中关注国际汉语教师研究的趋势。从 2012 年开始，每一年论文的数量也都保持在 20 篇以上，说明对国际汉语教师的关注程度也逐渐增加。详见表 1-1。

表 1-1 "国际汉语教师"相关硕博士论文基本信息表

学位授予单位	文章篇数	论文提交年份	文章篇数
北京外国语大学	16	2004	1
中央民族大学	13	2005	1
北京语言大学	12	2006	2
华东师范大学	11	2007	3
云南大学	8	2008	5
暨南大学	8	2009	11
云南大学	8	2010	4
华中师范大学	7	2011	12
苏州大学	6	2012	26
西安外国语大学	6	2013	22
		2014	22
		2015	27
		2016	25
		2017	37

对所有硕博士论文的关键词进行进一步加工，对同义和近义的关键词进行统一（例如"志愿者教师""汉语志愿者""志愿者教师"等统一为"志愿者教师"），对太长的关键词进行再次拆分（例如"泰国中小学汉语教师志愿者"区分为"泰国""中小学""志愿者教师"）。经过进一步统计后得到数据，并根据关键词词频统计，显示硕博士论文高频关键词中的前 20 名。从高频关键词表 1-2 中可见，将"国际汉语教师"和"对外汉语教师"作为标题的硕博士论文的关注点，包括学科在内，主要围绕对外汉语教学进行。学科讨论包括了"对外汉语""汉语国际教育""汉语国际推广"，研究对象包括了"对外汉语教师""国际汉语教师""新手教师""熟手教师""志愿者教师"，研究内容包括了在教师教学过程中的提问、体态语、教师话语使用、教学效能等与教师能力密切相关的内容。

表 1-2 "国际汉语教师"主题硕博士论文的高频关键词

序号	关键词	词频	序号	关键词	词频
1	对外汉语	42	11	汉语国际教育	10
2	对外汉语教学	38	12	体态语	9
3	新手教师	37	13	有效性	8

续表

序号	关键词	词频	序号	关键词	词频
4	对外汉语教师	34	14	素质	6
5	国际汉语教师	26	15	汉语国际推广	6
6	教师提问	20	16	实践性知识	5
7	课堂教学	12	17	教师话语	5
8	对外汉语课堂	12	18	提问类型	4
9	志愿者教师	10	19	提问策略	4
10	熟手教师	10	20	教学效能感	4

通过选取前31个高频关键词，通过BibExcel软件对高频词进行统计得出词汇的共现关系分布，并通过可视化处理，如图1-1所示，受到关注度最高的是"对外汉语"和"新手教师"两词在同一文献中出现。"新手教师"成为硕博士论文对国际汉语教师研究的核心程度词。其中，与"新手教师"关联性更紧密的高频词包括了"实践性知识""教师提问"，而"熟手教师"成为高频的原因，也主要是与"新手教师"的教师对比研究。志愿者教师则与国际汉语教师有较密切联系。另外，在课堂中受到关注最高的是教师提问，包括了提问的类型，提问的策略等，其次是教师体态语。从共词分析中可见，在与国际汉语教师相关的硕博士论文研究中，更关注新手教师在汉语教学课堂中的教学能力研究。

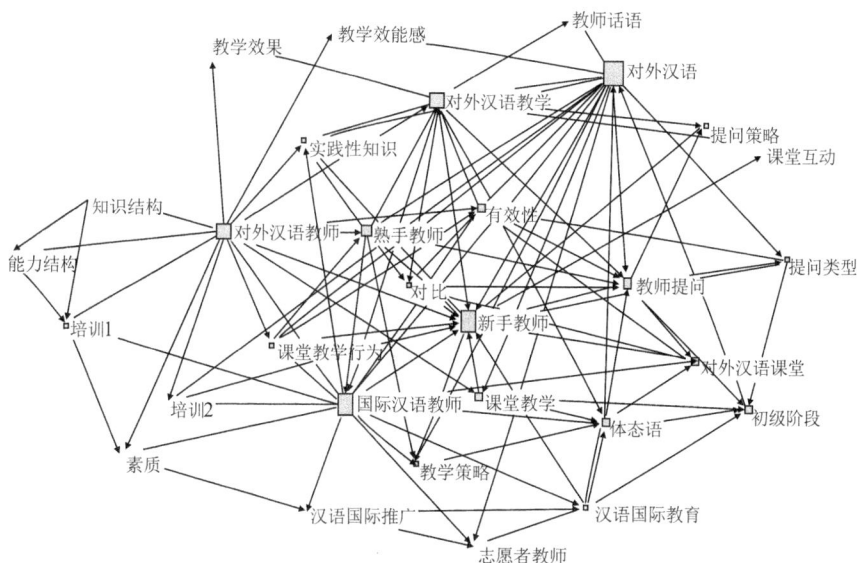

图1-1 "国际汉语教师"主题硕博士论文的共词分析知识图谱

（二）国际汉语教师能力针对性研究

国际汉语教师能力的针对性研究主要从学科建设、能力分类、具体能力、发展阶段四个方面进行。"国际汉语教师能力"主要包括"国际汉语教师"和"教师能力"两个部分，不同文献中还使用"对外汉语教师"和"教师素质"等概念，在此进行统一阐述。

1. 从学科建设的角度看国际汉语教师能力研究

对外汉语教学的学科设置初期，研究者们普遍关注在学科建立过程中，对外汉语教师在汉语作为一门外语的教学中的实际能力要求。

1989 年，吕必松[①]就对教师业务素质提供了分类，从七种教师身份出发对教师的知识和技能做出了详细的要求。而所有教师都必须具备胜任课堂教学工作的要求，需要具备专业知识、文化知识、心理学知识、教育学知识、语言教学法知识、文学知识和其他文化知识，还应具备语言文字能力、课堂教学能力、交际和组织能力以及一定的教学经验。无论从教师的层次性分类，或者从教师的出身背景多样化解析，以及教学任务的分类，文章都体现出了国际汉语教师能力的多种可能性，但在之后的文献研究中却鲜少有类似的分析方式。

邓恩明[②]从教师培训课程设置的角度分析，认为对外汉语教师的汉语理论知识、语言教学法知识、语言学知识、心理学知识方面都应有相应课程，并且要求教师培训从教师的教学能力、语言技能教学能力以及教材的使用和编写能力三个角度出发，而从教学能力的角度，则强调了观察能力、分析辨别能力、思维判断能力、想象创新能力和表达能力。张德鑫[③]则在精通汉语的教师"内功"之外，从第二语言教学理论及教学法流派、外语能力、文化修养和电脑技能几个方面讨论对外汉语教师的"外功"培养，强调了汉语作为第二语言教学的特点和影响。

早期关于国际汉语教师能力的研究中，更多从学科的建设角度出发，分析汉语教师在实际教学环境中与其他教师的不同，并探讨教师能力在具体学科建设里所起到的作用，对于教师的发展主要要求建设高素质的教师队伍，用"素质"囊括教师的知识结构和能力结构以及内在因素。

2. 从能力分类看国际汉语教师能力研究

国内外关于教师"能力"的研究偏向于使用三分法进行分类，依据知识、技能和性情进行三分。教师能力常采用专业知识、教学技能和教师道德或教师

---

① 吕必松. 关于对外汉语教师业务素质的几个问题 [J]. 世界汉语教学, 1989(01):1-17.

② 邓恩明. 谈教师培训的课程设置 [J]. 世界汉语教学, 1991(01):48-54.

③ 张德鑫. "功夫在诗外"——谈谈对外汉语教师的"外功" [J]. 海外华文教育, 2001(02):1-8.

态度进行区分。在国际汉语教师能力的相关研究中，也不乏类似的分类方法。

张洁[①]在其博士论文中对于教师知识和教师能力进行了分类和整理。将整体结构分为三个部分，包括知识结构、能力结构和职业道德素质，其中，能力结构包含了关于汉语的知识与能力、关于第二语言教学的知识与能力、关于第二语言学习的知识与能力、关于中国文化的知识与能力以及与教学相关的能力。在此基础上，强调了对外汉语教学与设计能力以及对外汉语教学中的判断能力，认为这是在具体的汉语教学环境中出现的课堂管理与应对能力。这是较早从教师能力的角度研究国际汉语教师的学位论文。从张洁的结构分类可见，知识结构和能力结构并不是完全区分开的，在对能力结构的分类中，同样包含了掌握相应知识体系的要求，也可以理解为，在能力结构的分类中，包含了知识结构、使用知识的能力结构以及心理结构。

徐子亮[②]则对教师知识和技能进行了整合，将对外汉语教师能力分为三个部分，包括专业知识和技能、教学能力和监控能力。要求教师具备专业知识，包括了汉语语言本体学科知识、对外汉语教学理论和实践知识、中国文化和跨文化交际的知识，要求教师具备专业技能，结合心理学、教育学、计算机科学等内容，运用较强的语言能力将知识展现在课堂上。同时，要求对外汉语教师具备教学能力，包括了教师设计和实施教学以及分析反馈的能力，在教学过程中能根据教学对象的程度和水平进行调整。监控能力实质上是指教师的教学组织管理能力，能控制课堂氛围，把握教学进度和节奏，并鼓励学生积极参与。这样的教师能力分类，弱化了知识和技能之间的区分，强调了教学能力和管理能力在教师能力中的比重。

姜丽萍[③]则更加简化，将对外汉语教师能力进行两分，包括了合理的知识结构和较强的教学能力。知识结构包括了专业知识和教学理论知识，专业知识可细分为现代汉语知识、语言学知识和文化知识。教学能力则要求教师具备六项子能力，例如：加工和驾驭教学内容的能力，胜任多种教学工作的能力，协调人际关系的能力，对教学的控制能力，运用现代技术的能力和一定的研究能力。这样的分类，是语言教师能力分类中最简化的分类法，从知识和能力分类，重视教师知识结构，并强调教学能力，但弱化了其他相关能力的作用。相似的，吴伟平[④]通过宏观的教学理念和微观的教学手段与技巧两个方

① 张洁. 对外汉语教师的知识结构与能力结构研究 [D]. 北京语言大学, 2007.
② 徐子亮. 对外汉语教学心理学 [M]. 上海：华东师范大学出版社, 2008.
③ 姜丽萍. 对外汉语教学论 [M]. 北京：北京语言大学出版社, 2008.
④ 吴伟平. 关于语用为纲理念在教师培训中如何落实的探讨 [J]. 华文教学与研究, 2013(04):21-29.

面来讨论对国际汉语教师的基本要求。宏观的教学理念包括了教师语言关、二语习得理论、社会语言学基本原理等知识以及这些知识与教学实践的关系，微观则包括了解释语言结构和培养语言技能的能力。

除了常用的两分法、三分法，也有其余关于国际汉语教师的能力分类方法。郑承军[①]通过"冰山理论"讨论对外汉语教师需要具备基础能力和进深能力两种，基础能力包括了普通话水平、外语能力、跨文化交际能力、多学科多课型教学能力和发现问题的能力；进深能力则包括理论联系实际的能力、运用现代教育技术的能力以及科研能力。通过"冰山理论"，主要跳脱了原有将能力进行简单的知识和能力的区分，而转向对显性能力和隐性能力之间的区分。但郑承军的分类依然偏向于将外显能力进行区分。

徐彩华[②]讨论的是汉语教师的教学效能感，将国际汉语教师的教学效能感分为对教学过程的控制、对个人特点的认同、对教学风格的意识和对教学的情感体验四个部分，并着重强调了语言教学的自我评价和教学情感体验的核心地位。汲传波、刘芳芳[③]和潘玉华[④]使用了教师素质的概念，前者强调了国际汉语教育者的跨学科学术背景，应用型能力的培养，教学知识和教学能力以及指导准教师实践的能力；后者则将国际汉语教师素质区分为能力元和知识元，在能力元领域划分了汉语语言能力、汉语教学能力、课堂管理能力、跨文化交际能力、掌握教育科技手段的能力。并强调，第二语言教师的能力，比起知识和专业发展而言，要求更高，更为优先。王宏丽、陈海平[⑤]和王树强（2015）[⑥]则使用了汉语教师胜任力的概念，前者认为国际汉语教师胜任力主要包括了对教师个人基本素质、教学素养、跨文化素质和教学能力的分类。其中，教学素养包括了教师个人兴趣、教学偏好、教学经验等，而教学能力则是针对课堂教学、课后沟通、教学计划设计等方面内容。在针对美国汉语志愿者的面试考察研究中发现，对教师能力的考察主要集中在跨文化素质和教学能力两个部分，却忽视教学评估能力、本土语言文化知识、教学研究能力等方面的考察，更注重教师的跨文化能力。后者在则从本土教师的角度，通过

① 郑承军. 汉语国际教育背景下对外汉语师资核心素质研究 [M]. 北京：北京语言大学出版社. 2011.
② 徐彩华. 对外汉语教师教学效能感的特点 [J]. 语言教学与研究, 2009(03):33-39.
③ 汲传波, 刘芳芳. 教师的教师：国际汉语教师教育者研究 [J]. 国际汉语教育, 2009(03):18-24.
④ 潘玉华. 国际比较视野下的汉语教师标准与素质研究 [D]. 中央民族大学, 2015.
⑤ 王宏丽, 陈海平. 国际汉语教师的胜任力研究——任务分析和招聘面试问题归类得出的结论 [J]. 河北大学学报 (哲学社会科学版), 2009(05):111-114.
⑥ 王树强. 泰国中小学国际汉语教师胜任力研究 [D]. 广西大学, 2015.

对泰国的国际汉语教师胜任力的研究,将教师胜任力分为"学科知识"、"职业发展"、"职业技能"、"跨文化素质"、"个人发展"五个部分的21项胜任力模型(见表1-3),在具体的教学国家对教师的胜任力进行考察,尤其强调了教师的"跨文化素质"。

表1-3 王树强(2015)泰国中小学国际汉语教师的胜任力模型

因子名称	胜任力项目名称
学科知识	专业知识、文化知识、自我资源管理
职业发展	成就动机、学习能力、总结经验能力、反思能力、创新能力
职业技能	教学能力、教学方法与技巧、组织管理能力、教材编写能力、激发与维持学生兴趣的能力、引导能力
跨文化素质	跨文化敏感性、跨文化表达和沟通协作能力、跨文化适应与生存能力、泰语能力
个人发展	个人成长、个人特质、个人规划

相关研究中可见,对于国际汉语教师能力的分类,较少将教师能力整体性作为前提,尤其是对能力结构化和系统化研究较少,大多是直接以教师能力分类为目的,对国际汉语教师能力进行分类列项,且着重强调了语言学知识和教学技能两个方面。语言学知识主要被并细分为语言学知识、第二语言知识、文化知识等内容,而教学技能则主要包括教学过程中的教学、管理、交际、实践等能力。明显看出,对教师的性情或者教师的心理活动研究较少。换句话说,国际汉语教师能力的研究中,重视显性能力,忽略隐性能力。

3. 从单项能力看国际汉语教师能力研究

通过 CNKI 搜索,从关键词为"对外汉语教师"及"国际汉语教师"的能力研究文献中发现,自2006年起,与国际汉语教师具体能力研究相关的文献主要从四个方面进行,包括了文化能力相关、教学能力相关、语言能力相关、个人发展能力相关。在教学能力相关能力中,与课堂相关的部分尤其受关注。

在相应研究中发现,跨文化交际能力、跨文化适应能力、跨文化能力、文化素养和意识、教学能力、教学实践能力、反思能力、自我效能感、胜任力等都是国际汉语教师能力研究的主要方向。

表 1-4　国际汉语教师跨文化能力相关研究

方向	相关研究
跨文化交际能力	刘晶晶（2006）[1]，蔡绿（2006）[2]，陈思毅（2011）、胡清平（2012）[3]，海雷、王永阳（2012）[4]，彭军（2013）[5]，王银花（2013）[6]，张晓红（2014）[7]，王端（2015）[8]
跨文化能力	詹向红（2009）[9]，张杨（2012）[10]，刘学蔚（2016）[11]，郎亚鲜（2016）[12]
跨文化视野	吕俞辉（2010）[13]
跨文化适应能力	祝婕（2011）[14]，孙琴、李艳（2012）[15]，江傲霜、吴应辉（2012）[16]，倪树干、亓华（2012）[17]，戴淑芬（2013）[18]，徐永亮、徐丽华（2016）[19]，白晔（2016）[20]
跨文化教学能力	聂学慧（2012）[21]
消除文化定势的能力	王添淼（2011）[22]
文化素养和意识	李亚男（2014）[23]，季红琴（2015）[24]，李达（2016）[25]，卢淑芳（2016）[26]
文化推广能力	赵丽玲、舒路萍（2013）[27]，高芸（2013）[28]
传播能力	杜莹、董葆莉（2011）[29]，范慧琴（2013）[30]，王端（2015）[31]

1　刘晶晶.试论对外汉语教师自身跨文化交际能力的培养[J].辽宁教育行政学院学报，2006(03):65-66.

2　蔡绿.文化依附矛盾与跨文化交际能力——也谈对外汉语教师素质[J].黑龙江高教研究，2006(04):128-129.

3　胡清平.对国际汉语教师跨文化交际能力的探讨[J].语文学刊，2012(22):87-88.

4　海雷，王永阳.跨文化交际的第三空间与国际汉语教师跨文化交际能力培养(英文)[J].国际汉语教育，2012(02):150-163.

5　彭军.国际汉语教师跨文化交际能力调查研究[J].辽宁师范大学学报(社会科学版)，2013，36(05):695-698.

6　王银花.对外汉语教师跨文化交际能力的培养策略研究[D].南昌大学，2013.

7　张晓红.浅谈汉语国际教育专业学生跨文化交际能力的培养[J].教育与职业，2014(09):176-178.

8　王端.汉语国际教育本科专业人才跨文化交际与传播能力培养研究[J].现代语文(学术综合版)，2015(09):97-99, 2.

9　詹向红.对外汉语专业跨文化人才培养目标定位的思考[J].中国大学教学，2009(06):47-48, 32.

10　张杨.从汉语学习的跨文化性浅谈国际汉语教师的跨文化能力[J].语文建设，2012(04):57-58.

11　刘学蔚.从国际汉语教师的跨文化能力论中华文化走出去[J].江汉论坛，2016(05):140-144.

12　郎亚鲜.赴意志愿者跨文化能力研究：敏感度和效能感[D].北京外国语大学，2016.

13　吕俞辉.国际汉语教师的跨文化视野[J].中国教师，2010(23):10-11.

14　祝婕.在韩汉语教师志愿者跨文化适应影响因素的实证分析[D].山东大学，2011.

15　孙琴，李艳.国际汉语教师跨文化适应策略分析——以国家公派到南非的教师为例[J].云南师范大学学报(对外汉语教学与研究版)，2012，10(01):63-67.

16　江傲霜,吴应辉.泰国汉语教师志愿者教学适应能力探析 [J].华文教学与研究,2012(01):60-66.

17　倪树干,亓华.赴澳国际汉语教师志愿者跨文化适应研究 [J].国际汉语教育,2012(01):71-81,209-210.

18　戴淑芬.赴印尼汉语教师跨文化适应情况研究 [D].广东外语外贸大学,2013.

19　徐永亮,徐丽华.论文休克与国际汉语教师的跨文化调适——以国家公派到喀麦隆的教师为例 [J].长春理工大学学报:社会科学版,2016,(29)03:152-156.

20　白晔.跨文化背景下海外国际汉语教师社会适应研究 [D].济南大学,2016.

21　聂学慧.汉语国际推广形势下教师的跨文化教学能力 [J].河北大学学报(哲学社会科学版),2012,37(05):152-155.

22　王添淼.文化定势与文化传播——国际汉语教师的认知困境 [J].中国文化研究,2011(03):177-182.

23　李亚男.汉语国际教育硕士中华文化素养提高途径探索 [D].渤海大学,2014.

24　季红琴.孔子学院对外汉语教师的文化素养与文化传播 [J].长春大学学报,2015,25(05):137-140.

25　李达.泰国中小学国际汉语教师中国文化素养培养 [D].郑州大学,2017.

26　卢淑芳.论国际汉语教师的多元文化意识 [J].中国成人教育,2016(22):139-142.

27　赵丽玲,舒路萍.论国际汉语教师应备文化推广能力的构成 [J].湖北工业大学学报,2013,28(03):98-102.

28　高芸.汉语国际教师志愿者文化推广能力培养研究 [D].湖北工业大学,2013.

29　杜莹,董葆莉.提升国际汉语教师的传播能力 [J].新闻爱好者,2011(11):107-108.

30　范慧琴.国际汉语教师传播能力的构成及培养 [J].现代传播(中国传媒大学学报),2013,35(05):146-148

31　王端.汉语国际教育本科专业人才跨文化交际与传播能力培养研究 [J].现代语文:学术综合版,2015(09):97-99,2.

目前,国际汉语教师文化能力相关研究的主题包括了教师的跨文化交际能力、跨文化能力、跨文化视野、跨文化适应能力、跨文化教学能力、消除文化定势的能力、文化素养和意识、文化推广能力、文化传播能力等方面,且从 2012 年开始研究数量逐渐增加(见表 1-4)。其中,对跨文化交际能力、跨文化能力和跨文化适应能力是研究数量最多的。如何面对不同国家不同文化的学习者进行有效的汉语教学,一直都是国际汉语教师教学工作中讨论的主题。跨文化教学案例解析则是较常使用的研究方式,从不同文化的矛盾和融合的角度去分析国际汉语教师面临的挑战。以袁新[①] 为例,通过与一般的交际能力进行区分,将跨文化交际能力作为对外汉语教师最基本且最核心的能力。对国际汉语教师而言,正因为面对的学习者群体的文化多样性,要求他们具备跨文化能力,从跨文化角度出发,在尊重文化差异的基础上,有跨文化的意识,能处理教学过程中的跨文化问题,而也因为教师的身份不同,需要国际汉语教师在不同的教学环境中,帮助学生在汉语学习中减少文化差异的影响,提高自己跨文化的适应能力。从跨文化的角度,只有理解和适应,才能更有针对性的推广和传播,进行有效的汉语教学。

①　袁新.跨文化交际与对外汉语教学 [J].云南师范大学学报,2003(02):27-31.

针对跨文化相关能力的研究中,李艳波[1]认为,教师的角色作为"学习的促进者",就要求教师具备的能力包括了对理解学生、了解学生思维的能力;设计教学或学习环境的能力;沟通社交能力;高水平的反思能力等。尤其强调了国际汉语教师的语言文化教学能力、文化传播能力、跨文化交际能力等几个部分。王希竹和彭爽[2]同样强调了国际汉语教师应在具有良好的语言素养和汉语知识素养的前提下,培养国际汉语教师的跨文化交际素养,才能更好地了解和帮助不同国家的学生,化解在跨文化交际中所出现的障碍。黄娇瑛[3]在区分对外汉语教师和国际汉语教师的概念时,强调了国际汉语教师所具备的国际意识、跨文化交际意识,并且强调了国际汉语教师对世界主流文化的适应能力,同样,吕俞辉、汝淑媛[4]和白晔[5]则从不同国家的教学环境角度讨论了国际汉语教师的适应能力的培养。前者通过实际调查,对在不同国家进行汉语教学的汉语教师所遇到的不同问题进行总结发现,主要的适应性困难包括了语言障碍、工作任务繁重和对教学对象缺乏了解三个部分组成,其中,在东南亚和韩国日本等国家,主要的教学困难在语言,而在亚洲其他国家和地区的汉语教学则有较繁重的教学任务,另外,在非洲的汉语教学则存在对教学对象不了解的问题,都需要通过文化融合的态度来推进文化的适应。而正如后者从生活性适应、工作性适应和交往性适应三个部分的讨论,只有提高跨文化适应能力,提高解决实际问题的能力,提高认知调节的能力,提高情绪调节的能力,提高跨文化交际能力,并增强自身的职业发展规划,才能真正提高海外汉语教师的社会适应能力。同样,俞文虹、白乐桑[6]也同样认为,教师对所处的教育情境有一个适应性,这种适应性无法从学业背景中直接获得,而是需要在不断的时间和"继续"培训的过程中不断完善的。

现有研究对文化能力,尤其是跨文化能力的研究,更注重对国际汉语教师在不同文化环境下教学活动的适应能力、调节能力的提高,研究的角度更

① 李艳波.基于建构主义的国际汉语教师培养研究[D].云南师范大学,2014.
② 王希竹,彭爽.试论国际汉语教师应具备的跨文化交际素养[J].当代教育与文化,2016(6):27-31.
③ 黄娇瑛.国际汉语教师专业化教育实践个案研究[D].华东师范大学,2009.
④ 吕俞辉,汝淑媛.对外汉语教师海外工作跨文化适应研究[J].云南师范大学学报(对外汉语教学与研究版),2012(1):57-62.
⑤ 白晔.跨文化背景下海外国际汉语教师社会适应研究[D].暨南大学,2016.
⑥ 俞文虹,白乐桑.从中法对比视角探索国际汉语教师"国别化"培养思路[J].国际汉语教育,2011(04):8-13.

是从不同国家,例如意大利、韩国、泰国、南非、澳大利亚等实际教学例子出发,其跨文化能力的实际体现具针对性。

表 1-5　国际汉语教师教学能力相关研究

方向	相关研究
教学理念	赵金铭(2007)[1]
教学能力	范晓玲、李建宏(2010)[2],车正兰(2011)[3],黄露阳(2012)[4],林秀琴(2012)[5],刘涛、刘富华(2013)[6],吴坚、刘立云(2014)[7],柯传仁、陆原、潘小斐(2015)[8],李悦(2016)[9]
施教能力	姬建国(2011)[10]
汉语作为外语教学能力	赵金铭(2007)[11]
双语教学能力	张燚(2006)[12]
教学实践能力	王恩旭(2012)[13],邹小青(2014)[14],刘弘(2014)[15],张燕(2016)[16]
教学计划能力	吴兰(2009)[17]
教学设计能力	刘弘(2011)[18],胡月宝(2011)[19]
写作教学能力	吴双(2017)
文字教学能力	周金声(2011)[20]
提问能力	胡艳明(2006)[21],刘居红(2009)[22],董晶晶(2011)[23]
教材选用能力	邱睿(2012)[24]

1　赵金铭.对外汉语教学理念管见[J].语言文字应用,2007(03):13-18.

2　范晓玲,李建宏.国际汉语教育学科框架下的对外汉语教学能力培养探究[J].新疆大学学报(哲学·人文社会科学版),2010,38(01):143-146.

3　车正兰.对外汉语教师的教学能力研究[J].吉林省教育学院学报,2011,27(07):88-90.

4　黄露阳.汉语国际教育硕士教学能力培养刍议[J].教育教学论坛,2012(09):43-44.

5　林秀琴.汉语国际教育硕士教学能力培养问题探讨[J].黑龙江高教研究,2012,30(12):109-111.

6　刘涛,刘富华.国际汉语教师课堂教学能力培训策略研究[J].东北师大学报(哲学社会科学版),2013(01):185-188.

7　吴坚,刘立云.汉语国际教育硕士课堂教学能力培养策略——基于 X 大学的案例分析[J].云南师范大学学报(对外汉语教学与研究版),2014,12(03):32-38

8　柯传仁,陆原,潘小斐.汉语教师教学技能及二语习得理论知识的评估模式[J].世界汉语教学,2015,29(01):111-129.

9　李悦.对外汉语教师教学能力结构及培养策略[J].语文学刊(外语教育教学),2016(11):173-174.

10　姬建国.影响海外汉语教师施教能力的政策因素——以美国教育部门的现状为例[J].国际汉语教育,2011(01):18-26,96-97.

11　赵金铭.汉语作为外语教学能力标准试说[J].语言教学与研究,2007(02):1-10.

12　张燚.论双语教学能力的培养——关于双语师资教学实习问题的几点思考[J].新疆教育学院学报,2006(01):21-24.

13　王恩旭.对外汉语教师教学实践能力的培养——以语音课反思性笔记为例[J].北京广播电视大学学报,2012(06):44-48.

14　邹小青.CDIO 教育模式下汉语国际教育专业学生教学实践能力的培养 [J].华北科技学院学报,2014,11(10):96-99, 102.

15　刘弘.对外汉语初任教师实践能力发展影响因素研究 [D].华东师范大学,2014.

16　张燕.应用型汉语国际教育本科生教学实践能力培养问题及对策 [J].教育与职业,2016(08):98-99.

17　吴兰.新手与熟手对外汉语教师教学计划能力的实验研究 [D].北京语言大学,2009.

18　刘弘.国际汉语教学职前教师教学设计能力初探 [A]//中国国家开放大学.汉语国际教育人才培养现状及对策,2011:15.

19　胡月宝.基于建构主义的教师培养模式:职前教师自主教学设计能力培养 [A]//中国国家开放大学.汉语国际教育人才培养理论研究,2011:15.

20　周金声.谈国际汉语教师教学汉字应具备的素质及能力 [A]//中国应用语言学会(筹)、教育部语言文字应用研究所.语言文字法制化、规范化、标准化、信息化建设——第七届全国语言文字应用学术研讨会论文集,2011:6.

21　胡艳明.汉语教学课堂提问之我见 [J].乌鲁木齐成人教育学院学报,2006(01):53-56.

22　刘居红.汉语教师课堂提问预设的技巧 [J].喀什师范学院学报,2009,30(05):91-94.

23　董晶晶.对外汉语初级综合课课堂教学的提问技巧研究(对俄) [D].黑龙江大学,2011.

24　邱睿.论国际汉语教师教材"选""用"能力培养 [A]//世界汉语教学学会、国家汉办/孔子学院总部.第十一届国际汉语教学研讨会论文集,2012:4.

早在 2007 年,赵金铭[①]就对汉语作为第二语言的教学能力标准设定进行了探讨,如表 1-6 所示,国际汉语教师教学能力包含了国际汉语教师具备的与课堂教学程序相关的能力的综合,包括了课前的准备能力、课中的讲解能力和课后的调整能力等。

表 1-6　赵金铭(2007)国际汉语教师教学能力表

教学步骤	具体内容
教学准备	- 熟悉教学大纲和教学目标 - 熟悉教材 - 熟悉学习者 - 教学设计的能力
教学过程	- 课堂表达能力 - 讲解传授知识的能力 - 合理安排教学顺序的能力 - 自我控制的能力 - 启发思维的能力 - 掌握进度的能力 - 正确使用教具和活动的能力
课后调整	- 合理分配教学内容的能力 - 解决教学存在问题的能力 - 设计问题的能力 - 布置作业的能力 - 填写反思报告的能力

正如前文所说,对国际汉语教师能力的不同分类中,都会关注到国际汉

① 赵金铭.汉语作为外语教学能力标准试说 [J].语言教学与研究,2007(02):1-10.

语教师的教学能力的发展。因此，针对教学能力的研究数量相对其余几类能力分类更多（见表 1-5）。针对教师教学能力，车正兰①将其定义为完成具体教学任务的能力，并且分为知识结构和能力结构两部分。其中，知识结构分为语言学基础理论知识、汉语理论知识和文化知识、对相关学科的掌握程度，对能力结构分为组织教学的能力、创新能力和表达能力。刘涛、刘富华②则认为，教师教学能力主要包括教学设计能力、课堂教学的操作 / 传授能力、课堂教学的管理能力和教学的自我监控能力，并通过对汉语教师志愿者的能力调查发现，志愿者教师在教师基本功、创新能力和教师角色三个方面存在问题。郭睿（2017）③认为教学能力是教师能力标准的核心取向，将国际汉语教师的教学能力分为五个部分，包括汉语教学认知能力、汉语教学设计能力、汉语教学实施能力、汉语教学管理能力和汉语教学评价能力，并细化为具体 34 项教学技能的分类（见图 1-2）。

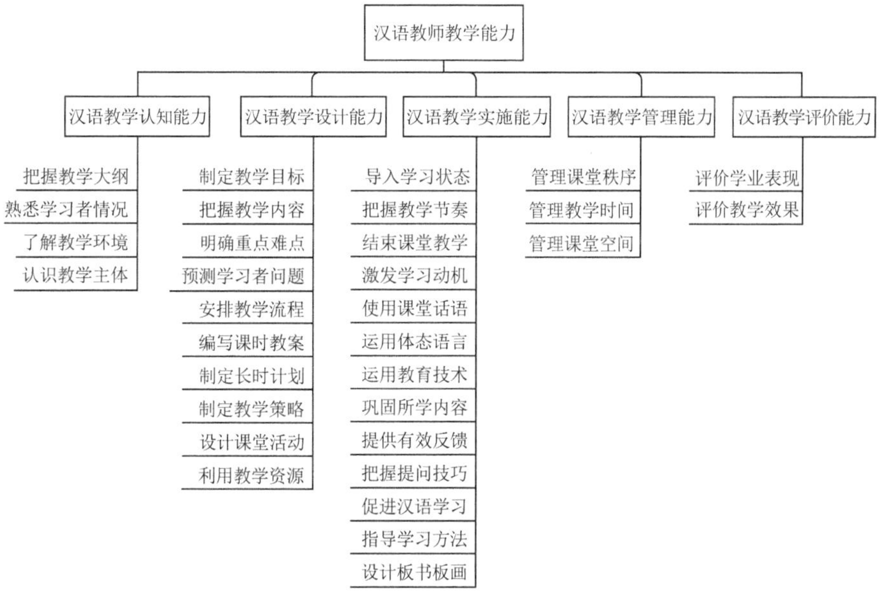

图 1-2　郭睿（2017）汉语教师教学能力分类

这对国际汉语教师教学相关能力的整体研究和具体分类都更完整，其中，对教师“教学能力”的研究最为丰富。包括教学的计划、设计能力以及教

① 车正兰 . 对外汉语教师的教学能力研究 [J]. 吉林省教育学院学报，2011，27(07):88-90.

② 刘涛，刘富华 . 国际汉语教师课堂教学能力培训策略研究 [J]. 东北师大学报（哲学社会科学版），2013(01):185-188.

③ 郭睿 . 国际汉语教师教学能力框架 [M]. 北京：北京语言大学出版社，2017.

学的实践能力，同时，在以汉语作为教学内容方面，也有类似语言教学能力、写作教学能力、文字教学能力的内容。例如姬建国[①]提到的施教能力，是包含对跨文化语言教学和教学互动支配能力的综合，并且在基本教学能力之外，需要讨论与海外汉语课堂教学的实际关系。

刘弘（2014）[②]则讨论国际汉语教师初任教师的实践能力（见图1-3）。根据分析发现，主要影响教师实践能力的包括个人因素和环境因素，即内部因素和外部因素两大类。其中，内部因素包括了教师对外汉语教学方面的知识和能力，对外汉语教学的各种观念，对教学工作的态度以及探索精神和反思精神；影响教师能力的外部因素主要是不同的环境圈，而最主要的三个方面分别是跨文化的工作环境，教学优先的学校文化和边缘性的教师身份。

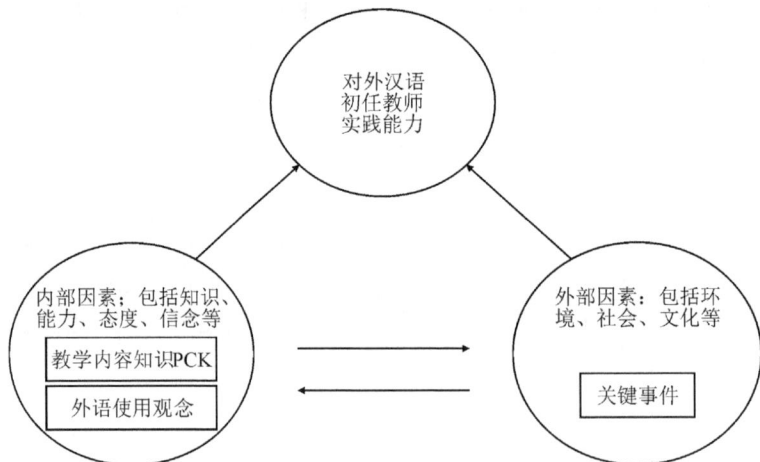

图1-3　刘弘（2014）的对外汉语初任教师实践能力结构图

在讨论国际汉语教师教学能力的同时，研究也往往会考虑教师所处环境对教师的影响因素，这也是在对教学能力研究过程中往往讨论"课堂因素"的原因。其中，与课堂相关内容，对课堂观察、操作和管理能力的研究，都要求国际汉语教师在教学过程中，更注重教学课堂的作用力（见表1-7）。

---

① 姬建国.影响海外汉语教师施教能力的政策因素——以美国教育部门的现状为例 [J]. 国际汉语教育,2011(01):18-26,96-97.

② 刘弘.对外汉语初任教师实践能力发展影响因素研究 [D]. 华东师范大学,2014.

表 1-7　国际汉语教师课堂相关能力研究

方向	相关研究
课堂信息加工能力	闵婕（2008）[1]
课堂观察能力	刘弘（2012）[2]、张艺、吴红松（2013）[3]、张海静（2013）[4]
课堂操作能力	郭文娟、郑翠（2012）[5]
管理能力	陈扶莹（2016）[6]、刘玲（2017）[7]
课堂组织能力	马敏、李忠民（2012）[8]

1　闵婕. 新手——熟手对外汉语教师选择注意研究 [D]. 北京语言大学, 2008.

2　刘弘. 对外汉语职前教师课堂观察与分析能力研究 [J]. 世界汉语教学, 2012, 26(03):419-430.

3　张艺, 吴红松. "三教" 视野下的职前汉语教师课堂观察能力研究 [J]. 西南农业大学学报：社会科学版, 2013, 11(10):145-148.

4　张海静. 汉语国际教育硕士生课堂观摩能力研究 [D]. 广东外语外贸大学, 2013.

5　郭文娟, 郑翠. 对外汉语教师课堂举例行为的观察与分析 [J]. 国际汉语教育, 2012(02):116-124, 206-207.

6　陈扶莹. 对泰汉语教学中课堂管理有效性的调查研究 [D]. 云南师范大学, 2016.

7　刘玲. 非目的语环境下外派与本土汉语教师课堂管理对比研究 [D]. 新疆大学, 2017.

8　马敏. 国际汉语教师课堂组织能力的培养途径及原则 [A]//Information Engineering Research Institute,USA.Proceedings of 2012 International Conference on Social Science and Education(ICSSE 2012) Volume 10. Information Engineering Research Institute, USA, 2012:6

表 1-8　国际汉语教师语言相关能力研究

方向	相关研究
语言能力	周海英、景萍（2011）[1]、陈思毅（2011）[2]
口语能力	欧阳汝颖（1999）[3]、阿斯亚·艾尼、崔巍（2011）[4]、沈伟威（2016）[5]
语用能力	茅海燕（2010）[6]、茅海燕（2012）[7]
话语能力	王祖嫘（2012）[8]
外语语言知识与技能	赵薇、肖丽莉（2012）[9]

1　周海英, 景萍. 对小学汉语教师语言能力现状的调查 [J]. 新疆教育学院学报, 2011, 27(04):78-81.

2　陈思毅. 论从汉语语言能力到跨文化交际能力的培养 [D]. 暨南大学, 2011.

3　欧阳汝颖. 汉语文教师的口语能力基准 [A]// 世界汉语教学学会. 第六届国际汉语教学讨论会论文选, 1999:8.

4　阿斯亚·艾尼, 崔巍. 新疆高校民族教师汉语授课口语能力的调查 [J]. 新疆社会科学, 2011(04):160-163.

5　沈伟威. 泰国本土汉语教师汉语口语能力案例研究 [D]. 广西大学, 2016.

6　茅海燕. 试论国际汉语教师语用能力发展的三个方面 [A]// 北京语言大学对外汉语研究中心、厦门大学中文系、厦门大学国家语言资源监测与研究中心教育教材语言分中心. "国际汉语教学理念与模式创新" 国际学术研讨会（第七届对外汉语教学国际研讨会）论文摘要集, 2010:1.

7　茅海燕. 论汉语国际推广视域下教师的语用能力 [J]. 当代教育理论与实践, 2012, 4(10):147-149.

8 王祖嫘.国际汉语教师话语能力研究[J].当代教育科学,2012(09):62-64.

9 赵薇,肖丽莉.国际汉语教师外语语言知识与技能的需求及应用分析[J].科教文汇(中旬刊),2012(12):82-83,108.

对国际汉语教师语言能力的研究相对较少,主要研究为在特定地区需要使用多种语言的能力。对国际汉语教师的语言能力并未成为研究的关注点,往往是要求教师关注学习者的语言能力。详见表1-8。

除去语言能力、文化能力、教学能力相关内容外,对国际汉语教师其余能力的研究被统归为个人能力(见表1-9)。这一部分,包括了教师的反思能力、自我效能感和胜任力等内容。胜任力的相关研究,主要在于对"能力"和"胜任力"概念的区分,实质上都是讨论教师能力。

表1-9 国际汉语教师个人能力研究

方向	相关研究
专业发展理念	王添淼(2010)[1]
角色认知	李泉、金香兰(2012)[2]
职业能力	王志海(2010)[3],陈薇、王艳荣(2013)[4]
反思能力	黄晓颖(2007)[5],赵书红、贾馥萍(2006)[6],周红、尚超(2016)[7],刘路(2017)[8]
自主能力	王鞲鞲(2011)[9]
创新能力	李雪菲(2013)[10]
研究能力	仇鑫奕(2015)[11]

1 王添淼.构建对外汉语教师专业发展理念的必要性探究[A]//北京语言大学对外汉语研究中心、厦门大学中文系、厦门大学国家语言资源监测与研究中心教育教材语言分中心."国际汉语教学理念与模式创新"国际学术研讨会(第七届对外汉语教学国际研讨会)论文摘要集,2010:1.

2 李泉.国际汉语教师的角色认知[A]//世界汉语教学学会、国家汉办/孔子学院总部.第十一届国际汉语教学研讨会论文集,2012:9.

3 王志海.对外汉语教师职业能力培养研究[D].东北师范大学,2010.

4 陈薇,王艳荣.论对外汉语教师的职业技能及其培养[J].集美大学学报(教育科学版),2013,14(02):10-13.

5 黄晓颖.论对外汉语教师反思能力的培养[J].云南师范大学学报(对外汉语教学与研究版),2007(04):18-21.

6 赵书红,贾馥萍.试论对外汉语教师的课堂教学反思[J].文教资料,2006(28):104-105.

7 周红,尚超.国际汉语教师职前实践反思能力培养途径[J].沈阳师范大学学报(社会科学版),2016,40(04):90-93.

8 刘路.国际汉语教师教育课程与反思性教学能力的培养[J].教育与教学研究,2017,31(06):69-73.

9 王鞲鞲.论对外汉语教师的主动性[D].华中科技大学,2011.

10 李雪菲.海外实习与汉语国际教育硕士生创新能力培养研究[D].南昌大学,2013.

11 仇鑫奕.汉语国际教育硕士专业学位研究生专业问题研究能力培养刍议[J].华文教学与研究,2015(01):32-40.

与国际汉语教师意识相关的研究较少，陆俭明①从汉语教师应具备学科意识、学习和研究意识以及自尊自重的意识三个角度，要求教师认准汉语言文字教学的基础，以及学科间知识的相互整合，关心学科建设，从汉语作为第二语言教学的角度分析汉语教与学的难点，掌握汉语教学尺度，以学术引航，正视自己的价值。赵金铭②对教学理念的研究，易丹和邓杏华③认为对外汉语教师应该强化自己的专业意识、学习意识、创新意识、服务意识和民族意识，从增强教学能力、树立"终身学习"观念、适应发展需要、满足学生需求和搭建友谊桥梁等方面进行发展，汲传波④则从职前教师的教学信念出发，认为增加见习和实习的比重，加强教师反思能力的培养，都是对教师教学信念发展提高有利的方式。

整体而言，对教师单项能力的研究，更集中在对国际汉语教师的跨文化和教学能力的研究，除了整体向教学能力研究倾斜外，对教师反思能力的研究也较为关注。更偏向于通过实践、培训等方法提高显性能力，对教师隐性能力关注少。

4. 从发展阶段看国际汉语教师能力

虽然目前研究既讨论国际汉语教师的知识结构能力发展、也从职前和职后两方面讨论师资发展，但同样，研究仍然集中在职前培养，对于职后的培养较为疏忽。王添淼⑤在对国际汉语教师专业发展的三个发展阶段分析中发现，如今师资的知识和实践培养都有限，职后培训也具有一定局限，不符合真实需求，也缺少实习机会，缺少良性循环，缺少师生互动。

职前教师和新手教师的发展过程中，同样出现问题。王添淼、任喆⑥根据预测课堂情况、课堂教师用语、课堂教学行为和教学反思四个方面的教师能力研究发现，灵活的策略方法、有效而充分的练习、各个环节的自然衔接是新手教师所欠缺的。非言语交际方面熟手教师比新手教师更为积极和熟练。另外，新手教师反思水平较浅，熟手教师更探究有效的教学方法。郑莎⑦则从教师提问发现，熟手教师的提问比新手教师更多样，且更倾向展示型提问方式，

① 陆俭明. 汉语教员应有的意识 [J]. 世界汉语教学，2005(01):60-63.
② 赵金铭. 对外汉语教学理念管见 [J]. 语言文字应用，2007(03):13-18.
③ 易丹，邓杏华. 对外汉语教师应强化的五种意识 [J]. 中国成人教育，2009(23):104-105.
④ 汲传波. 职前国际汉语教师语言教学信念发展研究 [J]. 华文教学与研究，2016(03):54-62.
⑤ 王添淼. 国际汉语教师专业发展现状及其对策 [J]. 东北师大学报 (哲学社会科学版)，2015(02):229-231.
⑥ 王添淼，任喆. 国际汉语新手、熟手、专家教师比较研究述评 [J]. 云南师范大学学报 (对外汉语教学与研究版)，2015, 13(03):38-44.
⑦ 郑莎. 对外汉语口语课堂新手教师与熟手教师师生互动对比分析 [D]. 北京大学，2009.

新手则采取重复和追问策略。而针对新手教师和专家型教师的比较，多从专业知识、问题的解决、问题的表征、教学策略、教学效能感和监控能力、教师教学专长的发展等方面进行[①]，同样体现了不同发展阶段教师能力的不同。而李琳[②]和李玉玲[③]同样都反映了国际汉语教师研究中重要的一部分，即本土教师在发展过程中不受重视的问题。一方面，目前的师资培养并未能满足海外教学的需求，另一方面，本土化培养体系尚未建立。

对国际汉语教师能力的研究，从发展阶段看，更集中于新手教师和职前教师能力的研究。这是符合教师生涯周期对新手教师能力提高速度快的规律的。但目前对熟手教师、经验教师、资深教师的能力研究，往往是与新手教师能力的对比研究，并未从熟手教师角度探讨他们的能力与发展。

三、复杂动态理论

"复杂"的词义是"（事物的种类、头绪等）多而杂"，可以形容客观存在的一切物体和现象[④]。复杂的最基本条件在于通过组成元素的丰富性、多样性对客观物体或者现象的产生和变化提供大量的可能性。相较于传统科学试图将复杂问题用简单化方式化解，新型科学中对复杂性的研究，则更注重复杂问题的复杂性，对简单化和复杂化进行统一。[⑤]复杂性研究，就是将科学作为一个"复杂系统"进行的复杂性研究。[⑥]复杂性科学，是以研究复杂事物或复杂系统为主要对象的科学，与简单系统不同，主要具有自组织性、非线性、开放性、整体性和奇异性几个特点。[⑦]复杂性视角下的研究，是确定系统的复杂性和动态性，从其整体性、非线性、互动性、自组织性、模糊性等复杂特征着手，探索系统发展变化的可能性。

（一）复杂动态理论的特征研究

在新型科学的研究中，承认复杂性成为解释问题的首要任务，有别于原有的复杂问题简单化处理，在复杂性研究中，更强调事物的复杂和动态特征，以其演变过程作为主要任务。以表 1-10 为例，苗东升（2004）对以复杂性为特性的新型科学进行了 10 个特征的展示，包括了系统内的不平衡性、非确定

①　吕丽蓉 . 香港普通话教师专业能力对比研究 [D]. 北京语言大学，2007.
②　李琳 . 国际汉语教师专业发展探索 [J]. 中国成人教育，2011(17):59-61.
③　李玉玲 . 泰国国际汉语教师志愿者胜任力分析及培训建议 [D]. 重庆大学，2014.
④　"复杂"的解释 . [EB/OL]. [2018-02-20]. http://cd.hwxnet.com/view/jaadglpolieaelll. html.
⑤　苗东升 . 科学的转型：从简单性科学到复杂性科学 [J]. 河北学刊，2004(06):30-34.
⑥　闫家胤 . 关于"复杂性研究"和"复杂性科学" [J]. 哲学动态，2003(07):10-11.
⑦　赵蒙成 . 论教学的"经验"基础：复杂性科学的观点 [J]. 高校教育管理，2007(01):6-11.

性、不可逆性、开放性、非线性、无序性、模糊性、整体性等。

表 1-10　苗东升（2004）新型科学的世界图景表 ①

经典科学的世界图景	新型科学的世界图景
1. 平衡态是系统有序性的唯一来源, 非平衡是扰动因素。	1. 平衡态代表简单有序性, 耗散结构代表高级有序性, 远离平衡是高级有序的耗散结构之源。
2. 世界是确定的, 随机性是主体知识不足造成的, 事物运动服从确定性规律。	2. 世界既有确定性, 又有不确定性, 随机事件是客观世界固有的, 它们服从统计规律。
3. 可逆性是客观过程的本质属性, 不可逆性属于对可逆过程的干扰。	3. 不可逆性是客观世界的本质属性, 可逆过程是对某些简单不可逆过程的近似描述。
4. 封闭系统是科学对象的理想模型。	4. 现实系统都是开放的, 系统开放才能演化发展。
5. 世界是线性的, 非线性是扰动因素。	5. 世界是非线性的, 线性系统只是一种理论近似。
6 世界是稳定的, 稳定的系统才有意义, 不稳定性完全是消极因素。	6. 世界是稳定性与不稳定性的统一, 不稳定性对世界的演化发展具有非常积极的意义。
7. 世界是严格有序的, 混沌乃例外情形。	7. 世界是有序和无序的统一, 混沌是通有行为。
8. 事物的界限黑白分明. 都可作精确描述。	8. 世界既有精确性, 也有无法精确描述的模糊性。
9. 世界有如一个钟表, 可拆卸, 可组装。	9. 世界是一个不可分割的有机整体。
10. 世界是物质的, 只有硬件、硬结构、硬属性。	10. 物质世界既有硬件、硬结构、硬属性, 又有软件、软结构、软属性. 刚柔相济方为世界。

　　学者们对于"复杂系统"的特征研究有不同的见解。例如 Kiss② 提到, 复杂系统具有六个特征, 包括了对初始条件的敏感性、不可预测性、有网状（嵌套）结构、有非等级的网络系统、利用反馈进行循环以及自组织性。复杂系统的发展方向多样且繁复的, 但其发展带有自组织性, 具有相应的发展规律。Morin③ 从八个角度分析复杂性, 包括了无序性、非普遍性、错综化、产生于紊乱无序但总结为有序性、在组织中通过约束来抑制某种可能性、不完全清晰性以及观察中的回返。Clark 和 Collins④ 则认为网络化, 反馈循环, 自组织, 不均衡和嵌套式, 都是复杂系统的重要特征。系统的复杂性研究是从现象的复杂特征中寻找内在循环规律的过程。

　　①　苗东升. 科学的转型：从简单性科学到复杂性科学 [J]. 河北学刊, 2004(06):30-34.

　　②　Kiss T. The complexity of teacher learning: Reflection as a complex dynamic system [J]. Journal of Interdisciplinary Research in Education, 2012, 2(1):17-35.

　　③　埃德加·莫兰. 复杂思想：自觉的科学 [M]. 陈一壮, 译. 北京: 北京大学出版社, 2001.

　　④　Clarke A, Collins S. Complexity Science and Student Teacher Supervision[J]. Teaching and Teacher Education, 2007, 23(2): 160-172.

1. 整体性

系统思考是复杂理论的前身，舍伍德[1]强调了系统的思考需要首先考虑整体性，因为作为相互连接的实体，整体内部各个组件之间的相互联系和不断运作，既保持了系统的稳定性，同时显示了系统内部的复杂性。对于一个系统的复杂性分析，将其作为一个系统整体进行集体特性的分析应该作为首要任务，要从整体的角度对其包含的元素以及相互的影响作出判断。在Davis[2]看来，复杂系统在发展演化过程中逐渐形成稳定的结构，并不是只受外界刺激物所决定的。也就是说，外界环境对事物系统存在刺激作用，对系统的变化产生影响，但系统内部是一个相对稳定的结构。

2. 相互关联性

系统的整体性说明了多个体的组成，而系统的复杂性则产生于个体之间的相互联系。正如郑鸿颖[3]提到，每一个复杂系统内都有子系统组成复杂网络，每一个子系统又自成复杂系统，并与其他系统在环境中相互作用相互关联。Davis[4]认为，在复杂系统内，各个子系统与邻近系统之间的信息交换，就是一种相互联系性。系统作为一个整体，是由不同的组件组成的，而组件之间是相互联系相互作用的。这种联系，使得系统具有动态属性，但也正因为联系使得系统内部在一定程度上保持稳定和不变性。[5] 在系统首先呈现出相对稳定的整体结构的同时，其内部各要素之间的相互排列组合也就是相互连接性，是系统变化发展和保持相对稳定的主要原因，也是复杂性研究的关键。

3. 非线性和无序性

正因为系统作为一个整体，内部相互联系，因此，系统内是存在不同层级的，虽然每个层级的复杂度和结构可能相似，但Kiss[6]提到，系统部分是无法对系统进行完全推理的。系统的复杂性往往反映在系统发展过程中的非线性和无序性。在Smith和Thelen的研究中，复杂系统理论强调了系统各要素关联之间的复杂性，并且强调了系统和环境之间的非线性关联。[7] 系统内的事

---

[1] 丹尼斯·舍伍德. 系统思考 [M]. 修订版. 邱昭良，刘昕，译. 北京：机械工业出版社，2008.

[2] Brent Davis，康长运. 复杂理论与教育 [J]. 全球教育展望，2008(01):8-12, 20.

[3] 郑鸿颖. 复杂系统理论视域下的教师教学观念系统研究 [J]. 四川师范大学学报（社会科学版），2013, 40(01):100-105.

[4] Brent Davis，康长运. 复杂理论与教育 [J]. 全球教育展望，2008(01):8-12, 20.

[5] 丹尼斯·舍伍德. 系统思考 [M]. 修订版. 邱昭良，刘昕，译. 北京：机械工业出版社，2008.

[6] Kiss T. The complexity of teacher learning: Reflection as a complex dynamic system [J]. Journal of Interdisciplinary Research in Education, 2012, 2(1):17-35.

[7] 郑鸿颖. 复杂视域下的外语教师观念与行为关系研究 [J]. 基础教育，2015, 12(02):36-42.

物并非按照时间顺序产生或增加，也并不产生特定的普遍顺序，即时间的变化并不代表系统内事物的必然变化。因果关系和线性关系无法对系统复杂性进行推论，系统本身变化具备不可预测性。

4. 自组织性

Stacey 等[①] 对自组织的定义是生物体在非系统整体蓝图下，根据自己意图或计划进行的局部互动中产生的有模式的行为。对于自组织性，强调了系统内部的行动力和自我调节，正如 Morin[②] 对自组织性的理解，是生物的复杂性本身具有形态发生的能力，也是创造新形式和新结构的能力。Davis[③] 将自组织定义为在复杂系统中自主主体之间的内部联系和相互作用。从不同学者对自组织性的解释可见，复杂系统内部对于系统的适应和变化有自行处理的能力。Kiss[④] 将自组织性作为系统中参与者在学习环境中不断促进和发展的状态，需要参与者在系统和环境的多方面影响下进行互动和合作，并且形成一个能够管理和存在的结构。也正是我们所理解的，系统本身的复杂性与环境相关，而在环境影响下，系统对此有适应、组织、改变的能力。

5. 边界模糊性

Davis（2008）[⑤] 对于复杂性现象的解释中对边界的模糊性进行了定义。复杂系统内部，通常是开放的系统，界限没有受到绝对的限制。在这样的条件下，系统与周围的环境才能进行不断的能量交换。因此，系统往往没有明确的边界性，系统的定义并不只是通过某种边界将相似内容或具备层级关系的整体框定为与其他整体相区别的方式。

复杂性研究，是由如今学科内对复杂性的探索和跨学科、跨领域的问题产生所共同构建的。正如黄欣荣[⑥] 提到，复杂性科学不是一门具体的学科，而是交叉学科的产物，是要通过创造新的理论框架体系，应用新的思维模式来解决问题的复杂性的。研究中的复杂性，是对研究事物的大量相关因素进行系统性分析。对复杂性研究方向要求，从事物或现象的整体角度出发，探索其关联性产生的多样化发展可能性，受开放性影响，外部环境的影响同样会影响事物和系统，但其不可逆和非线性使得研究无法通过简单的因果关系推

---

① Stacey, R & Griffin, D. & Staw, P. Complexity and Management [M]. London: Routledge, 2000.

② 埃德加·莫兰. 复杂思想: 自觉的科学 [M]. 陈一壮, 译. 北京: 北京大学出版社, 2001.

③ Brent Davis, 康长运. 复杂理论与教育 [J]. 全球教育展望, 2008(01):8-12, 20.

④ Kiss T. The complexity of teacher learning: Reflection as a complex dynamic system [J]. Journal of Interdisciplinary Research in Education, 2012, 2(1):17-35.

⑤ Brent Davis, 康长运. 复杂理论与教育 [J]. 全球教育展望, 2008(01):8-12, 20.

⑥ 黄欣荣. 复杂性科学的方法论研究 [M]. 第二版. 重庆: 重庆大学出版社, 2012.

理得结论，自适应性又使得事物的发展具备规律性，产生循环过程。这样的研究规律，使得对系统影响过程中，应转变传统研究思维，从事物发展的复杂性和动态性着手，通过对事物间的互动关系，分析事物的发展变化。复杂动态理论在多学科的应用就是验证。

（二）复杂动态理论在语言学中的应用

Larsen-Freeman 致力于将复杂系统与语言学相结合，在复杂理论的基本原则指导下，将语言教学视作一个动态发展的过程。Larsen-Freeman[1] 对复杂动态系统在语言学的运用中做出了七个假设。第一，语言是动态系统，个体对语言的使用往往是语言的演变现象，是自下而上的有机成长和组织方式，无论是语言还是二语习得都不是一成不变的。第二，二语习得虽然被视为中介语和目标语的一致程度，但并不能融合二者。学习者的语言学习不只是符合目标语要求，更是创造和改变。第三，语言学习会有持续进步的过程，但不是线性发展的。习得具有阶段性变化，但不断变化过程中会触动更广泛的重组。第四，语言的熟练度，包括语言准确度、流利度和复杂度，三者关系相互支持也相互竞争。而多种复杂动态系统之间的互动在不同时间和层级上都是明显的。第五，语言既是社会资源也是认知资源。语言是在有语境的社会行动中使用的，因此，无论是可供性和压力，或者学习者的身份、目标或情感状态对语言的表现都具有深远影响。第六，学习者的学习状态是变化和波动的，而这同样是动态系统的重要特征。个人能力和语境可供性有动态互动，二者不能分开，且人们不断使用和改变语言资源也正是复杂系统的持续不稳定性导致的。第七，语言个体都包含不同的变量，也导致他们的发展途径与他人不同。事实上，个体不仅决定了与他们相关的外界世界，同时也积极构造一个持续改变的围绕他们的世界。复杂动态视角下的语言学发展形成了更为立体和复杂的系统，语言的发展和变化的影响因素的多元和动态，都为语言学相关研究提供更多的视角。

正如 Finch[2] 提到的，复杂理论下的语言习得是动态且复杂的非线性的过程，是对初始条件和反馈开放的、是自组织的、具适应性的、不可预测的且敏感的。Larsen-Freeman 和 Cameron[3] 更强调复杂理论对语言研究范式的转变

---

[1]   Larsen-Freeman, D. The emergence of complexity, fluency, and accuracy in the oral and written production of five Chinese learners of English [J]. Applied Linguistics, 2006,27(4):590-619.

[2]   Finch, A. E. Complexity in the language classroom[J]. Secondary Education Research, 2001 (47): 105-140.

[3]   Larsen-Freeman D & Cameron, L. Complex Systems and Applied Linguistics[M]. Oxford: Oxford University Press, 2008.

产生影响，是语言学研究不可缺少的部分。Robinson 和 Ellis[1] 也提到，动态系统理论将语言分析成一个复杂的动态系统，而认知、社会以及环境因素在其中不断相互影响，不稳定的和个体变异充斥其中，语言的发展在这个系统当中，具备非线性的、多元的并且随时交互的特点。Matthiessen[2] 则对语言动态性进行阐释，主要强调了文本作为语境创造者所起的作用。个人所具的语域范畴使得语言在被理解的过程中自然而然融入个人语域，而个人语域的意义潜在性使得语言在理解过程中仍然不断被创造，从而逐渐形成系统。换言之，语言学习过程中学习者对新语言知识进行重新理解和构造，使得其符合个人语域使用，这导致了语言的不断变化，而这种语言变化往往根据个人认知有所不同。复杂动态理论常使用在包括语言发展、应用语言学等学科在内的人类科学领域。复杂动态理论在语言学和应用语言学中的主要应用是对语言变化的多样性的总结，是从根本上对如今语言学研究提出的新的思考方向。[3] 语言的基本特征包括了适应性、自组性、集合性、凸显性、多层次性、动态性、非预知性，这与复杂动态系统所具备的动态、复杂、非线性、不可预测以及相互适应等特性互相吻合。[4] 语言变化的多样性导致了语言学习的动态性和复杂性。

　　复杂动态视角下的语言是不断变化的，而传统研究的分析方式，主要根据不同个体的特点进行静态分析，并未关注研究中互动和相互作用的重要性。在语言教学环境中对复杂动态理论的应用，能从多角度多特性对语言教学发展提供更有效的支持。胡兴莉[5] 就认为，在复杂动态理论视角下，教学过程是开放的，每一个变化都容易被察觉，学习的过程也是不断调整适应的过程，不同学习者的交往也会产生新的学习结构。同样，陈婷婷[6] 从复杂动态视角，对汉语交际能力进行了重新梳理，曾小燕[7] 则从复杂动态理论视角，探讨汉语中外来词的演变途径和演变过程，魏智慧[8] 也通过复杂动态理论对不同汉语学习者交际类型所产生的语言交际类型特征进行探讨。

①　Robinson P, Ellis N C. Handbook of Cognitive Linguistics and Second Language Acquisition[M]. 鹿士义, 译. 北京：世界图书出版公司北京公司, 2016.

②　Matthiessen, C.M.I.M. Meaning in the making: meaning potential emerging from acts of meaning[A]//In Ellis, N.C. & Larsen-Freeman, D. (eds.). Language as a Complex Adaptive System. 60th Anniversary Issue in University of Michigan, 2010:206-229.

③　王士元. 语言是一个复杂适应系统 [J]. 清华大学学报 (哲学社会科学版), 2006(06):5-13.

④　郑通涛. 复杂动态系统与对外汉语教学 [J]. 国际汉语学报, 2014(02):1-16.

⑤　胡兴莉. 动态复杂系统理论视角下的课堂教学探讨 [J]. 教学与管理, 2015(09):106-108.

⑥　陈婷婷. 复杂动态理论下的汉语作为第二语言交际能力研究 [D]. 厦门大学, 2017.

⑦　曾小燕. 复杂动态系统理论下的现代汉语外来词研究 [D]. 厦门大学, 2016.

⑧　魏智慧. 复杂动态理论下的汉语交际类型特征研究 [D]. 厦门大学, 2017.

戴运财、王同顺[①]认为所有重要因素的动态交互的正确描述才能真正解释系统的复杂性,其发展取决于初始状态、系统协调性,认知系统与环境系统的资源等。二语习得动态的最重要影响因素包括了环境因素、学习者因素和语言因素以及其相互作用。在语言学习环境里,语言学习不再是静态的语言点解释和习得,语言教学也不再简单地理解为如何教和怎么学,学习主体、语言环境、语言本身的复杂因素,形成了一个完整的整体,就如同复杂动态系统把语言发展的复杂性看成是语言使用过程中和可供环境之间的互动,再通过自组织浮现和重组,形成每个独立的语言学习环境中的发展变化。也正如Dornyei[②]所说,动态系统的研究应回归本我,强调主体的可能性,重视环境和主体的关联性,特别是语境的作用力,并且强调语言、主体和环境三者的动态性以及他们相互影响的关系。

(三)复杂动态理论在教育学中的应用

复杂性影响下的教育,是由变化的时代、多元的价值和人的复杂特点共同塑造的。么加利[③]提出此观点,并提出教育规律在复杂思维下的两方面特点,一方面,教育活动的规律更具情境性,另一方面,教育活动的规律是存在于教育活动中。从他的观点中,教育的复杂性实质上就是人的复杂性的具体体现。无论是时代的变化和价值的多元,在快速变化和迅速发展的社会环境中,多元价值文化推进了人的主观意识的觉醒,而人的复杂性,就是在自组织特征的影响下,通过对教育运作和过程的影响,从而预示了教育逐渐复杂化。在教育的复杂性讨论中,最主要的依然是参与者复杂性的研究,包括教师复杂性的研究。正如Davis[④]讨论复杂理论下的教育,将其形容成是一种"被成长影响着的成长过程",课程就是对现有知识的延续、重复以及再生产。教育的复杂性讨论,一方面是着重人的复杂性,一方面则关注教育过成的延续和演变。复杂性研究同样伴随着对系统动态性的研究。

在讨论教学的复杂性时,张进清、蒋士会[⑤]则从"熵增原理"分析教学过程,从热学的不可逆角度,探讨了系统的弥散度或均匀度。"熵增原理",即通过自发的热过程,系统的弥散度和均匀度的增大,而其泛化的概念,是指在一

① 戴运财,王同顺.基于动态系统理论的二语习得模式研究——环境、学习者与语言的互动[J].山东外语教学,2012(05):36-42.

② Dornyei, Z. Individual differences: interplay of learner characteristics and learning environment [A]//In Ellis, N.C. & Larsen-Freeman, D. (eds.) Language as a Complex Adaptive System. 2010.

③ 么加利.走向复杂:教育视角的转换 [D].华东师范大学,2002.

④ Brent Davis,康长运.复杂理论与教育 [J].全球教育展望,2008(01):8-12, 20.

⑤ 张进清,蒋士会.论教学的复杂性 [J].广西师范大学学报(哲学社会科学版),2010, 46(02):100-106.

个排斥力量大于吸引力量的孤立系统中，有序性不断降低的过程。[1]复杂性教学中，由于教学环境、教师和学生所能提供的有效资源和无效资源之间的相互影响会导致效能的逐渐降低，而外部环境对系统提供的能量是保证其降低熵值维持稳定有序的方式之一。系统的发展会逐渐形成一个衰败和退化的过程，例如人类的从年轻至年迈的身体机能的变化。熵增不可避免，但引入负熵则可以调节系统稳定。教师的职业生涯同样体现了"熵增原理"。在职前教师和新手教师阶段，教师往往有很强的工作热情和学习动机，但往往伴随着时间的推移，教师们逐渐丧失了工作初衷和热情，甚至遇到工作瓶颈，对于工作的态度从"积极进取"转变成"安于现状"，更有甚者则变得毫无信心，甚至离开工作岗位。从这个角度，教师系统的变化是存在着逐渐衰弱的状态，需要通过外界的刺激来改变，随时保持教师的工作状态，从而影响教学。

（四）复杂动态理论在语言教师研究中的应用

复杂动态视角下的语言教学环境对教师的作用更大。Feryok[2]就认为，复杂系统在应用语言学中被强调的几个特性，包括了其复杂性、多相性、非线性、敏感性、动态性以及其语境化的特性，在生态系统中和其他系统相互联系、相互适应、相互管理，而这些内容，在语言教师认知中也同样适用。Larsen-Freeman 提到，教师的作用是管理学生的学习过程，而不是让学生整齐划一，复杂理论就是让我们更好地理解这个过程。[3]罗红玲[4]则将复杂动态系统应用于对外汉语课堂教学，并提到，师生之间、环境之间都是相互联系相互作用的，教师在这样的环境中，同样获得专业能力和素养的发展。王毅和冀小婷[5]也认为，复杂理论应该应用到教师教育中。教师学习应该是一套复杂系统，相互影响相互配合，相互制衡地进化发展，而不是简单的事件。[6]而郑鸿颖[7]则从复杂视域讨论了外语教师的观念和行为关系，认为全方位的理解教师的教学观念，既不能割裂教师的表述、隐含、核心和附属观念，也不能只从

① 钱时惕.世界的复杂性与熵理论——兼评《新自然观》一书中的"熵理论与自然观"[J].科学技术与辩证法，2004(01):19-24.

② Feryok, A. Language teacher cognitions: Complex dynamic systems? [J]. System, 2010,38(2): 272-279.

③ 冀小婷.关于复杂系统与应用语言学——拉尔森·弗里曼访谈 [J].外语教学与研究，2008(05):376-379.

④ 罗红玲.复杂动态系统视域下的对外汉语课堂教学组织观 [J].海外华文教育，2018(04): 122-128.

⑤ 王毅，冀小婷.复杂理论对教师教育的启示 [J].天津外国语大学学报，2016(05):33-36.

⑥ 裴淼，朱旭东，陈林，区颖欣，高晓玲.构建校本教师学习复杂系统模型——为教师成长提供良好适宜环境 [J].教育学报，2016, 12(01):83-92.

⑦ 郑鸿颖.复杂视域下的外语教师观念与行为关系研究 [J].基础教育，2015, 12(02):36-42.

观念和行为的二元关系进行讨论，而应该用动态的视角，在不同教学环境中，对教师核心观念和附属观念的相互作用进行研究。

复杂系统理论认为，教师并不是在课堂上控制学生的学习，教学甚至不一定引起学习过程，但教师的行为和干预，会对课堂产生影响[①]。季晶晶[②]在新教师教学观念的研究中表示，无论是教师观念还是教学观念，都应该用动态、复杂的眼光看待，教师的个人发展也都是在复杂动态的系统中发生的。杨洁[③]也提出，教师的能力不仅包括教学，还包括了在复杂多变的教育情境下，选择科学理念、优化教学方式、变革专业自我的特殊智力。可以理解，教师能力概念，必须具有一定的动态性和自然调适性。如今的教师能力指向，应该是在先进理念牵引下，以系列化能力组合为内容的，并能确保动态职业实践成功的"新概念"能力。这样的能力结构，并不是单纯的细分方式，而是能力在具体环境中的不断调整产生的不同状态。

不仅对学生的学习过程需要有复杂动态的思维概念，对待教师本身也应该如此。由此可知，复杂动态理论视角下的教师培养，更注重的不是教师应该具备什么以完成教学，而是在不断互动的环境中，教师需要承认课堂教学的复杂动态性，并且掌握系统发展，在不断发展的系统中适应、变化和互动。教师在复杂动态视角下，在注重互动性的前提下，必然要更注重环境对语言教学的实际影响。

复杂动态视角下，对语言教师的观察研究更注重环境的因素，而复杂性本身同样强调了外在环境对系统的作用，复杂性的突出特点，以自组织性为例，就是通过系统经外界环境影响所产生的内部调整以适应环境需要。正如Morin[④]提到的，当系统复杂性显示其自组织性质时，"自我——经由环境——组织"是其关键概念，不能孤立于环境存在，而当系统复杂性显示其开发性质时，"开放系统是一个能够滋养它的自主性系统，但主要通过依赖外部环境来实现"。综上所述，复杂动态视角下对外部环境与个体之间的关系更为重视，从国际汉语教师所处的环境的多元化，同样需要探究不同环境与教师个体之间的关系，而可供性理论就对教师个体和外部环境的互动关系提供了解释。

① Larsen-Freeman D & Cameron, L. Complex Systems and Applied Linguistics[M]. Oxford: Oxford University Press, 2008.

② 季晶晶. 新教师教学观念的发展变化研究 [D]. 华东师范大学, 2010.

③ 杨洁. 能力本位: 当代教师专业标准建设的基石 [J]. 教育研究, 2014(10):79-85.

④ 埃德加·莫兰. 复杂思想: 自觉的科学 [M]. 陈一壮, 译. 北京: 北京大学出版社, 2001.

四、可供性理论

（一）环境和个体的互动关系

在讨论环境和个体之间相互关系时，Affordance 理论为环境和个体的互动关系提供支持。Affordance 理论（下文称可供性理论）最早由 Gibson[①] 提出，是指环境所能提供的与生物体相关的所有资源，在生物体可感知的范围内产生作用。可供性的有效性是建立在生物体对环境资源的感知基础上的，并且能促进生物的发展进化。Chemeron[②] 强调，可供性不单纯是某种资源，而是生物体和具体环境的一种相互关系。胡兴莉、郑通涛[③] 提出，环境的可供性，来自于环境和观察者之间的双向互动。由此可知，可供性理论强调了环境和生物体感知的相互作用力，环境的属性需要通过生物体的感知产生作用，而不同生物体对环境的不同感知，导致了环境的作用力不同，产生不同的结果。

正如 Aronin 和 Singleton[④] 所说，不同的物理特征会为不同生物体提供不同的行为选择，而同样的物体所能展示给不同人的可供性内容也并不相同。Igbaria 也提到，大多数可供性以实物为主，且随教育程度的提高而提高使用者对其的感知程度。换句话说，生物体往往会基于感知为自己所处的具体情境选择恰当行为以生存。Stoffregen[⑤] 将 "可供性" 的特征分为三类，包括了可供性的潜在可能性，可供性的机体 - 环境系统特性，以及受意图制约的提取过程。可以理解，机体 - 环境系统可以提供大量的可供性，但是被感知和提取的内容，则是基于生物体根据意图进行的判断和选择。总而言之，可供性的实现，需要依靠生物体的主观感知范畴起作用，由于生物体的感知能力都不同，环境中起作用的资源也不尽相同，这导致生物体会由此产生的行为选择呈多样化形式展现，在相同环境下，不同的生物体也会产生不一样的行为反应，而这都是生物体和环境的互动结果。

生物体和环境之间是互动的，生物体通过感知与环境产生联系，并根据个体感知的不同，做出不同的行为选择，从而反作用于环境。正如郑通涛所

---

① Gibson J. The Ecological Approach to Visual Perception[M]. Boston: Houghton Mifflin, 1979.

② Chemero, A. An outline of a theory of affordances[J]. Ecological Psychology, 2003,15(2):181-195.

③ 胡兴莉，郑通涛. 汉语作为二语的交际能力研究 [M]. 广州：世界图书出版广东有限公司，2016.

④ Aronin, L. & Singleton, D. Affordances theory in multilingualism studies[J]. Affordances theory in multilingualism studies, 2012,2(3):311-331.

⑤ Stoffregen, T. Affordances and events[J]. Ecological Psychology, 2000,12(1):93-107.

说，从生态学角度看，学习者是在环境里的，在富含各种有潜力意义的环境里，感知和理解本身就是持续互相进步的循环。一方面，环境容易让人有下意识的行为反射，或让人学习如何融入，另一方面，人是可以对环境和可供性提供修改方案的。

将可供性理论应用到学习中，Van Lier[①]认为学习的概念是个人和环境的复杂且有条件的互动的结果。Larsen-Freeman 和 Cameron[②]就指出，教学和师生互动是可以构建和驱动课堂中的学习可供性。而这里所指的可供性，既不是某特定语境的性质，也不是某学习者的特征，而是两者的关系。Blumenfeld等[③]则从学习环境入手，认为认知投入能让学生对任务主题进行估计，觉察自身需要的满足，更可能继续努力，并使用深层学习、元认知和意志策略去投入学习。而这也源于学习者对学习环境的感知。从学习过程中可供性理论的应用可知，学习环境的重要性受到证实，同时，学习环境和学习参与者（包括了学习环境中的教师、学生和其余群体）之间产生的作用是相互的，如何在学习环境中最大化其对学习参与者的影响，同样也取决于学习参与者本身对于学习环境的创造和更新。魏智慧[④]提到，课堂的物理环境布置、教学内容和教学方法、教师和学生的个人形象和能力才识以及这几者之间的互动都会产生影响学生学习的可供性。细化到个体能力上，正如郑通涛[⑤]所说，在环境与个体互动系统中，可以区分出可提供条件、可感觉能力、可接受能力、可处理能力、可应用能力等。

以上研究都强调了个体发展过程中与外界环境的互动性关系。环境提供资源，而个体需要通过自己的能力去感知、适应和反作用于环境中，这包括了感知资源、做出行为选择，并且采取行动。应用到学习过程中，则更强调环境和学习主体群之间的互动，不只是个体的感知和行为，而是在同样环境中如何使得教学对学习群体产生最大效果。语言学习的研究，离不开对学习者和环境互动关系的研究，学习者和语言环境的互动关系被确立，语言学习也就无法被解释成单纯的教师对学生的知识传输过程。

语言学习环境对学习者而言，就是通过对语言环境的感知，选择语言表

---

① Van Lier, L. Interaction in the Language Curriculum: Awareness, Autonomy and Authenticity [M]. New York: Longman, 1996.

② Larsen-Freeman, D. & Cameron, L. complex systems and applied linguistics[M]. Oxford: Oxford University Press, 2008.

③ Blumenfeld, P.C., Kempler, T.M. & Krajcik, J.S. Motivation and cognitive engagement in learning environment [A]//In Sawyer, R.K. (eds.). The Cambridge Handbook of the Learning Sciences. 2006.

④ 魏智慧. 环境可供性理论视角下的课堂教学探讨 [J]. 教学与管理, 2014(36):102-104

⑤ 郑通涛. 复杂动态系统理论与语言交际能力发展 [J]. 海外华文教育, 2017(10):1301-1310.

达,从而在交际过程中改变现有环境状态。2017年,郑通涛[1]再一次强调了语言学习是个体于环境多重互动的过程,要求个体具备多重互动能力。因此,在学习环境中,教师和学生是与之互动的主要个体。语言学习当中,在语言、环境和学习者之间,同样产生了互相作用的关系[2]。Aronin[3]认为,语言的学习,尤其是多语学习,在目标可供性(goal affordance)和成功保证可供性(sure-fire affordance)两种环境下,语言学习的成功和有效程度会有所提高。而这离不开生物体的主体感知能力。可以发现,语言学习中的设定,目标可供性与成功保证可供性象征着设定方面的一致性,当目标被设定为学习一种新语言,而成功的保证由学习机构提供师资和材料补充,那么在这样的框架里,使用者是影响学习效果的最大因素。尤其是在社会语言可供性的支持下,个人语言可供性,就尤其需要学生具有主动探索能力。在学习者具备选择权的时候,对于明确的可供性的选择对于学习效果尤其重要,其中最主要的依据是选择者在情境中的投入与否。鲁忠义,陈笕桥,邵一杰[4]通过具体应用,在阅读理解训练中,对可供性(原文表达以“动允性”解释,本文为了统一概念,使用“可供性”)的重要性进行了解释。在阅读理解过程中,信息是围绕着可供性组织的,而可供性在知觉中的核心地位,帮助人们在漫长的进化过程中发展出了直接提取可供性的机制,以提高阅读理解的效率,与可供性有关的属性的提示会有效加速这种可供性的提取。生态学方法的核心概念是物理生态位或物理环境与典型的用途、规模、特征和程序所导致的这一环境中的动物行为,而这种定位同样可以应用在课堂系统中,对课堂情境的行为和实践做出全面的概念化[5]。

(二)环境与教师的互动关系

生态学方法包含了十个原则,关系、语境、系统模式、出现、质量、价值、批判观点、变动、多样性以及机构代理,教师是机构代理的变化程度之一[6]。

① 郑通涛.复杂动态系统理论与语言交际能力发展[J].海外华文教育,2017(10):1301-1310.
② Aronin, L. & Singleton, D. Affordances theory in multilingualism studies[J]. Affordances theory in multilingualism studies, 2012,2(3):311-331.
③ Aronin, L. The concept of affordances in applied linguistics and multilingualism [A]//In Pawlak, M. & Aronin, L. (eds.). Essential Topics in Applied Linguistics and Multilingualism. Springer International Publishing, 2014:157-173
④ 鲁忠义,陈笕桥,邵一杰.语篇理解中动允性信息的提取[J].心理学报,2009(09):793-801.
⑤ Doyle, W. Ecological approaches to classroom management [A]//In Evertson, C.M. & Weinstein, C.S. (eds.). Handbook of Classroom Management: Research, Practice, and Contemporary Issues, 2006: 97-125.
⑥ van Lier, L. Language learning: An ecological–semiotic approach [A]//In Hinkel, E. (ed.), Handbook of Research in Second Language Teaching and Learning. New York, NY: Routledge, 2011: 383-394.

但 Vieira[①] 指出，如今对教师教育项目往往低估了实践的作用，也忽略了教师作为变化中的代理机构的角色作用。相关研究中同样发现，教师的手势可以对学生的交际意愿产生积极态度，频繁使用不同姿势也可以增加互动的动态性，降低其单调性。相应的，学生的感知程度越高，对姿势的感知更容易被识别。韵律节奏的不断改变，强调了话语重要性不同，同时吸引注意力。因此，教师在课堂表现中的积极态度，扩大课堂空间，改变语速，都可以有效降低师生之间的距离感。

教师行为对学生学习的管理，往往与教师是否能设定合适的基调，并且增加学习者尊重和合作的能力紧密相关。物理环境、社会环境和教师行为是最容易改善课堂学习环境的几个要素。通过给予时间和想法去提供学习者环境用以提高他们的动机，考虑学习者情感的、心理的和社会学的喜好，教师能够最大程度提高语言学习的效果。语言课堂的实质是给予学习者使用新语言交流的机会，尝试新方法表达意思，去协商，去犯错，去从成功和失败中学习，从情感角度讲，是提供学习者能增加自信和自尊，并且增加交流信任的合适环境[②]。

从学习科学的角度，Fishman 和 Davis[③] 认为，在真实的情境中，教师的学习效率更高。也就是说，教师在教学环境中，通过实践，能更好地体会课堂和实际情境，并且对教学案例有更具拓展性地分析和认识，从而能提高将学习迁移到情境使用中的能力，但如今的教师学习相关研究更多研究教师应该如何教，却不怎么关注教师该怎样学习如何教。学习科学中对教师学习的研究注重课堂实践情境和教师对课程材料的使用。教师学习的研究，要联系到多个学科方面的内容，但往往会忽略或者单一看待，其他方面容易被忽视。而实践共同体更被看作是教师发展过程中提高教师学习的有效方式之一。在创建不同的环境，让教师分享不同专业技能，以及构建专业知识结构等方面都相对有效。从学习科学的角度看，在真实的情境中，教师的学习效率更高。也就是说，教师在教学环境中，通过实践，能更好地体会课堂和实际情境，并且对教学案例有更拓展地分析和认识，从而能提高将学习迁移到情境使用中的能力。

---

① Vieira, F. Task-Based instruction for autonomy: Connections with contexts of practice, conceptions of teaching, and professional development strategies [J]. TESOL Quarterly, 2017（51）: 693-715.

② Williams, M. & Burden, R.L. Psychology for language teachers [M]. 北京：外语教学与研究出版社，2000.

③ Fishman, B.J. & Davis, E.A. Teacher learning research and the learning sciences [A]//In Sawyer, R.K. (ed.). The Cambridge Handbook of the Learning Sciences. Cambridge: Cambridge University Press, 2006:535-550.

教学就是管理学习中的动态性①。因此,教师在教学环境中,就需要在感知环境的基础上,对学习环境进行改良和塑造,从而为学习者的感知服务提供帮助。高质量的投入在最开始得到激发,但是在环境中,某些特征也会影响认知投入的质量。新的师生关系,教师成为帮助者,而不是知识的主要来源。另一方面,即使学习环境能激发学生的动机和认知投入,但是学生可能缺乏更好理解的技能。学习兴趣转向认知投入过程中需要哪些步骤,学生又需要通过什么来持续地发展各种技能②,这都是教师需要考虑的。教学环境中,教师需要不断地转变个人角色和使用不同技能,以正确地适应学习者的需求和课堂的进程。

从教师能力的角度看,教师认知和观念同样受到环境的影响。郑鸿颖③对于外语教师观念和行为的研究中要求在分析教师观念复杂性时,需要关注教师观念、教学实际和不同情境对教学观念的影响。李茹④则认为,教师认知是由教师与教学的物理环境、社会环境在动态的耦合系统中互动所构建的,并随着系统中的动力源的变化而变化。教学环境的好坏,会刺激教师从认知开始的全面变化,提高教师的能力,并且从而为教师塑造更好的教学环境提供基础。这也是教师能力逐渐强调对教学环境的创造能力的原因。从教师效能发展的过程中可见,对教师能力的探究,也从"无环境"向"基于环境"的观点进行变化,静态地探讨教师能力的分类并不能解决实际的教学问题,因为在"基于环境"的观点中,教师实现理想教学自我的一个重要因素是他们发挥能动性、制定运用权力和进行抵抗策略的能力和意愿⑤。从这个观点出发,环境对教师能力起到重要的推动作用,对教师能力的分析,也必须与实际环境的影响进行结合。Howard 和 Aleman 主张把对教育的政治和社会背景,以及对种族、阶级、性别、文化、语言、教育的问题的批判意识等内容的发展意识都作为能力的一部分。也就是将对环境的宏观认识纳入教师能力的一部分。在多元环境里,教师的能力就是能在道德、种族、文化等多样性背景下做好教师的准备,换言之,对教师能力的塑造和分析,应该考虑其作为国家产物

①　Larsen-Freeman, D. & Cameron, L. complex Systems and Applied Linguistics[M]. Oxford: Oxford University Press, 2008.

②　Blumenfeld, P.C., Kempler, T.M. & Krajcik, J.S. Motivation and cognitive engagement in learning environment [A]// In Sawyer, R.K. (eds.). The Cambridge Handbook of the Learning Sciences. 2006.

③　郑鸿颖. 复杂视域下的外语教师观念与行为关系研究 [J]. 基础教育, 2015, 12(02):36-42.

④　李茹. 国外语言教师认知研究演进、转向及启示 [J]. 外语界, 2016(06):23-30.

⑤　库玛, B.Kumaravadivelu, 赵杨, 等. 全球化社会中的语言教师教育:"知""析""识""行"和"察"的模块模型 [M]. 北京:北京大学出版社, 2014.

的背景，而这在之前的研究中是并不具备的。Hopkins 和 Stern[1] 则通过分析高质量的学校得出结论，对教师质量有所影响的包括了六个特征，例如视野和价值观、教学机构，管理安排，领导层，员工发展，以及与社区和当地的关系。认为，在建立相应的复杂程序和安排时，对教师的质量都有重要的影响。教师的实际教学环境比起个人认识，有更多方面能影响教师教学质量的变化。

（三）语言环境与教师的互动关系

应用到第二语言课堂环境中，陈婷婷[2] 将第二语言课堂教学环境作为即时环境、物理环境和社会文化环境相互影响动态变化的网络。她提到，教师和学习者的认知不断改变，言语行为也会为确保教学和互动的顺利而随之变化，这就是可供性的动态特征。并且，教师所要施展的能力，在可供性理论下，是在教学中不断提高学生感知能力的能力。对学习者而言，教师同样是环境的组成部分。教师的即时性被认为是教师提高师生间亲密度的交际行为，被作为二语交际意愿的重要预兆之一。在二语课堂里，对学生二语交际的意愿，需要将课堂作为多模态的研究对象，而单纯研究学生是不足够的，对教师的研究同样重要[3]。

而 Kumaravadivelu[4] 认为，语言教师课堂中的活动设计对于培养学生的一般性和批判性语言意识是相当重要的。这其中，需要将个体学习者与同时代的社会政治秩序相联系，也意味着教师的一个重要任务就是创造丰富的语言环境，使学习者能够进行意识的培养和自主的学习。对任务型语言教学的最基本理解，是学习者能参与的开放的真实的交际任务所成的语言发展构成教学大纲和丰富的语言环境。而这样的教学同样强调了寻找意义基础和形式基础为主的活动间的平衡，形成语言能力发展结构，调整对学生能力、成熟度和自主度的教师导向和语言控制。

从复杂系统理论和社会文化理论的角度，韩大伟和邓奇[5] 认为学习者的语言习得环境和他们的认知语境、文化语境、社会语境、物理环境和教学环境都有相关性，对学习环境的考量，包括了学习者内部外部动态因素的集合，是

---

① Hopkins, D. & Stern, D. Quality teachers, quality schools: International perspectives and policy implications [J]. Teaching and Teacher Education, 1996, 12(5), 501-517.

② 陈婷婷. 第二语言课堂教学环境中的可提供性 [J]. 海外华文教育, 2017(11):1521-1527.

③ Peng, J. & Zhang, L. & Chen, Y. The mediation of multimodal affordances on willingness to communicate in the English as a foreign language classroom [J]. TESOL Quarterly, 2017, 51(2): 302-331.

④ Kumaravadivelu B. Beyond Methods: Macrostrategies for Language Teaching[M]. 陶健敏，译. 北京：北京大学出版社, 2013.

⑤ 韩大伟，邓奇. 动态抑或互动？——动态系统理论与社会文化理论在二语习得中的应用 [J]. 外语电化教学, 2013(03): 10-15, 25.

相互调整并维持平衡的关系。同时，他们认为二语能力的获得归功于社会环境和语言使用，并且在两种理论中都强调了社会文化环境的作用，因此，二语教学过程中的环境作用也强于其他教学。学习者在于自己所处环境的互动过程中习得语言[①]。正如徐虹[②]也从动态复杂理论视角，对课外教学环境进行考量，强调了影响语言学习者的学习环境不止课内环境，而应该包括其所接触的所有环境。

对于文化在教育中的影响，Varner 和 Beamer[③] 同样提到，不同的文化下，教育扮演着不同的功能，不同文化环境中的学校对教学内容或许类似，但其不同在于侧重点。尤其在跨文化的学生群体中，不同的学生文化背景对学生的学习需求产生了不同的影响，这就使得学生在实际课堂中对空间、距离和时间都有不同需求，而文化背景的不同，对学生产生了感知的不同影响，使得他们对相同的信息会做出不同的反应。教师在跨文化环境里要考虑的问题，从学习风格的不同，语言的多样性和非言语行为三个方面组成。而语言的多样性同样会造成不同的冲突，例如书面和口头 / 听觉的传统，以及交流与控制的冲突。

语言的教学是语言动态发展的无序性变化的产物，其复杂性体现在实际教学环境当中，而国际汉语教师在汉语作为第二语言的实际教学中，并不能单纯地作为语言知识和技能的传输，而应该是具体环境影响下，对不同个体学生进行最大化运用可供性的操作过程，无论是实际需求和理论支持，都需要重新理解和看待国际汉语教师的能力培养。如今对教师能力发展的研究过程必不可少地需要讨论环境的影响和作用。原有的研究中，更强调环境和个体的某种作用力对另一方的影响。而实际研究更应该强调两者之间的相互互动关系，能力发展的研究应该将环境系统纳入考量，通过动态变化的方式进行研究。语言教学研究，由于语言、文化等多方面内容的影响，语言学习者对学习环境的敏感度更高，他们所需要感知到的环境因素也对他们的能力有更高的要求，反过来说，对教师的环境适应力、环境塑造力以及在环境中的角色都有更高的要求。原有的研究更注重课堂环境在教学过程中的作用，而在国际汉语教学的舞台上，其学科特殊性，也要求研究对在多层次的环境里，国际汉语教师的能力塑造进行更全面的考量，更需要分析的不仅是学习课堂内的

①　Larsen-Freeman, D. Language acquisition and language use from a chaos/complexity theory perspective [A]//In C. Kramsch (ed.). Language Acquisition and Language Socialization. London, Continuum, 2002: 33-46.

②　徐虹，郑通涛. 课外语言学习动态模式研究 [M]. 广州 : 世界图书出版广东有限公司，2016.

③　Varner, I. & Beamer, L. Intercultural Communication in the Global Workplace[M]. 上海 : 上海外语教育出版社，2006.

环境,更是外在的学校环境、社会环境甚至不同目的国的大环境。

Bronfenbrenner(1979)[1]认为对个人发展的研究,必然要从个人生存的环境系统,即其个人生长的生态入手,因为持续发展的个体与变化的环境之间是相互适应的。Bronfenbrenner 的生态系统理论(如图 1-4)则包含了对不同层级系统之间相互影响的理解,对于系统而言,整体的互动程序不仅动态而且是多层面的。对语言学习而言,不能线性的分析,而应该全面地分析个体在不同系统层级中动态且互动的过程。在教师专业发展过程中,杨桐桐等[2]认为,微观系统代表了教师专业发展的自觉,中间系统代表了教师专业发展团队,外系统则是社会各界力量的支持,最外围的宏观系统是国家政策法规保障。在生态系统被距离式的层次分割后,对个体的影响程度也随之变化。

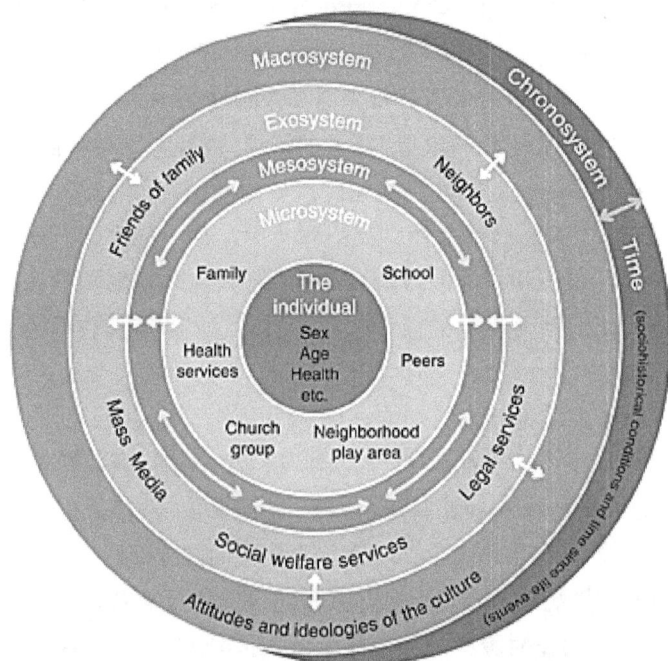

图 1-4　Bronfenbrenner(1979)生态系统理论结构图

五、教师专业发展

从教师发展的角度看教师能力同样应是渐进发展的过程。

---

① Bronfenbrenner, U. The Ecology of Human Development: Experiments by Nature and Design [M]. Cambridge, MA: Harvard University Press, 1979.

② 杨桐桐,张蓓蓓,姚仙竹.论生态学视角下教师专业发展 [J].中国成人教育,2017(17):147-149.

教师发展常被区分为不同阶段。例如 Steffy 和 Wolfe[①] 就认为教师发展有六个阶段，包括新手期（novice）、学徒期（apprentice）、专职期（professional）、熟练期（expert）、杰出期（distinguished）和退休期（emeritus）。其中，仍处于实践过程的学生属于新手期，而熟练期指向学生能满足相关单位设定的标准要求。在他们的阶段划分中，相关专业的学生同样包含于教师发展阶段，而从新手期到熟练期之间，正是教师能力迅速培养的总体阶段，以符合教师标准为其目标和指向。

Fessler[②] 认为，教师生涯发展是一个动态的过程，其中，职业生涯周期包括了职前期、职初期、能力建构期、热情与成长期、挫折期、稳定期、消退期、离岗等一整个循环，而个人环境和组织环境都会对职业生涯周期产生影响，如图 1-5 所示，这是教师专业发展研究开始动态研究的尝试，是对其原有教师生命周期理论的一次重要更新。其职业生涯发展理论对教师能力的重视也并未改变，在他的研究中，教师能力建构是联结了教师职前学习和实践初期的多个阶段，与环境相互联系的过程。

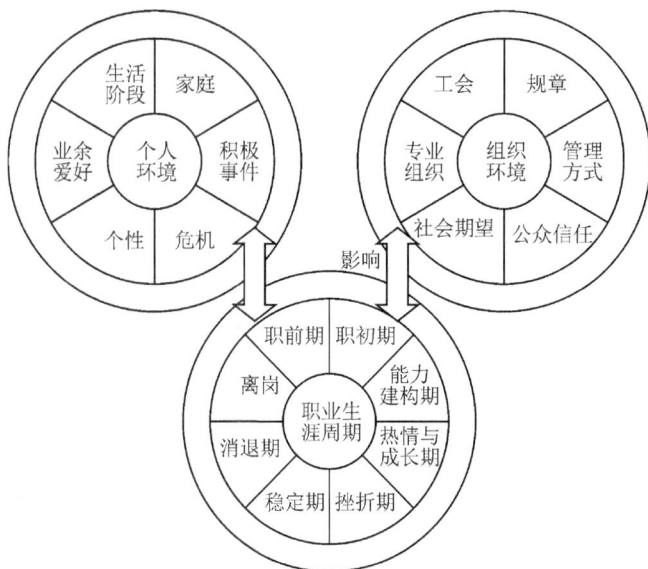

图 1-5　Fessler（2005）教师职业生涯周期的动态特征

---

①　Steffy, B. E. & Wolfe, M.P. A life-cycle model for dareer teachers [J]. Kappa Delta Pi Record, 2011（38）:1, 16-19.

②　Ralph Fessler, Judith C.Christensen. 教师职业生涯周期——教师专业发展指导 [M]. 董丽敏，高耀明，等译. 中国轻工业出版社, 2005.

对教师能力的关注程度，普遍建立在教师发展稳定阶段之前。教师的专业学习过程和逐步进入教学实践的过程，都是教师能力迅速提高的阶段。以国际汉语教师来说，在汉语国际教育专业学习过程中，以及之后的教学实践，毕业后的教学工作初期，也都是探究国际汉语教师能力发展过程的重要阶段。对课程学习中的职前教师能力的探究，主要着重于他们本身的能力分布，以及他们在学习过程中的能力发展，对于教师的知识储备、理论掌握、认知和学习意识更为重视。对实践中的教师能力的观察，更关注能力发展中从理论学习转向实践的变化，这也是教师能力建构期的重要基础。国外教师能力的理论发展进入快速成长，得益于美国80年代颁布的与教师能力和教师质量相关的一系列教育法案，对教师的学科胜任力进行的要求①。

教师专业发展概念体现了教师能力结构应是体现教师从新手向专家的动态成长过程，是能力的层级递进和自我超越，而不是能力值的累加。教师专业能力需要包括基本能力、教学能力、教育能力、自我发展能力和教学创新能力，且五种能力层级递进、螺旋上升。②

教师的"专业"相较于"职业"，是个体的专业能力在工作中的体现，指的是教师所具备的从事特定职业的专门"能力"③，二者既有区分又有统一。教师专业化则是教师成长为一名具备"专业"教师的过程，从专门职业的角度去看待教师专业能力的提升。傅先庆④认为，教师专业化就是指教师来源多样化、教师知识结构优化、教育学科多元化和教师学习终身化。在教师专业化发展过程中，虽对阶段的分类有所不同，但共同的观点是，专业化过程主要是从教师的不成熟到逐渐成熟的发展过程，无论是态度、策略或者教师能力，都在产生不断变化。

在教师的专业化标准设定中，自身素质和客观环境是影响标准的两个方面（见图1-6），在相互配合下，以良好的客观环境支持教师自身专业素质的发展和提高。这个过程需要自身和外部环境两方面的相互促进，是专业水平和社会地位的认可，但目前教师的专业化程度仍相对不足。⑤

① 朱旭东.教师专业发展理论研究[M].北京：北京师范大学出版社，2011.
② 胡卫平，张睆.教师专业能力发展的理论与实践[J].陕西师范大学学报（哲学社会科学版），2018，47(02):139-145.
③ 王艳玲.教师专业发展：教师教育的核心理念[J].全球教育展望，2008(10):29-34.
④ 傅先庆.教师专业化的内涵与任务[J].教育评论，2005(02):1.
⑤ 陈琴，庞丽娟，许晓晖.论教师专业化[J].教育理论与实践，2002(01):38-42.

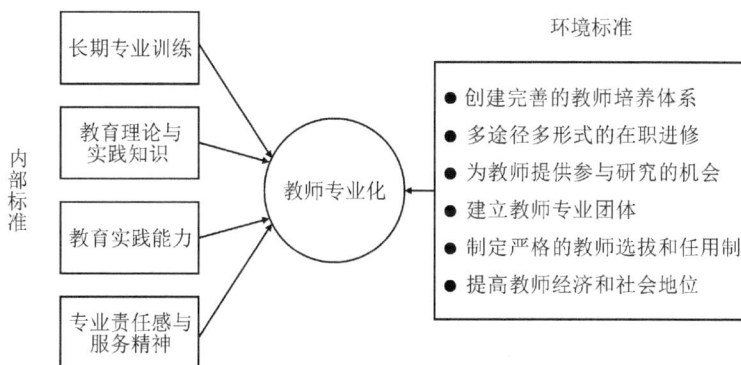

图 1-6　陈琴 等（2002）教师专业化标准图

（一）国际汉语教师专业发展

教师专业化与教师专业发展的概念同样有所区别，教师专业化是指教师个体专业水平提高的过程以及教师群体为争取教师职业的专业地位而进行努力的过程，而教师的专业发展是教师的专业素质、专业结构不断完善的动态发展过程，也是教师作为教育教学专业人员逐渐走向成熟的自主的发展历程，具有主动性、能动性、有效性、个体独立性和内在相对性特点。[①]与教师专业化相比，教师专业发展更注重教师群体在专业领域的整体的动态的变化。

于胜刚[②]定义专业发展是"教师以专业成长为目标，以提高专业理念与师德、专业知识、专业能力为内容，动态持续的发展过程"，具有自主性、阶段性、终身性、情境性和丰富性。教师专业发展，是教师教育的核心理念，专注于教师专业知识、专业能力的提高，强调教师个体的主动的专业发展。[③]教师的主动发展意愿，成为教师专业发展的首要条件。教师的专业发展，从广义上说，包括了心理和动机效应对教师专业承诺和职业前景提高的影响，教师信念的改变、教师承诺的改变以及教师工作机会的改变，都与教师的专业发展有所关系[④]。教师专业发展，是从教师意识开始的，通过教师主观意愿进行对教师专业能力产生影响的过程，在教师发展过程中，不仅仅是显性能力通过培训获得的提高，更是隐性能力的丰富和发展。

目前教师专业发展的总体趋势，主要是三个方向的演变。从非专业化

①　杨天平，申屠江平．教师专业发展概论 [M]．重庆：重庆大学出版社，2012．

②　于胜刚．教师专业发展导论 [M]．北京：北京大学出版社，2015:1．

③　王艳玲．教师专业发展：教师教育的核心理念 [J]．全球教育展望，2008(10):29-34．

④　Ashdown, J. and Hummel-Rossi, B. The impact of program adoption on teachers' professional lives [M]//In D. Beijaard, P.C. Meijer, Morine-Ddershimer, G. and Tillema, H. Teacher Professional Development in Changing Condistions. Springer, 2005: 213-230.

向专业化发展,将教师视为专门化的职业,对教师能力的要求从职业能力过渡到专业能力。从群体专业化向个体专业化发展,通过专业规范的设定和提高专业地位的方式来过滤不合格教师,提高教师作为个体的专业化能力。从个体被动专业化向主动专业化发展,对教师的要求不仅是符合社会评价和标准,还需要教师从个体主动的角度进行专业发展,培养自己的实践性,提高教师素质。[①] 教师的专业发展程度,已经进入了个体专业化阶段,更加强调教师本身的专业发展能动性,更要求教师学会选择发展环境,并朝向专业发展目标发挥能力,做好专业发展实践,提升水平并发展个人品质。[②]

目前对教师专业发展的研究,往往从两个研究取向进行,一种是横向地对教师专业能力、知识等特征进行研究,另一种则是纵向地研究教师专业发展的过程。[③] 纵向研究教师专业发展往往被称为教师生涯发展研究,在中外研究者的研究过程中,逐渐从一维显性的发展逐渐转向多维动态,并且更加关注个体能动性。[④] 对教师生涯发展理论的研究,往往通过教师专业成熟的路径或者教师自然年龄的发展作为研究轨迹。横向研究则是通过教师专业发展的相关研究,逐渐拓展到教师能力构成、教师领导力、教师教育理论、教师专业发展模式等。

教师专业发展,在 Craft[⑤] 看来,是在已经完成了初始培训之后的教师所接受的更多的能辅助他们学习的活动,不仅能对教师个体的专业知识、工作经验、工作表现、工作应变、工作满意度和工作价值感有所提高,同时,也能更清晰学校和工作部门的政策,从而改善整个工作团队的工作表现。饶见维[⑥] 则提到,教师专业发展包括了把教师视为专业人员、发展中的个体、学习者和研究者三个内涵,而整个发展过程是保持持续性和动态性的。在对象上,教师专业发展是包括了进行教学活动的个体和团队。不仅是研究教师个人,也是研究教师整体。因此,教师专业发展是一个长期的不断变化的过程,是教师专业化在群体内的泛化作用,而专业能力的培养是教师专业化发展的方向。教师的培养,不仅是一种职业培养,更应该被看成专业培养。教师发展同个人发展相结合。但如今的教师专业发展太看重通过短期培训提供策略

① 申继亮,姚计海.心理学视野中的教师专业化发展 [J]. 北京师范大学学报 (社会科学版),2004(01):33-39.

② 张娜,申继亮.教师专业发展:能动性的视角 [J].教育理论与实践,2012, 32(19):35-38.

③ 申继亮.教师人力资源开发与管理 [M].北京:北京师范大学出版社,2006.

④ 朱旭东.教师专业发展理论研究 [M].北京:北京师范大学出版社,2011.

⑤ Craft, A. Continuing professional development: a practical guide for teachers and schools [M]. 2nd ed. London. RoutledgeFalmer, 2000.

⑥ 饶见维.教师专业发展——理论与实务 [M].台湾:五南图书出版公司,2003:465.

干预的方式来达到效果，没有从个人和专业成长之间的联系，并未将教师发展作为个人发展，不具备长期性。[1]

Mann[2]在讨论语言教师发展的过程中，强调了自我发展是语言教师发展的定义核心，个人能力、环境和可利用的资源是定义的重要组成部分。在实际的语言教师专业发展中，Mann将其分为了教师知识的发展、反思和研究的发展、合作的发展几个方面，着重强调了语言教师发展的个体化和长期化，认为教师在接收和学习语言的内容并且经过重新塑造，在多年的经验和专业培训之后如何塑造和发展，最后形成自己的知识体系是十分重要的，而这样的知识体系的形成，不仅需要个体对知识的吸收，以及对理论和实践的相互总结，同时还受到了不同环境的不同影响。在这个基础上可见，教师发展是不间断的，个性特点鲜明的过程。教师个体是其中最为重要的一环，既是发展意识的应用者，也是发展能力的实施者。如今，正应该构建面向能力的教师培养培训计划，制定科学的教师专业能力提升计划，开展教师专业能力发展服务[3]。

国际汉语教师专业发展问题是如今的讨论热门，在传统的教师教育研究中对国际汉语教师的技能培养，不能全面适应如今全方位提升的国际汉语教师教育系统，也不能满足如今多元动态网络发展的任务要求[4]。李琳[5]谈到国际汉语教师的专业发展时，需要确定几方面内容，包括了将《国际汉语教师标准》作为基本依据，设置有特色的国际汉语教师课程和培养模式，并且适应国际形势的变化。在国际汉语教师的专业发展中，王添淼、杨灿[6]介绍了英国的入职教育，并且认为在国际汉语教师的专业发展和能力以及反思意识的提高都有重要借鉴作用。在国际汉语教师的发展过程中，教学技能、课堂掌控能力都亟待发展，个人有意识的反思特别重要，是经验上升为感性知识的重要步骤。通过对外语教师的学习与发展的研究发现，反思能力是对教师专业发展有推进作用的。

国际汉语教师的专业发展研究，首先是从教师职业能力向专业能力要求

①　Goodwin, D.R. Comprehensive development of teachers based on in-depth portraits of teacher growth [A]//In Beijaard, D., Meijer, P.C., Morine-Ddershimer, G. & Tillema, H. (eds.). Teacher Professional Development in Changing Condistions. Springer, 2005:231-244.

②　Mann, S. The language teacher's development [J]. Language Teaching, 2005,38(3):103-118.

③　杨洁.能力本位：当代教师专业标准建设的基石 [J]. 教育研究, 2014, 35(10):79-85.

④　高皇伟.新时代国际汉语教师教育发展走向 [N]. 中国社会科学报, 2018-02-01(004).

⑤　李琳.国际汉语教师专业发展探索 [J]. 中国成人教育, 2011(17):59-61.

⑥　王添淼，杨灿.国际汉语教师专业发展的人文关怀与制度保障——基于英国教师入职教育的经验与启示 [J]. 国际汉语教学研究, 2016(01):88-93.

的提升，是从职业的基本需求上升到国际汉语教师个人的专业能力的提升，不仅在技能、知识和素质方面的要求提高，还更应该参照环境标准为教师提供的机会和支持。国际汉语教师的专业发展，则是这个群体的专业化发展的体现，既是长期的过程，也是动态变化的。由于学科背景和实际环境更为复杂，国际汉语教师所面临的挑战更多，将国际汉语教师的专业发展作为完整的动态变化过程进行研究，也必然是未来的研究方向。但如今的专业发展研究仍以教师的职前能力培养为主，对于在职教师的关注分析较为分散，并未考虑到不同阶段教师在专业能力培养过程中遇到的不同问题和需求。从教师发展角度看国际汉语教师发展，首先就是要关注国际汉语教师能力的全面发展。

（二）教师专业发展下国际汉语教师能力发展

Kunter[①]等人对教师专业能力进行了模型的建造，并认为，影响专业能力的包括教师的个人特征，以及获得的学习机会，而环境背景并不对专业能力形成直接的影响。教师专业能力更多应用在专业实践，并通过专业实践在学生和教师两个方面产生效果。从图1-7可见，虽然在教师专业能力的发展过程中，此模型更注重从线性发展的角度讨论教师专业能力，但其对专业能力的定位是不可否定的，在个人特征影响下的专业能力，是对教师的专业实践和教学成果产生直接影响的环节。

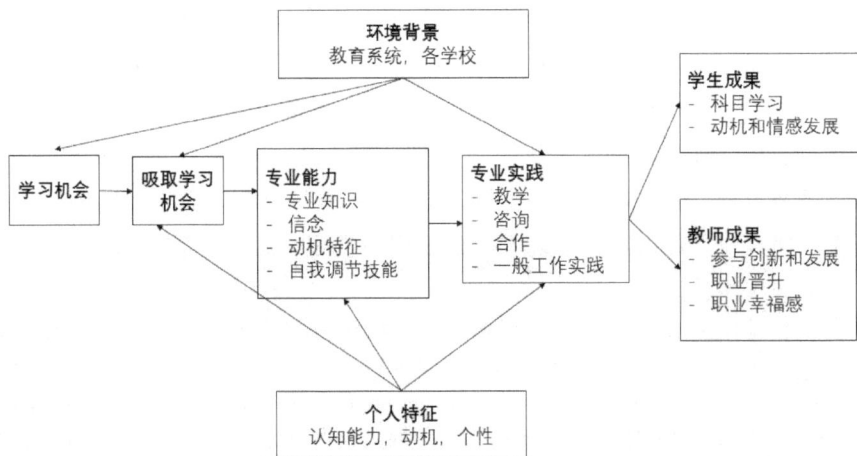

图1-7　Kunter 等（2003）教师专业能力的决定因素和结果模型

① Kunter, M. & Kleickmann, T. & Klusmann, U. & Richter, D. The development of teachers' professional competence [A]//In Kunter, M., Baumert, J., Blum, W., Klusmann, U., Krauss, S. & Neubrand, M. (eds.). Cognitive Activation in the Mathematics Classroom and Professional Competence of Teachers. Springer, 2013.

陈曦[①]则认为，教师能力系统从基础能力、专业能力和核心能力三个方面，对教师的根本能力、专业化程度和长期积累进行了区分。Ganser[②]认为，专业发展不仅要分析经验内容，专业发展发生的过程，还需要分析其发生的环境。姜勇和庞丽娟[③]就认为教师意识的觉醒应该分析教师的自主性问题，不仅是从外部对教师能力进行影响，更应该从内部，提高教师自主能动性。

Glatthorn[④]认为，教师发展就是教师通过系统教学所获得的经验和教学检验所获得的专业上的成长，不仅是比职业发展更为广泛的概念，也是比员工发展更为宽泛的概念。这也就相对应地理解为，不仅是发生在教师专业生涯周期中的，也不仅仅通过机构培训和选拔产生。

在针对外语教师专业发展体系研究中，仲伟合[⑤]对教师的要求区分为专业知识、专业技能和专业素质三个部分，并从英语教师专业能力发展的角度认为应该从五个方面建设：1. 重视英语教师综合能力的国际化和本土化；2. 兼顾英语教师发展的阶段性和终身性；3. 倡导英语教师能力发展的普遍性和创新性；4. 建立基于多元教育评价的质量保障体系；5. 完善英语教师专业发展制度。国际汉语教师能力的专业发展，则首先需要将能力发展作为教师长期的、个人的培养发展内容。

第三节　研究内容

国际汉语教师供需间的不平衡，导致国际汉语教师队伍在数量和质量上的问题凸显。国际汉语教师专业培养也未形成完善结构解决问题。二者呈现出的恶性循环既影响国际汉语教师的发展，也影响汉语国际教育的质量。从教师的角度出发，教师能力是教师素质的核心，也是教育教学活动中最具活力的要素[⑥]，解决教师发展的问题，首先应该从教师能力着手。如今有关于

①　陈曦. 师范生教师能力培养模式建设与实践研究 [D]. 华东师范大学, 2010.

②　Villegas-Reimers, E. Teacher professional development: an international review of the literature [R]. UNESCO, 2003.

③　姜勇, 庞丽娟. 论教师的意识唤醒 [J]// 教育研究与实验, 2006(05):38-40.

④　Glatthorn, A. Teacher development [A]. In Aderson, A. (ed.). International Encyclopedia of Teaching and Teacher Education (2nd ed.). London: Pergamon Press, 1995:41.

⑤　仲伟合, 王巍巍. "国家标准" 背景下我国英语类专业教师能力构成与发展体系建设 [J]. 外语界, 2016(06):2-8.

⑥　王丽珍, 林海, 马存根, 等. 近三十年我国教师能力的研究状况与趋势分析 [J]. 教育理论与实践, 2012(10):38-42.

国际汉语教师能力的研究，从学科建设角度探讨教师整体素质，从能力分类角度探讨国际汉语教师主要的语言学知识和教学技能发展，从具体能力的分析，例如跨文化的相关能力，教学的相关能力等，对国际汉语教师的实际教学过程中进行讨论，从发展阶段对国际汉语职前教师和新手教师为主要目标的能力研究。但研究中同样存在以下问题：

1. 国际汉语教师能力研究没有明确定义

目前，对于国际汉语教师能力的研究虽不在少数，但研究中对概念的使用仍然存在大量的混用。对"国际汉语教师"和"对外汉语教师"的研究对象定义虽存在争论，但并未进行有效的区分，在学科设置所导致的名称转变的过程中，仍未对以汉语作为第二语言教学的教学者这个群体进行有针对性的定义设定。另外，"教师能力"概念的使用也时常与"教师素质""教师胜任力""教师技能"等概念交互使用。文献研究中，对于国际汉语教师能力的最基本分类就存在差异，对能力和知识的关系是并列的或者相互包容的也各执一词。无论从能力的定义、能力的结构和能力的分类，不同的文献指向各不相同。因此，对于"国际汉语教师能力"的概念更无准确的定义，无论是能力结构或是能力分类角度都并未统一概念指向。

2. 国际汉语教师能力研究的目标定位不科学，偏向于教师显性能力

正因为对"国际汉语教师能力"没有明确的定义，国际汉语教师能力的研究也并未有效形成统一的、完整的结构。目前的能力研究更倾向于对具体教师能力进行研究，尤其是对教师单项能力着手，例如专业知识的储备，语言教学的能力，以及跨文化交际的能力，主要研究方式是通过对某一教学现象和教师反馈对问题进行分析，或是通过分析教学问题鼓励教师培养和提高某单项能力，实质上是对教师显性能力的研究。研究过程中，对国际汉语教师能力内部要素间的相互影响关注少，忽视教师隐性能力的作用。教师专业发展的研究趋势要求关注教师的主动发展，也是对教师隐性能力的关注，但在国际汉语教师能力研究中缺乏相应内容。

3. 缺乏动态角度分析国际汉语教师能力

由于国际汉语教师能力的研究更趋向于单项能力研究，偏向显性能力研究，因此，相关研究对象更集中于新手阶段的国际汉语教师，研究目标是提出对培养和提高新手教师能力的建议。这样的研究方式，是静态的研究方式。对教师能力并未考虑教师能力结构本身的复杂性，对能力之间的相互影响未着重强调，未考虑教师能力也在不断变化，没有从动态角度思考教师能力系统所呈现的整体性、关联性、互动性、非线性的变化发展状态。

4. 缺乏从环境与教师互动关系研究国际汉语教师能力

对国际汉语教师能力的研究局限于显性的单项能力的研究，同样使研究缺乏对环境因素的考量。国际汉语教师所面对的多样化教学环境，不仅包括不同课堂和机构，也包括不同国家。目前对国际汉语教师教学环境的影响分析，往往以个例研究为主，具体到某个学校或某个课堂的实际问题。但这样的研究缺乏普适性。环境本身的复杂性对教师能力的影响是千变万化的。在复杂的环境中，国际汉语教师的能力结构如何随之变化应是能力研究中的重点，但目前的教师能力研究却较少讨论环境的作用力，尤其缺乏对教师能力国别化、地域性特点的分析，也并未将教师与环境的互动关系应用于教师能力具体研究。

5.《国际汉语教师标准》未与教师培养紧密结合

《国际汉语教师标准》是目前对国际汉语教师进行能力要求的权威文件。国际汉语教师本身是一个复杂的群体，有背景完全不同的教师组成，但目前的《国际汉语教师标准》对整个师资队伍的要求是统一的。《国际汉语教师标准》经过了版本的更新，对能力的要求有了大幅度的改动，但现有研究中却缺乏对《国际汉语教师标准》的实施情况和教师回馈的研究。国际汉语教师的培养虽然投入了大量的精力，但目前的专业培养，从课程的设置、专业目标、师生发展到教师培养方面都存在问题，也并未通过《国际汉语教师标准》有效结合。无论从研究中或是应用中，《国际汉语教师标准》并未对国际汉语教师能力培养进行有效影响。

一、研究问题

复杂动态理论，为国际汉语教师能力研究提供了新的思路。首先，国际汉语教师的能力结构，应该被作为一个整体，是一个复杂多变的系统，其中牵涉了语言学、教育学、心理学等多学科的相互关联和应用。在研究过程中，仅仅关注具体能力是远远不够的。其次，对国际汉语教师能力的研究更应该注重相互关联性，不仅是能力之间的关联性，更是不同教学环境下的不同教师的关联性。在国际汉语教师能力研究中，仅仅静态地分析能力构成和具体能力也并未能达到实际效果。另外，应该从发展的角度看待国际汉语教师的能力研究，从动态的角度去看待能力发展的不断变化和相互影响。国际汉语教师能力是具备复杂性、动态性、相互连接性等特征的系统。其动态性不仅表现在内部的因素相互影响，也表现在外部环境的影响，还表现在其能力发展在时间发展过程中的变化。

目前国际汉语教师能力研究中存在的五个问题之间环环相扣，要解决最初的问题，本文提出四个研究问题：

1. 从能力结构角度，国际汉语教师能力应如何进行定位？

2. 从能力动态角度，国际汉语教师能力应如何体现其互动性？

3. 从能力复杂角度，国际汉语教师能力系统的内外影响因素包含哪些内容？

4. 从能力发展角度，国际汉语教师能力发展方向和方式是什么？

二、研究方法

教师能力培养的根本在于实现教师全面、持续且动态的发展模式，而这些内容的前提是对教师的实际需求有充分的了解[①]。现如今的国际汉语教师能力研究对教师能力的分类各执一词，对国际汉语教师能力的要求和实际教学情况也存在差异，师资质量问题仍然得不到解决。对于教师需要具备的能力和教师需要培养的能力这两个问题并没有获得确切的答案。国际汉语教师的能力需求，既包括了外界对教师的期待值和要求，也包括了教师本身的经验总结和教学需要。而以"需求"为导向的教师研究成为教师能力培养的重要研究方向。

（一）研究数据收集方法

本文数据收集主要来自国际汉语教师的自我评估、访谈、课程作业、教学报告、课堂观察以及相关资讯等多个方面。从与国际汉语教师教学生活有关的多个方面收集数据，并建立小型国际汉语教师动态数据库。通过不同类型的数据，从多个方面多个角度对国际汉语教师能力进行研究探索。数据库材料的收集主要体现三个角度的关注点，包括了社会关注，教师个体需求和笔者观察角度。

自建动态数据库的动态性特点表现在，数据内容与国际汉语教师生活、学习各个方面相关，数据种类和内容丰富，时间跨度长，且数据资料不断更新，是一个具有动态特征的数据库。数据库主要包含以下内容：

1. 国际汉语教师资讯

数据库中收集了以《海外华文教育动态》等与华文教育资讯密切相关的报纸杂志文本，辅以网络搜索，通过从中国知网网站、百度网站、必应网站等搜索引擎网站进行资讯收集，整合形成国际汉语教师资讯数据库，且资讯内

---

① 陈斌.大学教师教学发展中心核心使命分析——基于30个国家级教师教学发展示范中心陈述稿的研究[J].西南交通大学学报（社会科学版），2015，16(03):36-42.

容不断增加。数据库中，每条资讯都包括了收集时间、资讯出处、资讯所述地区、资讯标题和资讯内容五部分内容。虽然新闻资讯的时效性强，参考价值不比其他文献，但新闻资讯的时效性从历时的角度看，更能突出体现整体的发展变化。新闻资讯是由新闻媒体根据社会大众的需要和关注点出发，提供的具有时效性和区域性特点的内容，而在分析过程中，其历时比较可分析固定区域内的发展动态性，其共时比较又可对比区域间的发展多样性。

2. 专业学生课程学习作业

教师能力研究不可缺少对汉语国际教育专业学生的研究。数据库中包括了专业学习的学科作业。学生作业全部是一手资料，是对学生学习反馈的最直观成果。一个学期作业的整理分析，是对学生课程学习的记录，既包括了对学习内容的收获与认识，也包括了对学习过程中能力的动态变化，可以帮助授课老师了解专业学生的学习收获，对专业学生的实际能力有更充分的了解，也对未来的教学准备有所帮助。在研究中，同样是能力变化发展的重要证据。数据库中不断收集各个学期的学生作业，也可以对课程教学等方面做出更具意义的变化发展研究，帮助学生能力培养的更新和改良。

3. 教师教学材料和教学观察表

教师教学材料主要包括教师的教案、教学计划、教学课件和教学反思报告等。教学材料主要是来自于国际汉语教师的教学过程，从多个方面展现出教师的能力。辅助材料是从笔者角度对国际汉语教师教学进行的观察报告。从主观和客观两个角度对教学过程进行更为全面完整的记录。同时，笔者与受访教师的沟通、访谈记录也包括在内。

4. 教师自我评估和访谈记录

通过"自评 + 访谈"的形式，笔者首先根据 2012 版《国际汉语教师标准》的内容，采用了 Likert 的五分量表自制了能力自评表，请受访教师进行自我评鉴。量表设计后文中对于评价分数有相应文字评价，1 分代表"非常不满意"，2 分代表"不满意"，3 分代表"一般"，4 分代表"满意"，5 分代表"非常满意"。邀请的教师包括了汉语教师志愿者、外派教师、国内汉语教师和本土教师，教师们的从业年限、教师年龄、教学环境、教学对象和教学内容都不相同，教师的学习专业也包括了对外汉语、中文、英语等。教师访谈记录则是通过教师自评成绩对教师进行的针对性访谈，并将访谈记录转写成文本。从自我评估和访谈记录，是最能深入了解国际汉语教师的自我理解和心理状态以及实际需求的。

（三）研究数据分析方法

本文研究主要采用了 2006—2015 年十年的国际汉语教师资讯，29 名相关专业学生的课程学习作业，4 名国际汉语教师的教学观察表以及 32 名教师访谈记录作为数据支持。整理出近 10 万字的文本数据内容，并通过不同方法进行具体分析。

1. 质性研究和量化研究的结合

"质性方法"是"以研究者本人为研究工具，在自然情境下采用多种资料收集方法，对社会现象进行整体性探究，使用归纳法分析资料与形成理论，通过与研究对象互动，对其行为和意义建构，获得理解性解释的活动"[①]。对外汉语教学研究领域，有逐渐增加的使用量化研究的文章，而以质性方法的研究较少[②]。本文的研究对象即教师本人，是通过不同类型资料的收集对国际汉语教师进行相对整体的探究，从而分析国际汉语教师能力的表现和构成。质性研究可以更具体地整理不同教师个体的能力培养和发展过程，而量化研究则通过客观数据和信息总结发展规律。在对外汉语教学领域的重要期刊中，2010—2015 年的量化研究占了绝大比例[③]。量化研究中的数据分析往往更体现研究结果的客观性。而通过文本数据进行的量化分析，则可以从数据规律和走势上，对国际汉语教师能力发展趋势进行研究。二者的结合是更有效的国际汉语教师能力研究形式。

2. 内容分析法

内容分析法是一种定性方法和定量方法相结合，基于定性研究的，对文献内容进行客观、系统且量化的分析的研究方法，实质是对文献内容的非数量化内容进行数量化的转换，从而对文献的信息量和变化进行统计、推理和比较，从而进行有效的客观分析方法[④]。本文的内容分析法主要应用于资讯的分析中。

3. 共词分析法

在内容分析法的基础上，进一步使用共词分析法。共词分析法，主要是通过关键词、主题词的方法，对某一类型专业术语共同出现在一篇文献中的分析，来判断主题关系，展现研究结构。通过共词分析法，主要是对于文献中

---

① 陈向明. 质的研究方法与社会科学研究 [M]. 北京：教育科学出版社，2000.

② 刘路. 质性方法在对外汉语教学研究中的应用 [J]. 语文学刊（外语教育教学），2016(12):150-152.

③ 周冬梅. 对外汉语教学研究方法回顾与反思：2010—2015[J]. 语言政策与语言教育，2017(01):85-91, 128-129.

④ 邱均平，邹菲. 关于内容分析法的研究 [J]. 中国图书馆学报，2004(02):14-19.

的主题热点和趋势焦点进行讨论,在新兴学科中更适合使用,从而体现学科发展研究方向。[①]通过对文本内容关键词提取,从词频频次进行统计,对关键词在某一具体文本使用环境中的出现次数反映这一领域的研究热点。其次,共词分析则通过对一组词在同一文献中两两出现的次数来分析词汇相关性和紧密程度,通过 Bibexcel、Uci[②] 和 Netdraw[③] 软件的交叉使用,对文档关键词频进行统计、分析、组合并形成可视化效果图。

4. 话语分析法

研究中主要分析对象来自于自建数据库的大量材料,其中包括了文献、资讯,也包括了教师记录材料,笔者课堂观察及跟踪调查记录,以及对教师的采访转写语料。在充分体现语料动态性和真实性的前提下,通过话语分析的方法,进一步对所调查对象进行分析和调查。

5. 跨学科研究方法

国际汉语教师能力研究,本身就涉及了以语言学、教育学、心理学等学科在内的研究融合,同时,在动态复杂理论系统的视角下,同样要求社会学、生态学等多学科辅助。因此,在对国际汉语教师能力研究的过程中,需要用跨学科的研究视角来全面地看待整体发展。

---

① 张勤,马费成. 国外知识管理研究范式——以共词分析为方法 [J]. 管理科学学报,2007(06):65-75.

② Borgatti, S.P., Everett, M.G. & Freeman, L.C. Ucinet 6 for Windows: Software for Social Network Analysis [R]. Harvard, MA: Analytic Technologies, 2002. 这是两款软件介绍,软件中指出的引用具体格式。

③ Borgatti, S.P. NetDraw: Graph Visualization Software [R]. Harvard: Analytic Technologies, 2002. 这是两款软件介绍,软件中指出的引用具体格式。

第二章 复杂动态理论下国际汉语教师能力结构研究

第一节 国际汉语教师能力研究范围

一、"国际汉语教师"的研究对象

"国际汉语"是"将汉语作为母语、将汉语作为第二语言、将汉语作为工作语言、将汉语作为社区语言、将汉语作为家庭语言的各种汉语的总和"[①]，其概念的发展，一开始针对有汉语背景的海外留学生的汉语和中国文化教育，之后逐渐扩展为理论框架的构建，并随之转变为全球范围看汉语和汉语教学。刘珣[②]则将对外汉语教育的整体学科任务定义为通过研究第二语言的教育原理、教育过程和教育方法来指导实践，并且强调了学习者和教师在研究领域内的主体地位。在国际汉语学科中，教师不仅是学科发展的辅助者，更是学科发展的重要内在因素。

"国际汉语教师"最初主要代表了"国际汉语教师中国志愿者"这个特定的群体。直到2007年《国际汉语教师标准》[③]的制定，正式将所指对象限定在"从事国际汉语教学工作的教师"群体，逐渐使"国际汉语教师"成为特定的研究对象。2012年颁布的《孔子学院年度发展报告》中涉及的教师类型包括外派教师、外派教师志愿者、当地本土教师，以及汉语国际教育专业的学生，国家汉办对相关教师的介绍，包括了汉语国际教育硕士、外国汉语教师、外派教师等几个部分。但在与国际汉语教师相关的文章中，对"国际汉语教师"的定义并没有一个明确的指向，大多作为与"对外汉语教师"相对应的概念。

[①] 洪历建.《"国际汉语"概念的由来与发展 [M]// 不同语言、文化和政策环境下的汉语教学.上海：学林出版社，2014: 36.

[②] 刘珣.对外汉语教育学引论 [M].北京：北京语言文化大学出版社，2000.

[③] 国家汉办 / 孔子学院总部.国际汉语教师标准 [M].北京：外语教学与研究出版社，2007.

以汲传波、刘芳芳①为例，在区分"对外汉语教师"偏学术型，"国际汉语教师"偏应用型的基础上，他们将"国际汉语教师"定义为"汉语国际教育硕士专业学位研究生"的未来就业方向，将相关专业毕业生作为国际汉语教师的主要来源和储备力量。汉语国际教育硕士专业学位培养目标②是"培养适应汉语国际推广工作，胜任汉语作为第二语言/外语教学的高层次、应用型、复合型专门人才"，这也表明将高层次、应用型、复合型作为国际汉语教师培养的主要标准条件。张和生、鲁俐③认为一支合格的师资队伍才能推动国际汉语教育，而这支队伍的成分主要分三类，任教于国内高等院校的对外汉语教师、由中国派往海外的汉语教学志愿者和海外本土汉语教师。李泉④则将国际汉语教师队伍分为汉语国际教育硕士、汉语教师志愿者、海外来华教师以及海外本土汉语教师。

综上所述，随着《国际汉语教师标准》的制定，"国际汉语教师"这个概念也开始广泛地使用，主要指向以汉语作为二语或外语教学为目的，在不同的教学环境进行教学的，包括中国国内的、派往海外的对外汉语教师、汉语教学志愿者以及海外本土汉语教师在内的教师群体，这个教师群体的储备力量是以高层次、应用型、复合型专门人才为培养目标的各院校的汉语国际教育硕士专业学生。国际汉语教师所面临的是更为复杂多变的教学环境和教学对象，因此，他们需要具备更富适应性的能力，才能在相应的环境中有效地教学。

根据孔子学院提供材料，2006—2017年间，孔子学院外派汉语教师和汉语教师志愿者的数量都逐步增长，如图2-1，2013年之前，外派教师的数量比外派教师志愿者数量少，但自2014年起，外派教师数量则逐渐增加。近两年更增加了核心教师岗位。从数据上看，外派到各国孔子学院任教的教师和教师志愿者的数量都在稳步地提升。自2012年开始，孔子学院还支持各地方和高校派出汉语教师和志愿者，因此自2013年起，数量都有了明显的提高。以2016年为例，共派出14442名教师和志愿者支持各国的汉语教学。汉语国际教育硕士专业，自2007年正式设立起，由最开始的24所高校逐渐上升到如今110所，招生人数也上升到了每年4000多人。2006年培训的国外汉语教师人数有15896人次，2016年则达到了5.2万人次。近10年，不仅外派的国

① 汲传波，刘芳芳.教师的教师：国际汉语教师教育者研究[J].国际汉语教育，2009(03):18-24.
② 中华人民共和国教育部.汉语国际教育硕士专业学位设置方案[EB/OL].[2017-01-05].http://old.moe.gov.cn/publicfiles/business/htmlfiles/moe/moe_823/201002/xxgk_82703.html.
③ 张和生，鲁俐.再论对外汉语教师的素质培养[J].语言文字应用，2006(S2):163-167.
④ 李泉.国际汉语教师培养规格问题探讨[J].华文教学与研究，2012(01):51-59.

际汉语教师人数逐渐增加，培训的方式和针对性也各有发展。不仅在各高校设立奖学金招收相关专业的学生，建立相关的师范专业，而且逐渐设立中外高校的合作项目共同培养。总体而言，对国际汉语教师的需求量是逐年提高的。

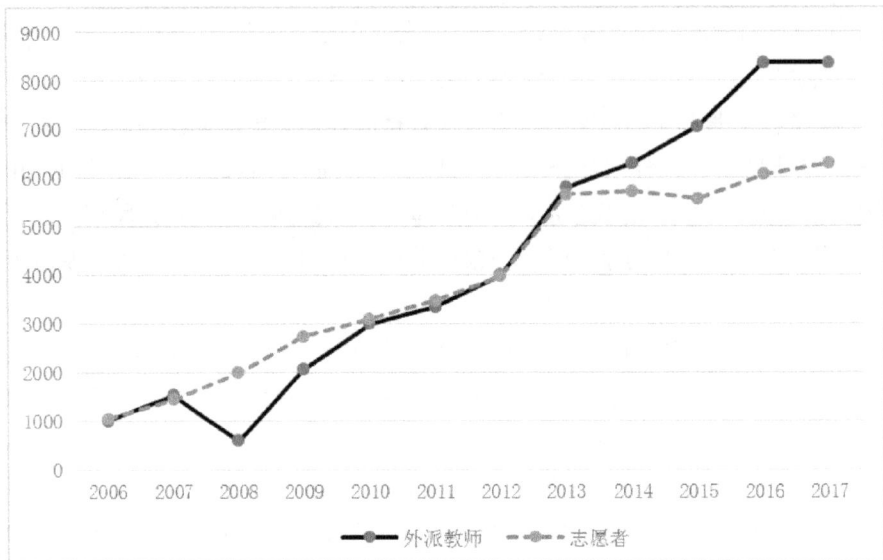

图 2-1 孔子学院 2006-2017 年外派教师与志愿者人数增长趋势图 *

* 材料收集整理自 2006-2016 年《孔子学院年度发展报告》

二、汉语国际教育专业培养方案

教师专业化的发展起点应该从教师的师范教育开始，因为师范教育提供给教师的专业基础理论知识和教育实践能力都为未来的专业化发展奠定基础。[①] 专业硕士的教育，更应该被理解成成人的专业教育，其功能是教师专业素质的养成，而并非基础素质的培养，因此它的学习过程是一个经验过程。[②] 作为重要的储备力量，专业发展情况同样影响着未来国际汉语教师的整体水平。汉语国际教育硕士专业的开展始于 2007 年，同年发布了《全日制汉语国际教育硕士专业学位研究生指导性培养方案》[③]（以下简称 07 "培养方案"），

---

① 陈琴，庞丽娟，许晓晖 . 论教师专业化 [J]. 教育理论与实践，2002(01):38-42.

② 宁虹，赖力敏 . "零距离"教师教育——全日制教育专业硕士培养的探索 [J]. 教育研究，2015, 36(01):81-89.

③ 中华人民共和国教育部 . 关于转发《汉语国际教育硕士专业学位研究生指导性培养方案》的通知 [EB/OL]. [2017-01-01]. http://old.moe.gov.cn/publicfiles/business/htmlfiles/moe/moe_823/201002/xxgk_82702.html.

从培养目标、培养方式、课程学习、实习实践、学位论文等环节提出要求确保培养质量,以"培养具有熟练的汉语作为第二语言教学技能和良好的文化传播技能、跨文化交际技能、适应汉语国际推广工作、胜任多种教学任务的高层次、应用型、复合型、国际化专门人才"[①]作为培养目标。在更新的09"培养方案"中[②],汉语国际教育硕士专业学位被定义为与国际汉语教师职业相衔接的专业学位,在延续了培养目标的前提下,对培养方案从具体要求、招生对象、培养方式、专业实践等方面都进行了一系列修改,更能体现如今对专业硕士乃至国际汉语教师的培养新要求和新方向。对于国际汉语教师发展而言,汉语国际教育硕士的专业发展重视程度有所提高。

在 2007 和 2009 年的"培养方案"的对比中发现,从培养目标、招生对象、培养方式、教学方法和学位论文写作等方面都有了具体内容的更新。培养目标的具体要求增加了对人才"具有语言文化国际推广项目的管理、组织与协调能力"的要求,强调了对未来国际汉语教师除教学能力外的能力要求。招生对象限定在具有国民教育序列大学本科学历(或本科同等学力)的人员,而不再单独列出海外具有同等资质的汉语教师或专业人员,以及具有同等学力有志从事汉语国际推广工作的各类人员,从硕士培养的角度,将未来国际汉语教师的培养对象范围进行了集中。培养方式则增加了汉语国际教育与中华文化传播相结合的方式,提高对专业学生文化传播能力的重视。另外,增加了对培养过程教学方法的要求,既要求学生接触大量的教学案例,提高教学技能和国外适应能力,也要求核心课程至少有一半接受外语或双语教学,从学习过程中培养专业学生通过感知提高能力。学位论文则增加了对应用价值的要求,论文的写作需要教学一线的教师的指导。教学实践则主要分国内和国外两种实习方式,要求提交实习计划和实习总结报告,以及用人单位的考评意见,加强了对未来国际汉语教师实践和应用能力的培养。

具体的课程设置同样产生变化(见表 2-1)。除了整体学分要求的提高以及部分课程学分的调整,具体课程内容同样进行修改,学习热点有所改变。一部分课程的增加,反映了教师发展过程中的薄弱环节,也体现了教师发展领域重视程度的改变,而一部分课程的取消或整合同样也是目前国际汉语教师发展和汉语国际教育学科发展中的趋势体现。原有的公共课、必修课和选

---

① 中华人民共和国教育部.关于转发《汉语国际教育硕士专业学位研究生指导性培养方案》的通知 [EB/OL]. [2017-01-01]. http://old.moe.gov.cn/publicfiles/business/htmlfiles/moe/moe_823/201002/xxgk_82702.html.

② 全日制汉语国际教育硕士专业学位研究生指导性培养方案 [EB/OL]. [2017-01-01]. http://yz.chsi.com.cn/kyzx/zyss/200905/20090520/94575811.html.

修课课程分类转变为核心课程、拓展课程和训练课程。核心课程的设计，强调培养学生的汉语教学技能、文化传播技能、跨文化交际技能，[①]说明对国际汉语教师的这三方面能力的要求突出。一方面，削弱了语言类和方法类在选修课中的比重，另一方面，将方法类课程单独列出成为训练课程，更加强调专业学生的实践性。

表 2-1　汉语国际教育硕士培养方案修订的课程设置变化

2017 年培养方案			与 2009 培养方案相比的相关修改
不低于 38 学分			不低于 32 学分
核心课程（18 学分）	学位公共课程（6 学分）	政治（2 学分）外语（4 学分）	- 外语的学分降 2 学分
	学位核心课程（12 学分）	汉语作为第二语言教学（4 学分）第二语言习得（2 学分）国外汉语课堂教学案例（2 学分）中华文化与传播（2 学分）跨文化交际（2 学分）	- 汉语作为第二语言教学增加 2 学分 - 中华文化与跨文化交际分为两门课 - 课堂教学研究更新为国外汉语课堂教学案例 - 汉语语言学导论取消 - 保留第二语言习得
拓展课程（8 学分）	汉语作为外语教学类（4 学分）	汉语语言要素教学偏误分析汉外语言对比课程设计现代语言教育技术汉语教材与教学资源	- 选修课原为 5 大类，包括语言类、教学类、文化类、教育类和方法类，修改为三类。方法类被安排为"训练课程"。 - 语言类内容保留汉外语言对比，其余内容统归为汉语语言要素教学。 - 增加了偏误分析和课程设计 - 取消了汉语教学案例分析
	中华文化传播与跨文化交际类（2 学分）	中国思想史国别与地域文化中外文化交流专题礼仪与国际关系	- 增加中外文化交流专题 - 修改礼仪与公共关系为礼仪与国际关系 - 取消了当代中国概况、国际政治与经济专题两门课
	教育与教学管理类（2 学分）	外语教育心理学国外中小学教育专题教学设计与管理汉语国际推广专题	- 取消了儿童心理发展与成长、教师发展概论课程 - 增加了汉语国际推广专题

---

① 赵金铭. 课程体系与实习体系——汉语国际教育硕士专业学位的两个科学体系：第二届全国汉语国际教育人才培养论坛暨专业硕士培养工作研讨会 [C]. 北京：北京大学出版社，2011.

续表

2017 年培养方案			与 2009 培养方案相比的相关修改
训练课程 （4学分）		教学调查与分析 （1学分） 课堂观察与实践 （1学分） 教学测试与评估 （1学分） 中华文化才艺与展示 （1学分）	- 原选修课"方法类"课程 - 增加了原教学类课程：汉语测试与评估 - 增加了原文化类课程：中华文化技能并更名为中华文化才艺与展示 - 取消了课程：案例分析研究
教学实习 （6学分）			- 比原有教学实习增加 2 学分
学位论文 （2学分）			- 原学位论文不算在课程设置内

作为各高校的汉语国际教育硕士专业发展的总体培养参照，培养方案中对培养对象和培养目标的修改，都需要汉语国际教育专业的发展更符合多样化人才培养的趋势，从教学的角度出发，以下几个方面表现了对国际汉语教师的要求：

1. 强调了对学生实践的要求。增加了教学实习的学分，在学分设置上比毕业论文学分更高要求更严格。对实习的时长、评估和前后期监管都将教学实践视为专业培养中的重要一部分。训练课程的设置取代了原来方法类选修课的设定，保证了学生的实践时长，从学习和实际操作两个方面保证了实践量，从而确保对学生实践能力的提高。

2. 强调了汉语教学。在课程设置上，有一半的课程内容都与汉语教学相关，而专业学生最需要培养的能力也是汉语教学技能，汉语作为第二语言教学课程就包含了 4 个学分，可见此课程的重要性。这表示，学习者的学习内容，并不只是单纯的汉语语言学，这也是相关课程的取消，以及偏误分析等课程增加的原因，在专业学习过程中，更要求学生培养通过汉语进行第二语言教学的能力。

3. 重视文化比较和汉语推广。培养方案中明确增加了对汉语推广能力的要求，而课程中同样增加了汉语推广相关的课程，都要求学生在实际工作中，不仅是汉语教学者，更是汉语和文化的推广者。在这样的背景下，对文化教学的重视和细分同样对学习者有不同的要求。核心课程中增加的国外汉语课堂教学案例取代了原有的教学案例分析，增加了中外文化交流专题课程，都强调了教学中对文化和文化对比的重视程度。而核心课程中将文化传播和跨文化交际课程分开,增加了文化在汉语教学过程中的比重,强调了学生更为具体的能力培养。

上文介绍的培养方案是总体方案设计,而各个高校可根据自身需要进行更改,以北京大学为例,汉语语言要素教学就成为专业必修,南京大学拓展课程包括了汉语史、汉字与书法等,厦门大学在选修课程中增加了教育统计导论,而华东师范大学的专业必修课达到了 14 门课 25 个学分。这都是在培养方案的基础上,根据高校和专业发展的特点进行有针对性的修改。但由整体培养方案的设计可见,在国际汉语教师培养的方向上,更注重培养教师教学能力、实践能力和跨文化能力。

三、《国际汉语教师标准》的比较研究

主流专业能力发展模式从两种方式培养教师,一种是标准本位的课程培训模式,另一种是实践本位的校本研修模式。能力标准的确立,是能力本位理念的具体化,是教师专业化深入推进的重要依托,也是教师行业建设科学化的抓手[①]。英美等国对教师专业学习和发展成效的评估都以标准为导向。[②]教师能力标准的建立,是对教师能力范畴的确立,是教师专业能力发展的重要指标。教师能力标准,是对教师能力要求的整合,也是教师自评和发展计划的参照。语言教师能力标准,则是针对语言教师专业能力设定的标准参照。目前,我国的英语教师面临能力发展困境,主要原因是缺乏统一的、明确的英语教师能力标准,也没有可操作的英语教师能力指标。[③]但国家汉办早在 2007 年就为国际汉语教师制定了《国际汉语教师标准》,并于 2012 年进行改版。两版《国际汉语教师标准》都是现有的对国际汉语教师进行能力定义和范围限定的参考文件,都旨在提高教师专业能力,对发展国际汉语教师能力具有重要作用,是目前对国际汉语教师能力研究最为权威的参考文件。

《国际汉语教师标准》(2007 版)[④](后文简称旧《标准》)是由国家汉办组织研制的,主要目的是提高汉语教师的专业素质,在培养汉语教师的过程中,对国际汉语教师的知识、能力和素质进行标准体系的设定。[⑤]2012 年国家汉

---

① 杨洁.能力本位:当代教师专业标准建设的基石 [J].教育研究,2014,35(10):79-85.

② 申沁.国际视野中的教师专业学习与发展模式走向 [J].教师教育研究,2012,24(02):52-56.

③ 李翠英,孙倚娜.国外英语教师能力标准对我国英语教师发展的启示 [J].外语界,2014(01):57-63.

④ 国家汉办/孔子学院总部.国际汉语教师标准 [M].北京:外语教学与研究出版社,2007.

⑤ 孔子学院总部/国家汉办.国际汉语教师标准 [EB/OL].[2017-10-09].http://www.hanban.edu.cn/teachers/node_9732.htm.

办 / 孔子学院总部修订了《国际汉语教师标准》(2012 版)①(后文简称新《标准》),着重从汉语教学、中华文化传播和跨文化交际三项技能出发,注重对教师学科基础、专业意识和职业修养的要求,并且强调能力标准的实用性、操作性和有效性,将构建国际汉语教师的基本框架和科学的标准体系作为目的。新《标准》主要是辅助国际汉语教师的培训、培养、认证等工作的进行,是国际汉语教师发展过程中必不可少的参考依据。②

(一)新、旧《标准》的整体文本比较

旧《标准》将国际汉语教师能力分出了五大模块和十大标准。五大模块包括了语言基本知识与技能、文化与交际、第二语言习得与策略、教学方法和教师综合素质。五大模块包含了十项能力标准,每一项标准还有分标准,对教师的基本知识、基本概念范畴、基本原则和基本能力都有不同程度的要求。新《标准》的制定进行了大量精简,最直观的,无论是标准和分标准的数量,或者具体要求的数量都有大幅度减少。新《标准》包含五大标准,将原有的十大标准范围缩减为"汉语教学基础""汉语教学方法""教学组织与课堂管理""中华文化与跨文化交际""职业道德与专业发展"五个方面(见表 2-2)。

表 2-2　《国际汉语教师标准》2007 版与 2012 版对比

2007 版标准			2012 版标准	
模块一	语言基本知识与技能	汉语知识与技能	标准一	汉语教学基础
		外语知识与技能		
模块二	文化与交际	中国文化	标准二	汉语教学方法
		中国文化比较与跨文化交际		
模块三	第二语言习得与学习策略	第二语言习得与学习策略	标准三	教学组织与课堂管理
模块四	教学方法	汉语教学法		
		测试与评估		
		汉语教学课程、大纲、教材与辅助材料	标准四	中华文化与跨文化交际
		现代教育技术及应用	标准五	职业道德与专业发展
模块五	教师综合素质	教师综合素质		

在旧《标准》中,强调了教师包括语言能力、沟通能力、教育技术能力等

① 国家汉办 / 孔子学院总部 . 国际汉语教师标准 [M]. 北京:外语教学与研究出版社,2012.
② 国家汉办 / 孔子学院总部 .《国际汉语教师标准》2012 版)正式发布 [EB/OL]. [2017-10-09]. http://www.hanban.edu.cn/article/2012-12/12/content_476160.htm.

方面的能力和素养,将教师教学实践能力放在首位,从跨学科的角度将语言学、文化学、教育学、心理学以及第二语言习得等内容都融合在基础知识中,也重视教师的反思能力,以及专业发展的问题。① 但旧《标准》对教师整体能力的要求过高引发的可操作性问题同样受到质疑,虽然对教师能力标准设置全面,但在"必须具备的能力"和"通过后期培养提高以达到的能力"之间并没有明确的区分和解释。②③ 如表2-3所示,旧《标准》中,共要求教师掌握54项分标准中300余项基本概念和近300条基本能力要求,但并未对能力的程度标准进行更细致的分类。这些被认为是国际汉语教师所应具备的所有能力要求,对于大部分教师而言,是很难达到的。

表 2-3 2007 版《国际汉语教师标准》能力要求数量

2007 版标准		分标准	基本知识	基本概念范畴	基本原则	基本能力
语言基本知识与技能	汉语知识与技能	5	4			19
	外语知识与技能	5	4			17
文化与交际	中国文化	5		32		24
	中国文化比较与跨文化交际	7		38		30
第二语言习得与学习策略	第二语言习得与学习策略	7		49		33
教学方法	汉语教学法	10		11	54	61
	测试与评估	2		14		10
	汉语教学课程、大纲、教材与辅助材料	6		41		31
	现代教育技术及应用	2		16		15
教师综合素质	教师综合素质	5		44		36
总和		54	8	245	54	276

新《标准》通过大量精简,将国际汉语教师能力的范围和内容数量进行了整合,如表2-4所示,分标准数量减少至21项,对于能力的具体要求也精简至57项,比起旧《标准》中近300项能力要求,新《标准》中不仅取消了对"基本知识""基本概念范畴""基本原则""基本能力"等子项的细分,分标

① 王恩旭. 国际汉语教师自主发展导论 [M]. 沈阳:辽宁人民出版社,2014.
② 李泉. 国际汉语教师培养规格问题探讨 [J]. 华文教学与研究,2012(01):51-59.
③ 冯忠芳(KIATTISAK SAE FONG). 泰国中小学本土汉语教师发展的历时考察与标准研究 [D]. 中央民族大学,2011.

准和实际内容的数量也都大大减少，更注重对教师运用中华才艺于教学实践的能力、汉外语言对比与教学的能力、良好的沟通组织管理能力的培养，也更强调了对综合能力的应用。

表 2-4　2012 版《国际汉语教师标准》能力要求数量

	2012 版标准	分标准	内容
标准一	汉语教学基础	4	9
标准二	汉语教学方法	4	11
标准三	教学组织与课堂管理	6	18
标准四	中华文化与跨文化交际	4	12
标准五	职业道德与专业发展	3	7
	总和	21	57

通过对两版《国际汉语教师标准》词频统计发现，旧《标准》中，关键词包括"教学""能""了解""汉语""教师""标准""能力"等，另外，"基本""应"的出现频率也将近 1%。在旧《标准》中，对于教师的能力、教学等方面的要求数量多，而且标准的设定也更偏向于对教师的实际教学要求。新《标准》中，名词除"汉语"外，"标准"、"文化"、"方法"、"能力"的使用分别位列使用频率的 2-5 位，动词中出现频率最高的词汇是"教学"，而"具备"、"了解"、"进行"则紧随其后，形容词出现较少，但出现最多的词是"基本"和"有效"。旧《标准》中"文化"、"方法"分列词频表的 13、18 位，而新《标准》对其重视程度大幅度提升。从词频统计中发现，旧《标准》更类似对国际汉语教师能力概念所具备内容的具体分类，而新《标准》则更类似于设置国际汉语教师能力基本要求，供教师参考。从词频上看，两版标准都注重教师的能力，尤其是教师的教学能力，但文本表述上，旧《标准》比起新《标准》体现出更高的强制性。

旧《标准》最强调教师的"语言基本知识与技能"和"文化与交际"，尤其是严格区分了汉语和外语，中国文化与跨文化能力。从基本能力的要求可见，对教学方法模块的标准设定，分标准最多，基本能力要求数量也最多，其次是文化与交际模块。另外三个模块的基本能力要求数量基本持平。然而，新《标准》，将教学方法的位置提前，但分内容最多的却集中在"教学组织与课堂管理"，以及"中华文化与跨文化交际"上，对于专业能力和专业素养的要求提高。新《标准》的第一标准是汉语教学基础，而在这个标准中，不仅包括了汉语交际能力，还包括了汉语语言、知识和语言的分析能力，以及第二语言的学习和教学原则与方法。将原有标准中的两大模块进行了整合。对教师个人的要求，也从原有的综合素质转向了职业道德和专业发展，更强调了教师在终身教育过程中的继续学习和持续发展。另外，原有的教学方法也被分割成教学方法和课堂管理两个部分，这与如今教师培训中逐渐强调课堂管理能力同样密切相关。

以下，将基于两版《国际汉语教师标准》的具体内容，通过新《标准》的五大标准，"汉语教学基础"、"汉语教学方法"、"教学组织与课堂管理"、"中华文化与跨文化交际"和"职业道德与专业发展"，对《标准》中内容的变更进行分析，讨论目前新《标准》设定对国际汉语教师能力要求的转变和发展。

（二）新、旧《标准》的具体内容比较

1. 汉语教学基础

标准 1.1　具备汉语交际能力

标准中具体要求教师要"具有符合职业需要的汉语口语和书面语交际能力"和"具有提高自身汉语水平的意识和能力"。

新《标准》的第一条要求，不同于旧《标准》，首先对国际汉语教师的职业性进行了整体塑造，增加了"符合职业需要"的表述，对职业基础上的基本能力做了框架式的定位。口语和书面语交际能力，既是教学过程中教师是否能有效完成教学任务的基础，也是教师在工作和生活中的必备。符合国际汉语教师这个职业身份的口语和书面语交际能力，指的是国际汉语教师在工作中所应具备的交际能力，是国际汉语教师的职业基础，对整个能力标准有针对性意义。旧《标准》中并没有直接的对教师"口语交际能力"和"书面语交际能力"要求的表述，而是在具体的口语教学和书面语教学中，对教师的"口语表达能力"和"书面语表达能力"分别进行具体的要求。新标准中则直接将所有具体内容整合成口语和书面语交际能力。

另外，国际汉语教师要有提高自身汉语水平的意识同样是新增的能力要求。新《标准》中更重视国际汉语教师在发展过程中不断改进和提高能力的意识，将教师的能力发展看成一个变化的过程，从这一点上，是符合教师能力的复杂性观点的，也是区别于原有教师能力标准要求的。新《标准》中，从国际汉语教师的职业性角度对教师进行了对象和阶段的限定，对国际汉语教师的职业能力和职业态度进行了要求。

标准 1.2　具备基本的汉语语言学知识和语言分析能力

新《标准》中不仅对国际汉语教师的汉语语言学基本知识有所要求，还要求教师具备对汉语的语音、词汇、语法和文字方面的分析能力。旧《标准》

中"汉语知识与技能"分为五个分标准,包括了教师应具备的听力理解、口头表达、阅读理解和书面表达能力以及汉语基本知识,包括了语音、词汇、语法和汉字的基本知识,而在新《标准》中则将所有内容整合为一个分标准要求。

标准 1.3　了解第二语言学习基本原理

新《标准》要求教师"了解第二语言习得的基本概念和主要理论"、"了解第二语言学习的基本过程"、"了解第二语言学习的主要影响因素"。

旧《标准》中对国际汉语教师第二语言习得与学习策略的相关能力要求设置在标准五,而新《标准》中将这部分内容提前。旧《标准》中对"了解第二语言习得的基本概念和主要理论"的要求,包括了对第二语言的概念,例如习得与学习、第一和第二语言、语言学及应用语言学、教育学、心理学和认知科学等基本概念,而主要理论包括了对比分析、偏误分析、中介语假说、输入与输出假说、互动假说、监控模式、文化适应模式、信息处理模式、竞争模式、普遍语法假说等。旧《标准》中共分 7 个分标准,其中包括了"母语影响"、"显性学习"、"隐性学习"、"学习者"和"学习策略"5 个对第二语言学习产生影响的因素,而在新《标准》中则全部整合到"了解第二语言学习的主要影响因素"的要求中。

在新《标准》中,国际汉语教师的第二语言学习基本原理的掌握被作为教学的基础,是国际汉语教师发展过程中必须掌握的内容,但没有对具体内容再展开。

标准 1.4　熟悉第二语言教学基本原则与方法

要求教师"熟悉第二语言教学的一般原则,并具有将其与汉语教学实践相结合的意识和能力",并且"熟悉第二语言教学的主要方法"。

旧《标准》在标准六"汉语教学法"中,要求国际汉语教师要掌握汉语作为外语教学的一般原则,包括了"最大限度地为学习者提供汉语学习的机会、引导学习者进行有意义的商讨性、交流性学习、最大限度地帮助学生减少汉语习惯性错误、激发学习者汉语学习的兴趣和潜意识、培养学习者直接用汉语思维的能力、培养学习者的汉语语言意识、合理设置汉语典型情景、培养学习者的综合汉语技能、培养学习者自主学习汉语的能力、培养学习者的汉语社会语用功能"等内容。另外,要求教师掌握外语教学的方法,包括了创新型、交际型、人本主义教学、传统教学等在内的教学方法与教学途径。

在新《标准》中,则将原先归属于标准一、标准五和标准六中的部分内容进行整合,对国际汉语教师的汉语教学基础能力的要求主要限定在汉语交际能力、汉语语言知识和分析能力以及汉语作为第二语言的学习与教学原理三个部分。相较于旧《标准》中对语言知识和能力、第二语言学习和教学知识和能力的细致分类，新《标准》更具结构性地进行整合，相较于原有的完整性，新《标准》更具开放性。

2. 汉语教学方法

标准 2.1　掌握汉语教学的基本原则与方法

标准 2.2　掌握汉语语音、词汇、语法和汉字教学的基本原则、方法与技巧，了解汉外语言主要异同，并能进行有针对性的教学

标准 2.3　掌握汉语听、说、读、写教学的特点、目标、原则与方法，并能进行有效的教学

标准 2.1 要求教师"掌握汉语教学的基本原则与方法、并能运用于教学实践"、"能根据不同的教学对象和教学目标进行教学，培养学习者的汉语综合运用能力"。标准 2.2 要求教师"掌握汉语语音、词汇、语法和汉字教学的基本原则与主要内容"、"掌握汉语语音、词汇、语法和汉字教学的方法与技巧，并能根据不同的教学对象采用适当的教学方法"、"具备汉外语言对比的能力"、"具备分析和处理学习者偏误的能力"。标准 2.3 要求教师"了解汉语技能教学的课型特点、教学目标与基本原则"、"掌握汉语听、说、读、写教学的方法与技巧，并能有效地组织教学"、"能根据学习者的特点，设计、组织教学活动"。

美国语言教师标准要求教师具备对于学习者和不同教学对象的理解能力，并作为重要的一环。在新《标准》中，则主要讲对学习者的特点和针对性教学设定在具体能力标准内容当中。

新《标准》的较大改动包括了一系列内容的整合和重点的改变。例如，旧《标准》中对汉语的语音教学、词汇教学、语法教学、汉字教学、听力教学、口语教学、阅读教学、写作教学进行八项分标准分类，要求教师对八项教学的基本原则熟识，并且具备应用的能力，在新《标准》中，则将这部分整合为两个分标准，即标准 2.2 和 2.3。相应的，新设立了"掌握汉语教学的基本原则和方法"的能力要求，统一了对汉语教师整体汉语教学能力的基本要求。同时，新《标准》增加了对教师关于汉语技能教学的课型特点知识的掌握，也增加了对教师有效教学的要求。两项标准中，旧《标准》更注重对汉语教学的内容教学和语言能力教学进行区分，对各个单项有更具体和针对性的要求，但在新《标准》中，则取消了这种分类，更注重教师汉语教学中的综合能力的运用。

另外，对国际汉语教师具体能力的强调也有所改变。旧《标准》中的分

标准要求教师具备"外语知识与技能"，要求教师能从汉语以外的学习者母语角度，在语言教学过程中通过语言对比寻找汉外语之间的异同点辅助汉语教学，在新《标准》中则进行了重点的改变，直接强调了国际汉语教师需要具备"中外语言对比能力"和"分析处理学习者偏误的能力"，对教师的能力要求，集中在通过语言比较对学习者进行有针对性教学的能力。

三条标准内容基本是由旧《标准》标准六"汉语教学法"内容整理而成，并且对"语音、词汇、语法、汉字"教学和汉语技能教学的内容进行了整合，更强调了教师在教学过程中对于语言点和语言能力教学的综合运用能力，以及教师对于不同学习者特点的感知能力，重视教学的针对性和适应性。

标准 2.4　了解现代教育技术，并能应用于教学

这部分内容要求教师了解现代教育技术对汉语教学的作用，同时需要具备运用技术的能力。旧《标准》强调的是教师对计算机基本组成部件的了解和多媒体教学设备的使用，以及对网络资源和网络制式的掌握能力。新《标准》中则将这些具体的内容全部归纳为现代教育技术。如今使用网络和计算机进行教学是标准配置，在标准要求中就不再特别列出。而科技的发达，也使得可以应用在汉语课堂中的技术设备越来越呈现出多样化，新《标准》在能力要求中更包容，统一为新技术在教学中的应用，而不再具体列举。

3. 教学组织与课堂管理

标准 3.1　熟悉汉语教学标准和大纲，并能进行合理的教学设计

要求教师"熟悉有关的汉语教学标准和教学大纲"、"合理设计课程并制定教学计划"、"根据教学要求编写教案"。

旧《标准》中并未提到与汉语教学标准相关内容，而是将教学大纲和教学课程、教材和辅助材料作为一个整体，作为标准八的要求。其中，分标准对教师的要求是熟悉有关汉语教学的教学大纲，其中包括了教学大纲、教学目的、教学计划、教学内容、教学原则、教学方案、教学组织形式等内容，教学计划也只是基本能力之一。新《标准》则突出了教学计划的设计能力，并将教师教学与汉语教学标准进行紧密联系。另外，编写教案的能力也是原有能力标准中所不包括的。

新《标准》中对国际汉语教师熟悉汉语教学标准有了全新的要求，增加了对教师教学计划的设计能力和教案的编写能力，更加注重教师教学的准备过程。

标准 3.2　能根据教学需要选择加工和利用教材与其它教学资源

要求教师"熟悉常用的汉语教材"，"能合理选择、加工和使用汉语教

材"，"根据教学需要利用各类教学资源制作、补充教学材料"。

旧《标准》中要求教师具备掌握教材的类型、教材的体例、教材的内容、教材的结构、教材的衔接性并且具备教材评估能力。新《标准》则要求在熟悉教材的基础上，能根据实际需要进行加工。更注重教材使用的有效性。另外，在新、旧《标准》中均出现的内容是要求教师能选择适应教学目标和教学环境的教材，根据实际情况灵活使用教材。原有标准只在文化教学方面提到了教学材料，教学资源也只在教学课程设置中提到，新《标准》去除其使用环境的独特性，更强调教学资源和材料的通用性。

标准 3.3　能设计课堂教学的任务与活动

要求教师"了解课堂教学任务与活动的主要类型及特点"、"具备设计教学任务和组织教学活动的能力"、"能合理选用或制作必要的教具"。

旧《标准》中对"教学任务"的内容也只在标准八"汉语教学课程、大纲、教材与辅助材料"中提及一次。无论是设计活动的能力，还是选用和制作教具的能力，都仅出现在分标准的基本能力中。旧《标准》中教具也只是八种教辅材料的其中一种，还包括了网络材料、音视频材料、报刊、多媒体教师、语言实验室等。在新《标准》中则将课堂活动的设计能力提升成主要的能力标准之一，并且将教具作为各种教辅的通用代表词。对国际汉语教师教学能力的要求，更倾向于教学中对活动的组织能力及资源的使用能力，在标准 3.2 和标准 3.3 中都有所强调。

标准 3.4　能进行有效的课堂管理

标准 3.5　能有效地组织课外活动

标准 3.4 要求教师"了解并适应不同国家和地区的课堂管理文化"、"创建有利于汉语教学的课堂环境与氛围"、"采用适当的策略和技巧实施有效的课堂管理"。标准 3.5 要求教师"了解课外活动的形式、特点和作用"、"掌握组织课外活动的基本方法和程序"和"根据学习者特点组织课外活动"。

标准 3.4 和标准 3.5，在旧《标准》中，都不是主要能力标准要求。虽然课堂管理能力的研究数量丰富，但在旧《标准》中却并未对国际汉语教师的课堂管理能力做出相应的要求。新《标准》中则对课堂和课外的管理能力都有所要求，更主要是针对国际汉语教师所接触到的多样的教学环境的基础上，对教师应对不同课堂和课外环境中具体问题的能力提出了更高的要求。

标准 3.6　了解测试与评估的基本知识，能对学习者进行有效的测试与评估

要求教师"了解测试与评估的基本知识和主要方法"、"根据不同教学目

的选用或设计合适的测试与评估工具"并能"对测试与评估结果进行有效的分析和应用"。

此标准与旧《标准》中的标准七"测试和评估"直接相关,其中包括了两条分标准,一是要了解测试与评估的基本概念、原则、方法和特点,并在教学中选用合适的方法,二是要求教师设计合适试卷,从测试结果获得有助于教学的反馈信息。而在新版中,首先弱化了这部分的内容,除了对基本测试与评估知识的掌握外,更要求教师能在选择和制作测试与评估工具方面提高能力,扩大了评估工具的范围,并且鼓励教师能在获得结果之后做出进一步的分析,从侧面提高了对教师研究能力的要求。

这部分能力标准要求,一方面强化了对课堂管理能力和课外活动的组织能力,一方面将测试与评估能力归纳起来,纳入教学过程中。其中,对教师选择能力、使用能力、制作能力都有更高的要求,而且在针对学习者、针对不同的文化和课堂环境方面都有所强调。

4. 中华文化与跨文化交际

标准 4.1　了解中华文化基本知识,具备文化阐释和传播的基本能力

标准 4.2　了解中国基本国情,能客观、准确地介绍中国

要求教师"了解中华文化基本知识、主要特点、核心价值及当代意义"、"能通过文化产品、文化习俗说明其中蕴含的价值观念、思维方式、交际规约、行为方式"、"能将文化阐释和传播与语言教学有机集合掌握相关中华才艺,并能运用于教学实践"。

旧《标准》中标准三"中国文化"和标准四"中外文化比较与跨文化交际"将教师的文化能力和文化教学能力进行了区分,在标准三中将历史文化、哲学思想与宗教文化、文学与艺术、民俗文化和中国国情作为中国文化的几大分类,并要求教师在拥有相应基本知识的同时将其运用于教学。但在新《标准》中,首先要求国际汉语教师要有基本的文化阐释和传播能力。在汉语作为第二语言的教学过程中,国际汉语教师同样担负着文化推广和传播的重任。而对教师能力的集中体现,就要求教师能通过文化产品和习俗进行更深层次的解释。如今对于教师的文化教学内容和主旨经常讨论到"剪纸""武术"等文化活动教学的实际意义,这项标准就是要求国际汉语教师在文化活动的教学过程中,明确要传达的中华文化的价值观和重要性。在中华才艺的教学过程中,更明确教师掌握中华才艺的实质是掌握其背后的中华文化观。

另外,在新《标准》中将中国基本国情强调为能力标准之一,并从了解中国的基本国情,熟悉热点问题以及客观准确介绍中国三个方面要求教师。其

主要分标准也基本来自于旧《标准》,只在主次性上进行调整,对国际汉语教师有更具体的能力要求,为国际汉语教师增加了宣传者的角色。

标准 4.3　具有跨文化意识

标准 4.4　具有跨文化交际能力

标准 4.3 和标准 4.4 均来自旧《标准》中标准四的"中外文化比较与跨文化交际",包括了要求国际汉语教师对中外文明、中外政治体制和法律体系、世界主要宗教派别和世界主要哲学思想流派、汉学知识和相关研究、当今世界重大时事都有所了解。在此基础上,要求教师具备跨文化交际能力并应用于教学中。而新版则将跨文化意识和跨文化交际能力分开来,对二者进行分别要求。对跨文化意识,要求教师"了解世界主要文化的特点"、"尊重不同文化,具有多元文化意识"、"能自觉比较中外文化的主要异同,并应用于教学实践"。跨文化交际能力则要求教师"了解跨文化交际的基本原则和策略"、"掌握跨文化交际技巧,能有效解决跨文化交际中遇到的问题"和"能使用任教国语言或英语进行交际和教学"。

对跨文化交际的概念范畴,集中在交际、言语和非言语交际、交际失误与交际失败、文化间相互影响、文化休克、文化敏感等内容。主要要求教师在教学中考虑学习者文化背景和语言水平,帮助学习者克服文化困难等。在新《标准》中要求教师能有效教学并处理问题。

5. 职业道德与专业发展

这部分内容原全部属于旧《标准》中标准十"教师综合素质"。其中,对教师"积极参与专业和社区活动丰富教学档案",以及要求教师"在各种场合交际中展现能力"两项标准都不再使用。

标准 5.1　具备教师职业道德

标准 5.2　具备良好的心理素质

旧《标准》将教师职业道德和教师良好的心理素质两部分包括在教师综合素质的分标准 10.5 中,但新版则将二者分开,在职业道德方面,要求教师"认识并理解职业价值,树立并维护职业信誉"、"遵守法律和职业道德规范"。在心理素质方面,则要求教师有健康的心理和积极态度,具有较好的心理承受能力和自我调适能力,并且具有合作精神。

标准 5.3　具备教育研究能力和专业发展意识

此标准则结合了旧《标准》中关于教师应"具备反思能力和教学研究能力",和"教师具备自我发展意识"两项分标准。新《标准》中要求教师能"进行教育研究,具有教学反思能力",同时了解"相关学术动态与研究成果,参与学术交流与专业培训,寻求专业发展机会"。对于国际汉语教师的反思和发展都做出了针对性的要求。

第二节　语言教师能力标准研究的复杂性

本节通过各国语言教师能力标准作为参考，包括 IBSTPI 教师能力标准[①]，TESOL（Teaching English to Speakers of Other Languages）教师能力标准[②]，美国 NBPTS 语言教师能力标准[③]，美国中小学中文教师协会制定的"美国中小学中文教师资格标准"[④]，澳大利亚语言教师能力标准[⑤]，英国语言教师能力标准[⑥] 等，对国际汉语教师能力标准的制定进行分析。通过对语言教师能力标准的基本内容比较，从教师知识、教师技能和教师个体发展三个方面可见，各国的语言教师标准侧重并不相同（见表 2-5）。

表 2-5　各国语言教师能力标准要点比较表

能力	能力标准分类	TESOL K-12	NBPTS 美国教师标准（英外）	NBPTS 美国教师标准（世界语）	全美中小学中文教师资格	澳大利亚外语教师专业标准	英国教师标准	国际汉语教师标准 2007	国际汉语教师标准 2012
知识	语言	+	+	+	+			+	+
	外语							+	
	文化	+	+	+	+			+	+
	跨文化							+	
	语言学知识				+				

---

①　Klein, J.D & Spector, J.M. & Grabowski, B. & Teja, I. Instructor Competencies: Standards for Face-to-face, Online and Blended Settings [M]. Information Age Publishing, 2004.

②　Kuhlman, N. & Knezevic, B. The TESOL Guidelines for developing EFL Professional Teaching Standards [EB/OL]. [2017-09-15]. http://www.tesol.org/docs/default-source/papers-and-briefs/tesol-guidelines-for-developing-efl-professional-teaching-standards.pdf?sfvrsn=6. (2002).

③　National Board for Professional Teaching Standards [EB/OL]. [2017-12-05].https://www.nbpts.org/standards-five-core-propositions/.

④　Chinese Language Association of Secondary-Elementary Schools [EB/OL]. [2017-12-05]. http://www.classk12.org/.

⑤　Australian Council of TESOL Associations (ACTA). Elaboration of the Australian Professional Standards for Teachers: For use when working with learners of English as an Additional Language or Dialect [EB/OL]. [2017-12-05]. http://www.tesol.org.au/files/files/530_60238_EALD_elaborations-Short_Version_Complete.pdf. (2015).

⑥　British Council. Teaching standards and professional development in the UK [EB/OL]. [2017-12-05]. https://www.britishcouncil.mk/sites/default/files/teaching_standards_in_the_uk.pdf.

续表

能力	能力标准分类	TESOL K-12	NBPTS美国教师标准（英外）	NBPTS美国教师标准（世界语）	全美中小学中文教师资格	澳大利亚外语教师专业标准	英国教师标准	国际汉语教师标准2007	国际汉语教师标准2012
	语言习得		+	+	+			+	
	学生		+	+		+			
	相关政策、课程和评估框架							+	
	教学内容和方法					+			
	（儿童成长和发展）				+				
技能	教学	+	+	+	+	+		+	+
	反思			+					
	评估	+	+	+		+			
	科技资源应用				+			+	
	课堂环境管理			+		+			
	与家庭、社区的联系		+			+			
	交际技巧				+	+			
个体发展	专业化	+	+	+	+				+
	教师作为学习者		+						
	道德标准和价值观						+		+
	综合素质							+	

知识方面，除澳大利亚对外语教师标准设定中没有对教师的语言知识、文化知识、语言习得理论知识等内容进行强调之外，其余几大教师标准都基本提及了对语言教师的语言知识和文化知识的掌握的要求。美国对语言习得

的重视在不同的教师标准和资格要求中体现出来，而国际汉语教师标准对于语言习得的要求也主要体现在具体标准细项中。其中，全美中小学中文教师资格对语言学知识的强调，区分了语言能力和对外汉语语言学内容，这是其他教师标准中没有区分的。而国际汉语教师标准则重点强调了教师除汉语之外的外语和除中国文化之外的其他文化的知识能力掌握。在美国和澳大利亚的教师标准中都提到了了解学生这一项要求，但在 TESOL K-12 和国际汉语教师标准中都并未提及。在《国际汉语教师标准》中也只有一条具体标准要求与学生有关。除了全美中小学中文教师资格因其具体针对对象而提到了掌握儿童成长和发展知识，只有澳大利亚教师专业标准和国际汉语教师标准对教学内容和相关课程及政策等方面的知识有所提及。

在技能方面，所有标准都毫无意外地要求教师具备教学技能，而评估技能占第二位。但其余在教师能力培养过程中常见的能力要求，例如反思能力、管理能力，创造教学环境能力、利用资源能力、交际沟通能力等等，都只出现在某些标准中。例如美国和澳大利亚重视教学环境的塑造和教师的沟通能力，汉语教学中重视科技资源的利用，以英语作为外语的教师标准又更关注教师与学生家庭与社区的沟通，在一定程度上形成了一定的趋势。在个体发展方面，TESOL 标准和美国的教师标准都更注重教师专业化发展，而国际汉语教师标准则将教师的综合素质和道德标准与价值观作为教师个体评价的一个基本标准。

综上，《国际汉语教师标准》在注重汉语国际教育的过程中，从跨语言和跨文化的角度对教师有更高的要求，不仅要求教师在教学和管理等技能方面突出，还从价值观的角度对教师道德进行了规范。但在与其他语言教师标准的对比过程中发现，国际汉语教师标准中缺少了与学生有关的内容。在 2012 版标准中，甚至只出现了一条与学生相关的内容，一定程度上忽略了教师与学生的互动环节。而另外一些技能，包括反思、评估、资源利用等等都包含在教学和管理的标准要求当中。专业发展是教师标准的未来走向，国际汉语教师标准中更新了对教师专业化的标准也同样印证了汉语教师专业化发展对教师能力的更高要求。

一、从系统完整性看国际汉语教师能力标准设定

国际汉语教师能力研究，首先是对国际汉语教师能力作为一个完整系统的研究，从整体性角度出发，就是对教师的能力标准的分析。教师能力研究中同样不乏对教师能力整体性的分析，例如 IBSTPI 教师能力标准（见表 2-6）

的要求,教师能力首先是作为一个完整系统形成能力标准,再细分出五个维度十八种分类,从专业能力、教学准备能力、教学方法、评估和教学管理能力的五个维度,再去细分沟通能力、提问能力和解释能力等具体要求。

表2-6　IBSTPI 制定的教师能力标准

能力分类	序号	具体要求
专业基础	1	有效地交流沟通
	2	更新和提高自己的专业知识和技能
	3	遵守已有的道德规范和法律条文
	4	树立和维护职业声誉
计划与准备	5	设计教学方法和教学内容
	6	教学准备
教学方法与策略	7	激发并维持学习者的学习动机和学习投入
	8	表现出有效的表达技巧
	9	表达出有效的促学技巧
	10	表现出有效的提问技能
	11	提供阐释和反馈
	12	促进知识和技能的巩固
	13	促进知识和技能的迁移
	14	使用媒体和技术来加强学习、改进绩效
评估与评价	15	评估学习和绩效
	16	评价教学效果
教学管理	17	管理促进学习与改进绩效的环境
	18	适当地使用技术管理教学过程

资料来源:IBSTPI 教师标准

从各大能力标准的比较中可见,无论是教师能力标准、语言教师能力标准或国际汉语教师能力标准,都是从整体出发,对教师教学的不同方面出发,对教师具体能力进行细致的分类。教师能力的复杂性体现在教师具体能力的差异性导致的教师整体能力不同。每一个教师的具体教学过程所能体现的表达能力、解释能力和吸引注意力能力,都是个性化的产物。但教师能力的复杂性同样也验证了教师能力整体化构造在一段时间内的稳定性。教师能力作为一个系统存在，其能力的整体构造，也就是能力的每一个细分子项，是通过长期学习和积累形成的，并不会在一瞬间有极大的变化，而是一定时间内保持稳定。即使每一个教师在具体的教学过程中的能力体现更个性化，但他们所结合而成的能力整体，在一定时间内，是稳定存在的，也是教师评价的主体。国际汉语教师能力也是一样，标准的设定是对国际汉语教师能力系统进行框架式构造，是面向所有国际汉语教师的能力参照，既包容了教师具体能力的不同表现状态，又从完整性上对国际汉语教师能力进行要求。

系统的相对稳定，说明教师能力的整体性稳定，对于教师能力的整体评价，也往往是普遍意义上，对"好"教师的评判。不少探讨"好"教师所具备因素的研究，例如 Miller 提到好教师的十个特征，包括了情感、技能、课堂管理方法和学术知识四个方面，其中，对情感方面的要求更高，需要教师对学生有热情，有鼓励，有幽默感，还需要了解学生的喜好。而反观学术知识，则只要求教师具有能在课堂上马上回答出语法问题的能力。Grant 建议重新思考教师能力，在教师应该"知道什么""关心什么""相信什么"的基础上，将教学经验也考虑在内。Hopkins 和 Stern 则认为，各国对高素质教师的研究逐渐提高了复杂性和变化性，但高素质的教师所应具备的特征，包括了对学生的承诺，对学生的爱，对科目教学和多种教学模式的掌握，与同事合作的能力以及反思的能力。从教师能力整体性入手，思考的角度不只是教师教学技能，这更类似于职业中应具备的能力，"好"教师更应注重从教师隐性能力，即教师性情、态度等内在情绪方面着手。

Kelly 则通过在复杂的课堂中的具体角色应用的角度，对教师技能进行宏观和微观两方面的分类。宏观技能包括了起始阶段的引入、目标设定的引导、给予建议和方向、设置目标模型、提供鼓励和强化支持、有建构性的反馈、积极的评价、联系学习目标和更广泛的问题、并及时做出总结。微观技能则包括对学生保持关注、重复学习者所说内容、帮助学习者简化表达内容、对信息进行总结概括、提出开放性问题、提供与学习者经验相关的解释、感受学习者情感、领会学习者的个人经验。从 Kelly 的角色理解中，宏观技能更指向教师教学过程中的课堂管理和教学操作的能力，而微观技能则更指向教师从认知角度，对学习者进行情感投入和关注的能力。二者缺一不可。

教师的职业能力是教师所需具备的学科知识、教学技能等与职业操作相关的内容，但教师能力的体现，更是情感能力的表达、思辨能力的培养、工作的热忱以及经验的累积的结果。也就是说，对于教师教学评价优良的评判标准，并不只凭借教师某项突出能力决定的，而是对教师整体表现的综合评价，是将教师能力作为一个整体进行考量的，包括了外在技能展现和内在情感感知。这对于正确理解国际汉语教师能力的结构和发展是非常重要的，同时，对于国际汉语教师能力标准的建立也是重要的借鉴。

但目前的教师能力标准中，将教师的心理、教师的道德、教师的价值观、教师的信念等内容归至标准的末尾，又或者合并于其他内容中。例如，IBST-PI 教师标准将教师道德规范和职业声誉归入"专业基础"，国际汉语教师将这部分内容归入"职业道德与专业发展"标准中，而在例如 TESOL 教师能力标准，美国语言教师能力标准，澳大利亚语言教师能力标准中，都未对教师道德进行专门要求。所以，从系统完整性角度分析国际汉语教师能力，就应该对教师能力的完整结构有充分的认识。目前的能力标准中，对国际汉语教师内在能力，包括情感能力、价值观、教师信念等内容的着墨少。教师能力整体评价不能缺少对教师隐性能力的分析和重视，这是教师能力完整分析的前提。

二、从相互关联性看国际汉语教师能力标准设定

将教师能力视为复杂系统的前提，是承认在系统内所有影响因素之间的相互关联性。作为系统内由各个组件的相互联系进行作用，教师的不同能力，例如教学能力、应用能力、学习能力之间都是有着相互联系。对于具体能力的分析，也不应该割裂来看，正如 Morin 所说，对复杂性的理解，并不是要反对系统的不完备性，而是要反对人为的片面性，因为简化的过程，往往是对整体的片面切割。也就是说，在研究具体组件时，只使用简单的"部分代表整体"的概念，从系统中抽取一部分作为整体的代表的研究方式在复杂性研究中是不足够的。能力之间是相互影响的，因此只抽取某种具体能力进行分析而不考虑与其他能力的联系，是不能反映教师能力展现的实际情况的，也正是具体能力的不同和相互影响，形成了教师个体独一无二的能力结构，区别于其他人。例如，教师的观察力高，才能更好地分析和判断学生的实际学习情况和水平，判断教学环境，教师的想象力和抽象思维能力强，才能使课堂更有趣，学习者更容易融入学习环境中，也更好地帮助教师进行课堂管理，而教师逻辑思维能力强，才能从一开始就做好教学准备，整理整个学习周期的课程安排。与其说具体能力研究，实质上仍是教师综合能力的作用。

自 20 世纪 80 年代至今，教师能力的研究处于成长期，研究特征主要表现为国家法律和理论层面对教师能力的研究，在此之前，更多讨论心理学领域对教师能力的实证研究，能力因素分析，以及教师能力与学生学习之间的

关系，但周启加经过结构性整理发现，国外教师能力研究的总体发展是跟教学"好"或者"有效"的行为相挂钩，并以此判定教师专业标准，而国内的研究则主要是对教师能力分为多种能力结构和能力维度，此结论与龙宝新对比西方与中国国内对教师能力研究的趋向性一致，他发现中国国内偏向以教育教学能力为中心剖解出的一系列能力，但西方社会更注重在社会、教学和学生之间建立具有动态发展性和维度丰富性的框架体系。国内研究，对教师能力的分析，包括与国外理论与研究的比较，也包括对教师能力的分类和体系建构，以及一系列具体到教师教学能力、创新能力、信息技术使用能力、专业能力以及各个学科的具体能力发展。从研究的偏向性可见，国内研究更注重教师能力的具体性，而国外研究更注重教师能力的联系性。

教师能力的相关研究数量丰富，但往往从知识、技能和性情三个方面进行。Howard 和 Aleman 认为教师所具备的知识、技能和性情是教师能力的主要方面，Freeman 从语言教师的角度分析，外语教学中教师能力包括了知识、技能、态度和感知三个部分，其中，知识和技能可以通过培训产生。Evans 则认为，在教师发展中联系到教师个人发展的元素包括了态度的发展和功能的发展。教师能力的表现，不仅是在具体能力上的表现，也是心态和态度上的表现，是隐性能力起作用的过程。由于能力的常见分类就是根据图 2-2 的三分类进行，因此，笔者对教师能力发展能产生直接影响的要素从三者进行再细化。在教师能力的展现过程中，教师的知识和技能是相对外显的部分，要求教师具备相应的知识，使用相应的技能展现能力，而知识和技能的实际应用都依靠教师的性情，也就是主观能动性。三者是相互联系的，知识和技能的外显，是受性情的积极与否的影响，而同样，外显行为的效果也会影响性情对下一次行为的积极性，技能与知识之间，在外显的基础上，相互影响。这也是最基本的教师能力相关性的体现。

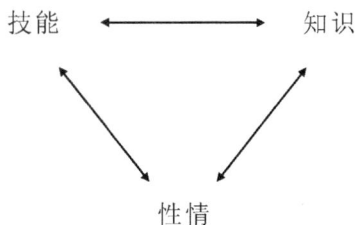

图 2-2　教师能力基本互动关系图

　　正是不同的能力要素之间的相互结合,形成了教师个体独一无二的能力结构,这是区别于其他任何教师的,而教师能力的整体构造,是通过长期学习和积累形成的,并不会在一瞬间有极大的变化。这都使得教师能力的标准能产生意义。教师能力结构的复杂性,一方面有各种能力要素的相互联系,内部不断产生动态变化,并在一段时间内保持稳定,另一方面,教师个体虽然都不相同,但其复杂的相互关联,又同样会使教师在"好"教师的评价中表现出能力"强"的趋向共性。因此,教师能力的分析和研究,并不是挖掘教师各种具体能力,对这些能力进行归类整理,而更应该探究教师能力的形成和发展过程,探讨能力间相互作用和影响对具体个人的整体发展的作用,以及教师个人对能力系统结构塑造的主要影响。

　　正如 TESOL 教师标准所示(见图 2-3),其对教师的语言能力标准、文化能力标准、评估能力标准、教学能力标准和专业化能力标准之间的互动关系图进行了解析,是以专业化作为核心的能力关系。英国的教师能力标准同样将专业特性、专业知识、专业技能、专业发展和终身学习、职业 / 个人道德标准与价值观五个方面作为环环相扣的能力整体。

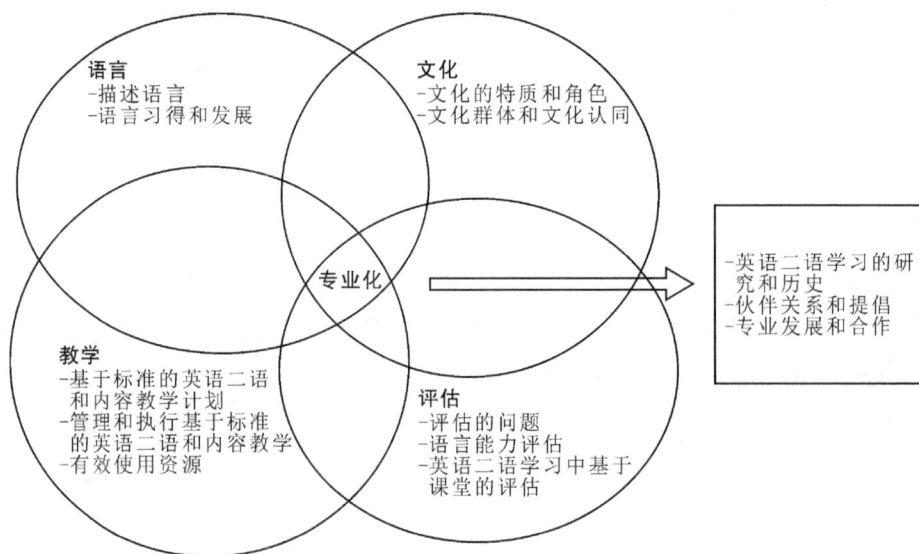

图 2-3　TESOL 五大标准相互关系图 *

---

　　*　Kuhlman, N. & Knezevic, B. The TESOL Guidelines for developing EFL Professional Teaching Standards [EB/OL]. [2017-12-05]. http://www.tesol.org/docs/default-source/papers-and-briefs/tesol-guidelines-for-developing-efl-professional-teaching-standards.pdf?sfvrsn=6. (2002).

国际汉语教师的能力标准,则未对各个标准之间的互动关系作足够的解析。从《国际汉语教师标准》的改版可知,在新《标准》更注重能力框架的前提下,除了原有的标准二"外语知识与技能"被"汉外语言对比"取代,其余的标准只是改变了主次关系和出现顺序,对教师的能力要求依然包括了对汉语语言学知识的掌握与应用、第二语言学习和教学原理及应用、对汉语教学基本原则和方法的掌握与运用、对现代教育技术的应用、运用教材和教学资源、测试与评估、了解文化并正确传播、跨文化意识和交际、职业道德与心理素质以及专业发展等内容。《标准》的建立,并非内容缺乏,而是框架结构的互动性并未得到体现,忽略了能力内容之间的相互影响、相互连接。

三、从多种可能性看国际汉语教师能力标准设定

在理解复杂性的过程中,不应该把它的属性作为系统难题解构过程中的公式或现成的钥匙。[①] 在对教师能力的分析过程中,教师的教学年限是教师积累经验培养个人能力素养的基础,但同样有教师在很长一段时间内只机械地做同样的工作,在此基础上并无太多更新和进步,所以,教师的教学年限长,是教师能力提高的可能性,但不是必然性。教师生涯周期的相关研究,证实教师能力最高值也并非出现在教师生涯的最后阶段。教师的能力水平并不完全按照时间的推移形成逐渐提高的状态,同样存在能力水平巅峰和低谷,职业生涯的结束时期往往不是教师能力的最佳体现时间,教师能力在发展过程中会出现起伏,往往体现出能力值的多种可能性。

教师能力的发展是基于实际环境中对于教师行为的具体要求,在这样的情况下,教师能力的研究,不能单纯分析其某种能力减弱或某种能力增强,而更应该推论和分析教师能力发展的可能性。教师语言能力是基于语境存在的教师意识体现,对具体地点形成符合个人技术和策略的适当性选择。[②] 因此,对国际汉语教师能力进行动态化的分析是在系统复杂性概念中的正确方法。任何一个要素的变化都会导致整个系统的变化。例如,当教师被安排至某个简陋的教学环境中,就要求教师提高板书和总结能力,相对减少对科技产品的应用能力,这可能减少了教师使用科技吸引学生注意力的可能性,但促使教师通过提高解释能力和分析能力来更有效地进行讲解。

---

① 　埃德加·莫兰. 复杂思想: 自觉的科学 [M]. 陈一壮, 译. 北京: 北京大学出版社, 2001.

② 　Freeman D. Teacher training, development, and decision making: A model of teaching and related strategies for language teacher education[J]. TESOL Quarterly, 1989, 23(1): 27-45.

　　理解教师能力发展过程中的多种可能性特点，是为了从研究思路上转向动态的方式，从而帮助理解教师能力复杂性。语言教师能力的相互联系性同样解释了能力的非线性和可能性。正因为能力系统中各部分之间都存在相互影响的作用，因此能力的变化和发展并非完全按照同一规律或同一路线进行，可能性增加，其有序性降低。

　　正因如此，教师能力标准的设定，更应该对不同阶段教师起到不同作用。正如澳大利亚教师专业标准——英语作为外语教学（见表2-7），则主要从专业知识、专业实践和专业发展三个方面为教师设定标准。虽然标准内容少，但对每一个标准都进行了四个程度和阶段的分类，从"合格"（graduate）、"胜任"（proficient）、"高度完成"（highly accomplished）到"领先"（lead）进行细化。在教师专业标准的设定同时，也为教师对自己的定位和未来发展方向做出了要求和界定。例如在"了解学生如何学习"的能力要求中，"合格"标准要求教师能"说明对学生学习研究的知识和理解，以及教学的含义"。"胜任"标准要求教师能"根据研究和学校建议对学生学习进行教学方案的结构安排"。"高度完成"标准要求教师"通过研究和工作经验扩大对学生学习的理解"。而"领先"标准要求教师"通过研究和工作经验对教学方案的有效性进行评估"。这样的能力标准要求，既设定了教师能力的门槛，也提供了教师能力发展的空间，是对非线性和无序性发展的教师能力进行的更为有效的程度划分。

表 2-7　澳大利亚专业教师标准

能力分类	具体要求
专业知识	了解学生以及他们如何学习
	知道教学内容并且知道如何教
专业实践	对教和学进行有效的计划和执行
	创造并保持具有支持性的安全的学习环境
	对学生的学习情况进行评估，提供反馈和报告
专业发展	进行专业学习
	与同事、家长/监护人和社区进行专业沟通

　　资料来源：Australian Council of TESOL Associations (ACTA). Elaboration of the Australian Professional Standards for Teachers: For use when working with learners of English as an Additional Language or Dialect [EB/OL]. [2017-12-05]. http://www.tesol.org.au/files/files/530_60238_EALD_elaborations-Short_Version_Complete.pdf. (2015)

　　国际汉语教师能力的标准设定，目前仍局限在对教师能力内容的安排，虽然在内容上进行了整合，形成更基础的标准要求，但并未对各项能力的不同程度进行限定，对于国际汉语教师背景广泛的群体基础，标准得不到预想的适用价值。从访谈结果中也同样发现，受访教师在自评过程中往往对教师标准产生困惑。首先，对很多教师而言，在类似汉语语言学知识、第二语言习得知识、汉语基本知识等内容的评判上，教师们没有参照，只能按照个人经验。由于能力标准的设定内容紧凑，很多教师在同一条标准中对自己的能力有两个评价，例如"掌握汉语教学的基本原则与方法，并能运用于教学实践"，一些教师认为二者是可以分开评价的。其次，《国际汉语教师标准》的制订应该是针对所有国际汉语教师的。但对本土教师而言，一些能力标准在理解上已经有些吃力，甚至不理解其所指，例如"能通过文化产品、文化习俗说明其中蕴含的价值观念、思维方式、交际规约、行为方式"，对于内容所要求的能力表现形式，受访教师表示困惑。再如"了解世界主要文化的特点"、"能使用任教国语言或英语进行交际和教学"等，其范围未进行限定，使得一些教师也无法对自己的能力进行准确的自评。

教师能力发展的可能性是其非线性的体现，而能力标准的设定，需要满足这种可能性。目前国际汉语教师能力标准的设定，更倾向于标准门槛的建立，通过对能力标准的分程度要求，可以包容更多可能性。

四、从边界波动性看国际汉语教师能力标准设定

复杂系统存在的模糊性体现每位教师能力应用范围边界的波动性。对国际汉语教师能力的定义，并不是对"非国际汉语教师"能力进行区分，排除个体所普遍具备的能力，而是要明确拥有能力的对象是国际汉语教师。国际汉语教师能力的概念限定也不是区隔其他能力，而应该是将教师所能应用到汉语教学过程中的能力进行整合。同时，系统的边界模糊，也排除了对教师能力进行边界化限定的必然性。教师能力的使用和解释，不存在因为个例而无法准确定义的情况，在实际使用中，教师能力的范围是指教师在教学过程中所应该具备的能够胜任教学任务的能力，这样的能力有分类层级，但并不绝对，也并没有硬性边界和区分。

对于"能力"概念的使用，在英文中可以使用例如 ability、competence、competency、proficiency 等词，而在 competency 和 competence 同样代表能力的条件下，同样有类似"胜任力"和"能力"概念的区分。而黄福涛[①]在二者之间做了区分，前者指的是运用知识、技能和态度的组合去完成特定环境

---

① 黄福涛.能力本位教育的历史与比较研究——理念、制度与课程[J].中国高教研究，2012(01):27-32.

的任务,而后者是指按照标准完成任务的能力。"教师能力"在研究中的概念也不尽相同:

教师能力指向从事教师职业的人所应具有的带有职业特点的能力,要求教师不断扩充自己的知识,教给学生获取新知识的方法,还应掌握新环境中的教育教学规律和现代教学方法技能的运用。[1] 王丽珍等[2] 认为教师能力是教师在教育教学活动中表现出来的、直接或间接影响教育教学活动质量和完成情况的个性心理特征。换言之,教师能力是适用于完成教育教学任务、实现教育教学目标、全面提高教育教学质量、促进学生的全面发展等目标的。卢正芝和洪松舟[3] 则对教师能力进行一般能力和特殊能力的区分,并认为教师能力是当代教师从事教书育人活动所需要的能动力量或实际本领,是在实践中发展起来的、反映教师职业活动要求的能力体系。这些概念都相对强调了教师作为一项职业,在教学过程中所应展现的影响教学效果和学习者的能力。从职业能力角度讲,教师的目的在于帮助学习者掌握新知识,教师需要做的是不断更新理念,通过教学资源,实施教学方法,运用各种能力达到这一目的。这就要求,教师需要有相应的学习能力、研究能力、实践能力和创造能力。

对于语言教师的能力研究,是建立在教师能力研究基础上,根据语言学学科性质的特点,针对实际语言教学环境的影响,着重强调语言教学中教师所应具备的能力。在研究国际汉语教师能力的研究中,需要从语言教师的角度去分析如今研究的整体发展趋势。语言教师文献中普遍认为,第二语言教师应具备的基本条件包括,语言知识、语言学知识、二语习得知识、教育学和心理学知识、学生知识、情境知识和教学能力、课堂组织能力、根据教学环境选择适应的教学方法等能力。例如,Richards[4] 认为外语教师知识基础包括了教学理论、教学技能、交际技能、学科专业知识、教学推理技能与决策以及情境知识,而 Sokolova[5] 认为,语言教师能力需要与语言能力、教学法知识、交际能力、语言意识、课堂语言、教师语言评估、教师能力评价、教师培训、外语能力等概念相互联系。

从"能力""教师能力""语言教师能力"的概念使用分析上,不同研究

---

① 罗树华,李洪珍.教师能力学 [M].济南:山东教育出版社,2000.

② 王丽珍,林海,马存根,等.近三十年我国教师能力的研究状况与趋势分析 [J].教育理论与实践,2012(10):38-42.

③ 卢正芝,洪松舟.我国教师能力研究三十年历程之述评 [J].教育发展研究,2007(02):70-74.

④ Richards, J.C. & Nunan, D. Second Language Teacher Education[M].北京:外语教学与研究出版社,2000.

⑤ Sokolova, N. Teacher language competence description: Towards a new framework of evaluation [J]. Quality of Higher Education. 2012(9):75-97.

者的分类和使用同样带有模糊性,而对教师的"专业能力"和"职业能力"概念的使用,同样也具备模糊性:

在阐述教师能力概念时,首先应对教师职业能力与专业能力进行区分。如今对教师专业发展的研究,往往从"职业"和"专业"概念的区分谈起。职业是指人们在社会生活中所从事的随着社会分工而出现并稳定发展而构成人们赖以生存的、建立在经验基础上的服务社会的行业。[①] 将教师作为一种职业,需要教师首先意识到职业能力的要求。职业能力是在面对复杂和不确定的工作环境时,个人通过能力、方法、知识、观点和价值观,建立起灵活多变、理性、且负责任的行动,从而完成既定的目标和任务。在荷兰以能力为基础的学习体系中,职业能力是包含了个人的知识、技能和价值观的,这帮助职业个人在不同的情境中扮演不同的角色,采取不同的行动,获得不同的结果,并且根据这些结果进行自我反思,由洞察力在自我反思和知识技能与价值观之间进行作用,最后形成的一定标准。在德国,维纳特的能力定义具有代表性,即"个体或包括多个人的群体所拥有的、能成功满足复杂需求的前提条件"。因此,教师职业能力,要求教师通过融合知识、观点和态度,使用各种方法和行为,完成具体教学任务。

相较于职业的概念,专业的定义更趋向于对相关职业内工作者的专业程度的探讨。如日本筑波大学教育学研究会[②] 对专业的定义是:"通过特殊的教育或训练掌握了已经证实的认识(科学的或高深的知识),具有一定的基础理论的特殊技能,从而按照来自特定的大多数公民自发表达出的具体要求,从事具体的服务、工作,借以为全社会利益效力的职业。"定义中对职业和专业的区分在于,专业是有更具体的背景和要求的一种职业。这种更具体的要求,主要体现在职业中经过专门的训练,拥有专门的知识和技术,并且按照专业标准进行专门化处理活动,从而解决专业的问题并获得相应的社会地位[③]。罗蓉、李瑜和于胜刚[④] 分别提出,"职业"和"专业"的实际区别在于,专门职业是首先需要通过长期的专业训练获得职业所需的专业知识和技能作为行事的基础,在实际工作中不仅提供专业服务,而且不断研究和学习获得专业的改进,从而符合职业工作中所需的专业性要求,并且从个体主观上将专业工作作为一种事业,在社会上享有较高的地位。

无论是从教师能力、语言教师能力的定义上,还是从职业能力和专业能

① 李明善.教师专业发展论纲[M].长春:吉林大学出版社,2011.
② 日本筑波大学教育学研究会.现代教育学基础[M].钟启泉,译.上海:上海教育出版社,1986:441.
③ 罗蓉,李瑜.教师专业发展:理论与实践[M].北京:北京师范大学出版社,2012.
④ 于胜刚.教师专业发展导论[M].北京:北京大学出版社,2015.

力的应用区分中,都体现了教师能力整体概念的边界波动性。这种特征使得研究过程中各有重叠,同时增加了教师能力研究的可能性。

就美国 NBPTS 外语教师标准而言,以英语作为外语教学的教师标准,与以世界语言作为外语教学的教师标准,对教师能力的要求有不同,从表 2-8 可见。英语作为外语的教学标准,因为有明确的目标语,在教学要求中,更强调英语作为一门外语的知识体系,更强调在英语环境里学习者的家庭同学校之间的关系,在教学中将对学习环境的设计统归到教学实践的标准中,着重强调了教师作为一名实践学习者的专业成长发展过程。在世界语言的教学标准里,因为语言的多样性,其标准更笼统,并且将公平公正的学习环境作为了重要的标准之一,更强调教学中的课程设计和教学计划的连贯性和持续性。两项标准基本上都从知识、能力和意向三个主要方面设立标准,既要求教师对教学内容、教学对象和教学背景有足够的知识储备,又要求教师在实际教学中发挥教学技能,做到课前、课中、课后的连贯,更要求教师需要有未来的规划和长期的发展目标。

表 2-8 美国 NBPTS 外语教师标准对比表

美国教师标准(英语外语)	美国教师标准(世界语言)
对学生的了解	对学生的了解
对文化和多样性的了解	对文化的了解
对英语作为语言的了解	对语言的了解
英语语言习得的了解	对语言习得的了解
家庭、学校和社区的联系	公平公正的学习环境
教学实践	设计课程和教学计划
评估	评估
教师作为学习者	反思
专业领导和支持	专业化

资料来源: National Board for Professional Teaching Standards [EB/OL]. [2017-12-05]. https://www.nbpts.org/standards-five-core-propositions/.

从边界波动性看,国际汉语教师能力标准的设定,首先要明确使用者身份是"国际汉语教师",但在能力标准要求中,同样应该包含个体所具备的类似"分析能力""判断能力""解释能力"等边界模糊的概念。这些能力的概念使用范围广泛且应用边界模糊,但这是教师作为个体在职业和专业工作中不可缺少的。国际汉语教师能力标准的设定,不是对能力进行限制,而是对能力程度进行层次化要求。

五、从自适应性看国际汉语教师能力标准设定

教学中，自适应性就是体现系统演化过程的系统内部的有序化。系统内结构获得一定程度的自我演化，形成发展模式，在不同阶段和不同过程中，系统通过自组织向更高级进化。[①] 从教师能力的角度而言，郑鸿颖[②] 称自组织性是复杂系统中的自我更新能力，教师教学观念的自组织性就是在与外部环境的相互作用过程中，令教师产生自发的、特定的、有序的结构，去适应和运行。可以体现为，教师能力系统的自适应过程。教师所受到的影响，包括了学生的评论、学习者的心情、课程的时间长度等，而教师需要通过不断的调节去保证整个能力系统在环境里的稳定性。与此同时，正是因为教师能力的发展，教师整体素质的提高，教师通过更专业化的方式去适应环境并反作用于环境，同样促使教学环境转变和更新。自组织性同样体现了复杂系统有能力根据信息收发进行改变，这也是复杂系统无法完全被理解和被控制的原因。[③] 自组织性强调了复杂系统具有的能动性，但其复杂性同样体现了系统的不可控和不可预测性。

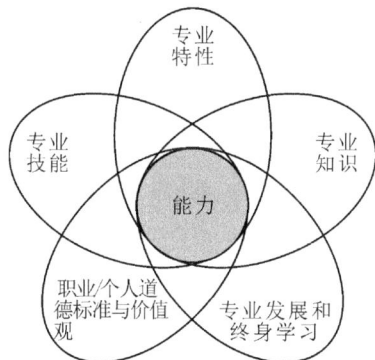

图 2-4　英国语言教师知识与技能关系图 *

* British Council. Teaching standards and professional development in the UK [EB/OL]. [2017-12-05]. https://www.britishcouncil.mk/sites/default/files/teaching_standards_in_the_uk.pdf.

英国的语言教师标准（见图 2-4），将教师能力作为所有内容的运转核心，从能力出发，对教师的教学和专业发展两个部分提出不同的要求。第一，教师要对学生设定高期待值，并以此鼓励学生，挑战他们的能力。这要求教师

---

① 张进清，蒋士会. 论教学的复杂性 [J]. 广西师范大学学报（哲学社会科学版），2010，46(02):100-106.

② 郑鸿颖. 复杂系统理论视域下的教师教学观念系统研究 [J]. 四川师范大学学报（社会科学版），2013，40(01):100-105.

③ Clarke A, Collins S. Complexity Science and Student Teacher Supervision[J]. Teaching and Teacher Education, 2007, 23(2): 160-172.

根据相互尊重的原则,为不同水平的学生设立不同目标,建立不同的学习环境,为学生提供他们持续积极的态度、价值观和行为。第二,是要促进学生的进步和好的学习结果。教师能根据学生能力做出教学计划,了解他们的需求,将知识有效地应用到教学中,鼓励学生保持认真负责的态度并学会反思,且对学生的学习成果负责。第三,要讲解好的学科和课程知识。教师要求对学科和课程有批判性理解,有稳固的知识,也有提高学生兴趣和解决疑惑的责任感。第四,要对课程进行框架式的计划和教学,这就要求学生在教学过程中,不止培养学生的学习热情,以及课堂中有限课程时间的有效安排,而且需要能在课外安排相对应的活动以扩展学生知识。第五,着重强调了教学要适应所有学生的能力和需求。要区分学生的不同能力和发展不同阶段,并且使用有效的方法进行教学。第六,能正确使用评估手段,从法定评估要求开始,使用正式的评估巩固学生进步,使用相关数据进行检测。第七,有效管理行为以保证安全优质的学习环境,要求教师对课堂中的行为规范进行框架式建设,有效管理学生,保持良好的关系,同时,自觉成为行为方面的榜样。第八,满足更广泛的专业责任,这要求在教学过程中,教师不仅要处理与学生、与课堂的关系,还应该对学校、对工作的同事、对学生家长等,都建立起有效的互动关系。所有内容都是建立在语言教师能力的自适应特征基础上的。

国际汉语教师能力标准同样也应具备自适应性,它是会随着教师的需求、教师的能力变化而产生变化的。从复杂性视野看国际汉语教师能力标准的设定,并根据目前语言教师能力标准的相互比较可见,若从系统完整性、相互关联性、多种可能性、边界波动性和自适应性角度思考,《国际汉语教师标准》有继续更新的空间,而作为对国际汉语教师能力范围有明确指向的文件,其问题在于,目前对国际汉语教师能力的要求更偏向于有系统的但有所限定的,具有规律的显性能力的严格分类。从复杂性视野出发,对国际汉语教师能力是需要新的思路和角度。

第五节 复杂性视野下国际汉语教师能力结构模型

如前文所示,复杂动态理论视角下的国际汉语教师能力的讨论,需要首先将国际汉语教师能力看成一个相对稳定的整体,包括了国际汉语教师在汉语教学过程中,对汉语教学基础的掌握能力,对汉语教学方法的应用能力,对教学组织和课堂管理的能力,对中华文化的了解和跨文化交际能力以及教师必备的职业道德和专业发展能力等等帮助教师完成教学任务的能力总和。教师的各项能力之间是相互关联的，因此，对国际汉语教师能力的讨论并不是对他们进行分类，而是从整体的角度讨论各种联系的可能性。每一个国际汉语教师个体都是不同的，他们所具备的能力也都不同，并且处在不断变化的过程中，对于他们的分析应该用动态的眼光。同样，国际汉语教师的能力结构本身由于教师的主观能动性，更具备自适应的特征，这也就强调了在研究过程中，国际汉语教师的能力发展是和周边要素紧密相关相互作用的。从复杂动态视角看国际汉语教师能力发展的最终原因，是要改变原有的对教师能力的静态分类的方法，要从整体入手，分析教师能力的复杂性。

Spencer 和 Spencer（1993）[①]对能力的分类分为五种，包括了技能、知识、自我概念、品质和动机。在冰山模型里（见图 2-5），技能和知识是可见的，而另外三者则是隐藏的，不可见的。这与按知识、技能和性情来分类常用方法不同，对于品质和动机，才是能力的核心，我们如今多数讨论的仍然是能力的浅显层，技能和知识。而对于真正核心的，与教师直接相关的内容却鲜少讨论，在各类教师标准中，也只是作为一小部分。以往的能力分类，往往将教师的能力进行知识、技能和个人性情的区分，在教师能力的评判过程中，也往往首先对教师的知识储备进行探讨，并根据教师的知识基础是否满足要求来作为教师能力的评判标准之一。而实际上，能力的划分是根据个体的显性能力和隐性能力的大分类进行的。性情更象征个人的隐性能力，而教师知识、技能是显性能力的展现，更多产生和表现于教师行为中。但往往在此基础上的教师能力研究都容易对能力进行静态的区分。

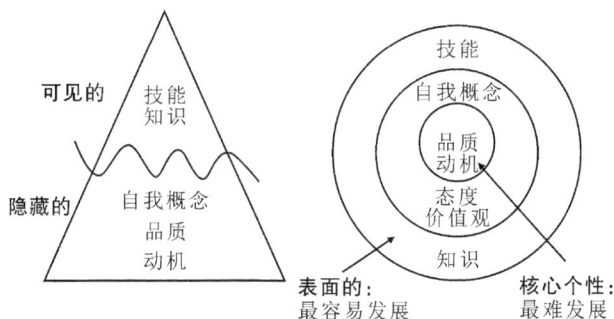

图 2-5　Spencer 和 Spencer（1993）的核心与表面能力图

从冰山模型的角度看国际汉语教师能力的发展，可以发现，如今的研究仍然处在对表面能力发展的探讨，而很少将教师的价值观作为实际核心。教

①　Spencer,L.M. & Spencer, S.M. Competence at work: models for superior performance [M]. Wiley,1993.

师能力的发展，确实应该从教师自身做起，从教师个体信念、动机、认知、想法等方面入手，只有提高教师的主观能动性才能真正谈教师的能力的发展。从 Spencer 们的研究中可使两个概念清晰化，第一，教师真正的核心能力是来自个人特征，从认知的角度影响教师行为，通过能力去完成工作形成结果，而知识和技能是外显的易评价易发展的元素，并不是全部。第二，国际汉语教师能力的分析，不应该简单将技能和知识进行区分，而应该将他们看成一个共同体。

　　每一项具体能力都应该在认知的基础上对教师的知识和技能产生作用，而他们本身也应该被看成一个整体。教师的知识和能力是相互关联相互影响的，知识本身作用于能力，但同时也受到整体能力的影响。知识不仅是教师学习过程中接收到的内容，还应该是通过实践不断产生的内容，因此教师知识也是不断变化的。我们在教师能力的分析过程中，应该将能力中对于知识和认知的了解与其实际的操作和技能进行有效的结合。教师知识的探讨视角重构，从教师需要什么知识基础，教师教育应该提供哪些知识，以及教师所拥有的知识结构是否能在教育中使用 ①。同时，教师个人实践知识具有情境性、个人性、默会性、特定性的特点。在知识的形成过程中，不仅与特定教学情境相连，而且与教师本身息息相关。

　　如图 2-6 所示。各项能力都包括了从外显的技能到内在的自我意识的组合结构。从国际汉语教师的角度来看，能力同样首先从内隐和外显能力两个角度进行。其中，教师自我意识和自我认知都是内隐能力，而教师知识和教师技能则是外显能力。自我意识，也就是发展动力和反省意识，这要求教师对自己的能力有足够的意识，这个意识包括了对能力程度的判断，对能力发展的动力和主动性。教师的能力还包括了自我认知，应该与自我意识区分开来。自我意识更代表了教师对于职业生涯的理解，对于个人发展和进步的判断，以及行为产生的动力，而自我认知则更多体现在适应、学习和反作用于相关环境的内在能力。

---

① 刘学惠. 外语教师教育研究综述 [J]. 外语教学与研究，2005(03):211-217.

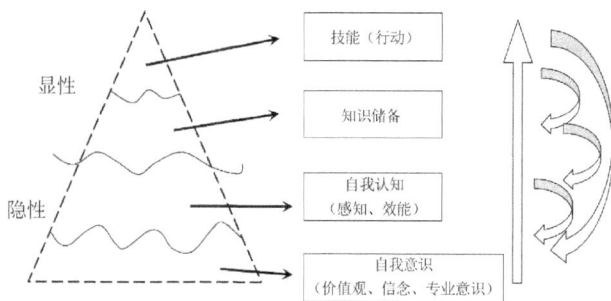

图 2-6　国际汉语教师能力组成结构

例如，教师的跨文化交际能力，从自我意识的角度看，指的是教师对自己是否掌握跨文化交际能力，是否会使用这项能力以及是否愿意使用都有所认识。而自我认知则是在实际使用过程中，通过环境刺激和内在意识促进，形成的使用某种行为表现能力的态度与状态。一些情况下，教师会根据某种情境做出行为判断，这是教师认知作用，但并未从教师意识层面对教师行为进行主导。另外，在知识储备和技能两者的排序上，知识储备是技能能否展现的基础之一。若教师需要使用学习者母语进行教学解释，但并不具备相关语言知识，就没有实施行动的能力。而能力的边框虚线化处理，则是对能力边界的模糊化。正如前文所说，能力的边界模糊，个人能力之间会相互影响。

由此可知，国际汉语教师的实际能力主要是以可视的外显的行为技能与知识积累，以及内在的作用于外显能力的自我认知和自我意识能力的组合而成。能力的内在核心就是由教师的自我意识的推动，自我认知的感受和修正，并通过教师掌握的知识和技能体现出来。例如，对于课前教学的准备，教师首先要从意识上认识到课前准备的重要性，重视课前准备在教学工作中的价值，并且从实际的学习和工作中，了解课前准备的内容，形成相应的知识体系，掌握课前准备包含的步骤、内容、重点、达到的效果，以及在实际操作中进行能力的展示。在这个过程中，教师的实际行为，既有可能成功，也有可能失败，而实际经验总结会对个人自我认知产生影响，修正错误，突出优势。这个时候，教师的经验或者学习别人的做法，会对自己的个人认知产生一定的影响，在修正自我认知过程中，也同样修正了知识储备和实际行动。成功的经验和失败的经验对教师的行为都具有变更作用，教师的意识从深层引导教师在某些行为上的坚持，而行为的正确与否又同样反作用于教师隐性能力。因此，在能力的核心中，无论是外显能力或者内隐能力，都是相互作用相互联系的。每一项具体能力，都是由教师个人的自我意识产生，通过自我认知进行改变,并通过行为进行外显的展示,是能力概念的核心。

对于复杂系统而言,最适宜的条件是有能力去改变,对可替代品保持警惕,能敏感意识到区别,以及对实验和尝试表现出开放态度 [①]。因此,从复杂动态的视角看国际汉语教师,同样也要求教师具备这些能力,能在环境的改变中有能力去适应和改变,能对影响汉语教学的替代资源随时保持警惕,能对语言和文化的多样性保持敏感,也能对于各种发展过程中产生的尝试和变化保持开放的态度。如图 2-7 所示,对国际汉语教师而言,其发展过程中需要培养的能力并非通过单纯的列表表现。其能力系统内部存在着复杂的关系网。而本文试图从复杂性角度去探讨国际汉语教师的能力结构,根据其内隐和外显能力的分布和构成,构造其能力运行的基本结构。教师能力从隐性能力和显性能力两个部分进行区分,通过隐性能力中的教师意识和教师认知,对教师的外显能力,即教师知识和教师技能产生影响。能力的发展,以意识为源头,以认知为中枢,像齿轮运作一样,在一者动的条件下带动了所有条件都形成变化转动。在能力发展过程中,首先需要具备相应的意识,但意识也不是唯一的决定者。教师技能的变化,同样会牵动整个能力结构的变化。

图 2-7　国际汉语教师能力基本结构运行动态图

①　Clarke A, Collins S. Complexity Science and Student Teacher Supervision[J]. Teaching and Teacher Education, 2007, 23(2): 160-172.

第三章　复杂动态理论下国际汉语教师能力互动关系研究

前一章通过对目前《国际汉语教师标准》体现的国际汉语教师能力结构进行了重塑，在强调国际汉语教师的隐性能力在能力关系中地位的前提下，将国际汉语教师的能力结构分成了教师意识、教师认知、教师知识和教师意识四大类，并且强调了四者之间的互动关系。本章将通过实证对其互动关系进行探讨。

第一节　国际汉语教师能力的基本构成

一、国际汉语教师意识

以宁虹[①] 为例，其文章认为教师能力尤其是教师专业能力是需要获得评价的，能力标准的设定，能帮助教师专业发展，在国内外，教师教育、教师专业发展的理论与实践研究中都备受关注。以教师专业意识作为建立能力模型出发点的依据是教师专业能力主要是精神形态的心智能力，并以"教"的理论、"教"的意识、"教"的行为作为教师能力的基本构成，形成了教师能力标准理论模型（见图 3-1）。这个模型的重要意义在于，"教"的行为的形成，包含了多个方面的因素影响，既是"教"的理论的实践，也是"教"的意识的体现，这其中既有意向、信念的影响，也有反思的作用，这一切都反作用于"教"的理论。任何一项内容的改变，都会引起教学效果的不同，所以，教师能力并不是教师所具备的理论、意识或者行为整合出的产物，它不可预测，也可展现不同形态，研究中不可通过直接反推去判断教学要素。其中，教师意识的中心化，使得教师能力在标准建立过程中，既有理论的参照，又能有效反映在教学行为过程中。

---

① 　宁虹. 教师能力标准理论模型 [J]. 教育研究，2010(11):77-82, 94.

"教"的理论 ⟷	"教"的意识			⟷ "教"的行为
自觉 庄严、神圣 超越、普遍 的态度 + 解释—支持 系统 （教育学、 哲学、人文 社会科学、 自然科学、 所授学科 知识体系）	意向（构成性／意识指向／伴随情感） 信念（教育信念／文明信念／自我信念） 理解（知识／情感／价值／生活） 理解的意识状态 （包含所授学科知识） 愿望期待　情感　　　追求　　　灵敏清晰明白的察觉 （教育信念：教育一定是可以达人的：人人可教，事事 可教。文明信念：坚信文明的美好：坚信文明的进步； 坚信人对于文明的向往。自我信念：我的"每时每课" 都是教育—人类文明的实现）		反思 "教" 的 觉察 经验 亲历的 体验	每一个"教" 的行为都要 有意识的形 成；意识形成 需要有可以 接纳它的内 在前提；最根 本、最原初的 意识前提具 有直观、可感 的意识形象； 不同学科的 意识形象体 现各自学科 性质特点；不 同意识发展 阶段意识形 象的体现可 以有不同的 形态.

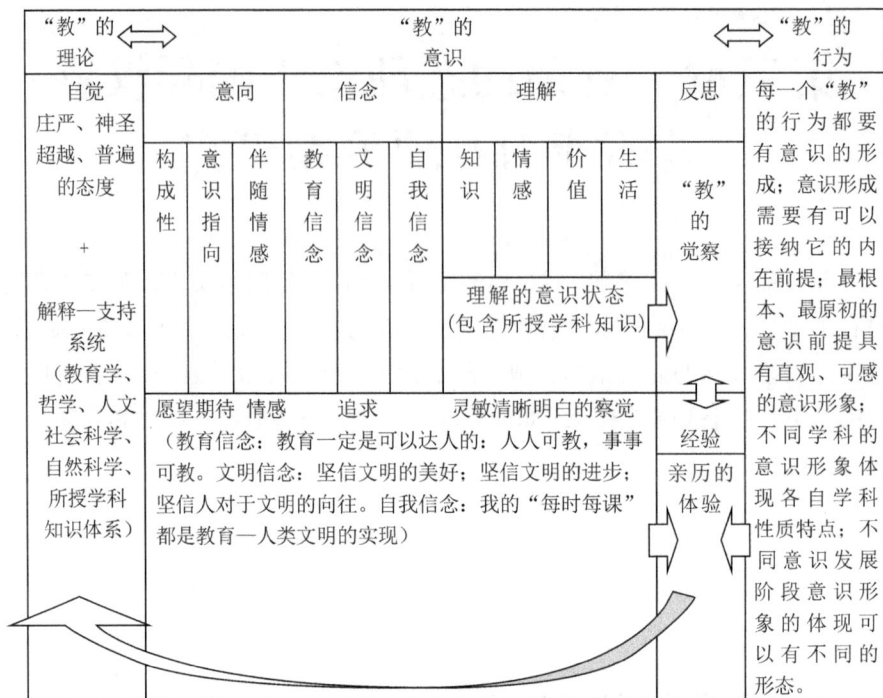

图 3-1　宁虹（2010）的教师能力标准理论模型

"教育在根本上是意识品质的养成"（p.78）。[①] 由于对显性能力的长期关注，对于教师能力发展的讨论往往就关注在教师知识和技能的培训上，而忽略教师隐性能力的发展。教师意识是教师自身价值和行为指向的核心基础，是教师专业发展的本源力量和核心前提，也是决定了教师行为和教师可持续发展的。[②]卢淑芳[③]认为，国际汉语教师所应具备的教师意识包括了专业意识、国际意识、跨文化交际意识、反思意识和终身学习意识。

本文认为，国际汉语教师的教师意识，应该包括例如教师信念、教师角色意识、教师发展意识和教师跨文化意识等内容。

（一）国际汉语教师信念

西方关于教师信念的研究，主要包括特质理论和生态文化主义，一方面

① 宁虹. 教师教育：教师专业意识品质的养成——教师发展学校的理论建设 [J]. 教育研究，2009, 30(07):74-80.
② 江世勇，代礼胜. 从自为到自觉：教师意识的觉醒与教师专业发展的内涵重构 [J]. 教育理论与实践，2012, 32(26):30-33.
③ 卢淑芳. 论国际汉语教师的教师意识 [J]. 语文建设，2014(12):60-61.

将教师信念作为一个稳定的结构，并把信念作为特定时间行为的导体，从而反推教师行为的产生，进行可预测的教师行为和教师信念的关联，另一方面，将教师放置于即时社会环境中，并把信念与行为作为互动关系，在环境和教师实践中双重影响下累积教师信念。[①] 生态文化理论框架下的教师信念，更注重教师信念在最里层的身份认同与教学效能与外在文化环境的互动关系。Lee[②] 同样提到，教师信念是通过教学发生的社会、文化和历史关系调解而成的。首先，教师信念是隐性能力之一，与教师行为之间有互动关系，其次，教师信念要求教师是与生态环境有效结合的。

对于教师信念和知识的概念切分，Hoy[③] 等人认为，二者是相互覆盖的，在学者们的研究中，往往包括了教师的态度、感知、内隐理论、认知、推理等方面的概念。而在借用 Bronfenbrenner 的生态模型的基础上，他们对教师信念做出了三大语境的不同影响关系，如图 3-2 所示。教师信念包括了教师身份认同，教师自我和教师效能感，从即时语境、国家语境和文化规范与价值观三大语境对教师信念进行影响。在教学环境中，师生关系和教学内容对教师产生了即时影响，在国家环境里，颁布的能力标准、教育改革和绩效考核政策对教师产生影响，而广义上的教育意义也同样对教师产生影响。教师信念的组成和变化是存在于生态环境各个结构变化对其产生的不同影响上的。

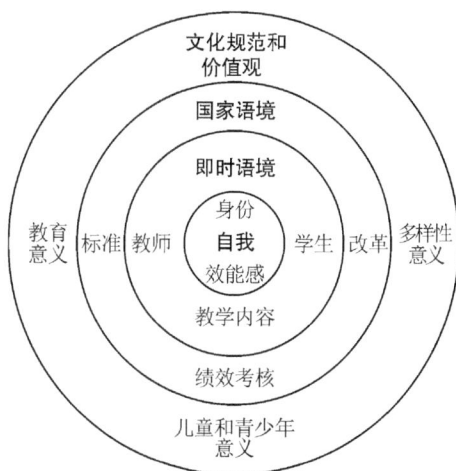

图 3-2　Hoy 等（2006）教师知识和信念的生态模型

---

① 朱旭东.教师专业发展理论研究 [M]. 北京：北京师范大学出版社，2011.

② Lee, I. Becoming a writing teacher: Using 'Identity' as an analytic lens to understand EFL writing teachers' development [J]. Journal of Second Language Writing, 2013, 22 (3): 330-345.

③ Hoy, A. & Davis, H. & Pape, S. Teacher knowledge and beliefs [A]//In Alexander, P. & Winnie, P.H. (eds.). Handbook of Educational Psychology. 2nd ed. 2006: 715-738.

Williams 和 Burden① 认为,教师信念包含了三个部分,与学生相关,与教学相关,与教师相关。也正如 Gregoire② 提到,了解教师信念和他们实践以及学生成果之间的联系,将是弥补学校改革和教师实行改革之间缺失的一环。在实际教学过程中可能遇到的关于智力的、社会的和情感的不同,都需要教师清楚了解信念的改变以及信念对于改革实行的实际影响。

教师信念则对教师自我效能的动机、情感和行动进行了联系。个人效能信念在职业发展和追求上具有关键作用,教师效能信念对教师的职业能力发展同样重要。当实际能力、先前的学业成就水平和职业兴趣被控制起来时,效能信念能预测人们认为自己能胜任的职业选择的范围。在决定职业时,效能知觉不仅仅是真实能力的反映,从社会学习理论来解释,既可能是个人的控制能力,也可能是外部环境的影响。

（二）国际汉语教师角色意识

张和生③ 在提到对外汉语教师素质相关问题时说过,对外汉语教师首先应该具备职业意识,其中最高标准是对教师主观能动性的要求,要有正确意识才能提高自我职业素养。教师角色意识是教师对自身在工作岗位所扮演的角色的认知、理解和经验做综合总结后产生的结果,是教师对自身工作能力的理解以及行为使用的选择。而教师角色意识具备的重要价值包括了对教师课程观、学习观的认识,影响着教师的心理感受与体验,并且直接对教师行为有影响,同时影响教师角色的成熟发展过程。④

在教育学领域内,对教师角色的转变研究正是对教师职业能力向专业能力转变的表现。原有的教师研究对于教师"知识传输者"的角色讨论开始逐渐转向教师个体角色的多元化发展,正如 Kumaravadivelu（见表 3-1）对如今语言教师角色的概述,对于教师职能的探讨逐渐推动了教师的专业发展和教师专业化研究。最初,语言教师与其他教师都被认为是被动型技术工,也就是将知识进行转移的中介者,不仅知识来源倾向于客观和二手知识,教学导向更为离散。在这个基础上,教师的能力体现,主要是作为传输者对知识进行搬运,并没有加入自身的理解,也就是隐藏主观隐性能力的研究过程。如

---

① Williams, M. & Burden, R.L. Psychology for Language Teachers [M]. 北京：外语教学与研究出版社, 2000.

② Gregoire, M. Is it a challenge or a threat? A dual-process model of teachers' cognition and appraisal processes during conceptual change [J]. Educational Psychology Review, 2003,15(2)：147-179.

③ 张和生. 对外汉语教师素质与培训研究的回顾与展望 [J]. 北京师范大学学报（社会科学版）, 2006(03):108-113.

④ 梁玉华, 庞丽娟. 论教师角色意识：内涵、结构与价值的思考 [J]. 教育科学, 2005(04):39-42.

今，逐渐提倡对语言教师反思型实践者身份的定位，从角色定位上看，是学习的促进者，知识来源也包括了客观知识和主观知识的集合。在实际语言教学中也强调了反思能力在这类型角色中的重要性。此时的教师隐性能力和显性能力形成互相搭配作用。作为转换型知识分子，教师更注重自我探索，对身份与能力的要求更为多样化，在形式上，更追求教师主观能动性对于教学的作用，对于教师综合能力要求更高，更适应教师拥有自主能力的专业发展。对于国际汉语教师而言，扮演何种角色是通过教师意识形成的，这种意识的主导性要求对教师有不同能力的要求，意识的不同引导教师通过不同的教师行为，形成不同的发展轨迹。江世勇[①]也同样认为，外语教师是在动态的外语教学生态发展中形成的。教师生态意识的形成是基于教学生态的变化发展，随之产生变化的。

表 3-1　Kumaravadivelu 的语言教师角色概述表 *

	作为被动型技术工的教师	作为反思型实践者的教师	作为转换型知识分子的教师
教师的主要角色	管道型中介	学习的促进者	变革的推动者
知识的主要来源	专业知识 + 教学专家的经验性研究	专业知识 + 教师个人的知识 + 教师主导的行动研究	专业知识 + 教师个人知识 + 教师主导的自我探索性研究
教学的主要目标	通过规定性活动实现学科内容知识最大化	所有前述内容 + 通过问题解决型活动使学习潜力最大化	所有前述内容 + 通过问题提出型活动使社会政治意识最大化
教学主要导向	离散型模式依托学科研究	整合型模式依托课堂教学	整体型模式依托社会
教学过程中的主要成员（按序）	教学专家 + 教师	教师 + 教学专家 + 学习者	教师 + 学习者 + 教学专家 + 教学团队活跃分子

　　*　Kumaravadivelu B. Beyond Methods: Macrostrategies for Language Teaching[M]. 陶健敏，译. 北京：北京大学出版社，2013:10.

（三）国际汉语教师发展意识

　　教师发展意识实质上也包括了教师学习意识和研究意识。从教师专业发展的角度看，教师的专业发展更依靠教师自主性和能动性发挥作用。在专业发展的过程中，为教师提供资源和机会是机构和学校所能创造的条件，但教师本身具备发展的意识才是教师个体专业发展的实质。教师的发展意识包括了学习和研究相关的意识，在教师生涯中，并非只有职前教育和实习期需要

---

　　①　江世勇 .“自我”与“他者”的博弈：以意识发展为导向的外语教师专业发展探析 [J]. 教育理论与实践，2015, 35(23):37-39.

教师有不断学习的意识，学习的意识是包含在整个教学生涯中的。在新《国际汉语教师标准》中，对专业发展意识的要求指要求教师"了解相关学术动态与研究成果，参与学术交流与专业培训，寻求专业发展机会"。而教师的专业发展并不仅限于此。

（四）国际汉语教师跨文化意识

跨文化能力是国际汉语教师能力研究中颇受关注的一个环节，在这个师资队伍中，跨文化能力是教师在汉语教学中能与其他国家和文化的学习者、教师进行有效互动的保证。在《国际汉语教师标准》中，认为了解世界主要文化特点、尊重不同文化并且自觉比较中外文化的主要异同是跨文化意识的具体特性。而实质上，跨文化意识影响的是跨文化认知、跨文化知识和跨文化技能的共同作用。例如，跨文化意识要求国际汉语教师要具备相应的视野，要具备一定的跨文化知识，这不仅包括中国文化知识，也包括了授课国的文化知识与中国文化的对比。在此基础上，才能有效地发挥跨文化适应能力、跨文化交际能力、跨文化教学能力、跨文化传播能力。在具体跨文化技能的实际应用时，跨文化意识是必备前提。

（五）国际汉语教师职业道德标准

教师注重对教师职业道德的要求，是教师专业精神的一种体现。品德被认为是一个动态开放性系统，具有多侧面、多水平、多序列等特点。[1] 教师的职业道德规范，是教师对于职业和专业的尊重的开端。对教师职业道德规范的要求中，爱国守法、敬业爱生、教书育人、严谨治学、服务社会、为人师表[2]，都是最主要的教师职业道德要求，在教师中具有普适性。因此，国际汉语教师对教师职业道德标准和要求同样应该包含在对其教师行为产生影响的教师意识中。

二、国际汉语教师认知

语言教师的认知能力研究，是对语言教师研究的一大重点。为了形成统一的语言教师认知研究框架，Borg[3]将语言教师原有的学习经验、接受的专业

---

① 陈文心，彭征文. 教师专业发展（教师教育规划教材）[M]. 北京：北京师范大学出版社，2016.

② 中华人民共和国教育部，中国教科文卫体工会全国委员会. 关于印发《高等学校教师职业道德规范》[EB/OL]. [2018-03-10]. http://www.moe.gov.cn/srcsite/A04/s7051/201112/t20111223_180798.html.

③ Borg, S. Teacher cognition in language teaching: A review of research on what language teachers think, know, believe, and do [J]. Language Teaching, 2003, 36(2): 81-109.

教育和所处的语境,都作为影响教师认知的因素。目前对语言教师的认知能力研究往往包括了对语境的重视,对教师实践和认知联系的重视,以及对语言教师专业准备和继续发展的重视。为了区分与普通教师认知能力的不同,语言教师认知能力更局限于语法教学和识字教学以及教师技术应用等方面,但实质上针对语言"听""说"的研究少。与母语教师认知研究相比,目标语为外语的教师更看重语用学知识,强调通过语法教学让学习者学会目标语的正确使用,母语教师则受二语习得理论影响,关注明确的、以形式为中心的外语教学方式在语言教学中的作用。

　　徐虹[①]认为,学习者的认知系统是一个开放的、动态的自组织系统,环境对学习者的认知具有高度的建构性,是在互动中融为一体的。而认知所具有的分布性、体验性、情境性和社会性都影响着学习者在二语学习过程中产生学习作用。相对的,教师的认知能力同样是教师能力系统自组织性的中枢力量。教师在感知、学习的过程中产生教学行为,发挥能力作用,并不断修正。对教师而言,认知能力发挥作用,更类似于教师积累经验与现有感知的相互碰撞,在教师的适应和判断能力影响下,对教学行为的实施进行选择。对环境的感知能力、对经验的总结能力和记忆能力、对语境的判断能力和行为的选择能力,则围绕着教师认知培养与发展。也正如魏智慧[②]所言,从认知能力和社会互动能力两个方面看,认知能力包括注意力、记忆能力和思维能力,而社会互动能力则是构建开放自由且创新的学习环境,并使学生积极参与其中。因此,认知能力是教师的隐性能力,作为内在能力对教师行为进行调动。

　　对语言教师认知研究,要更加强调环境因素影响,从更为整体动态的角度去考察语言教师的认知发展。[③]在复杂科学视野下,教师、教学和学习者,全都归为学习系统的一部分。[④]课堂集体本身,不断进化发展也不断自我促进,教师和整个系统是相互影响的。教学是具有可能性和多样性的。复杂系统内参与者的相互交流十分重要,教师的"去中心化"为课堂中心不断涌现出可能性。[⑤]复杂科学促使教师提出的学习任务,既有一定的规则约束,又具有弹性和灵活性。教师的教学既有边界要求,又允许选择。有效的教学,首

---

① 徐虹,郑通涛.课外语言学习动态模式研究[M].广州:世界图书出版广东有限公司,2016.

② 魏智慧.环境可供性理论视角下的课堂教学探讨[J].教学与管理,2014(36):102-104.

③ 李茹.国外语言教师认知研究演进、转向及启示[J].外语界,2016(06):23-30.

④ Davis, B. & Sumara, D. Complexity science and education: reconceptualizing the teacher's role in learning [J]. Interchange. 2007, 38(1): 53-67.

⑤ Davis, B. & Sumara, D.& Luce-Kapler, R. Engaging Minds [M]. 2nd ed. New York: Routledge, 2008.

先是教师清楚影响学习者的重要因素，并具备将学习者注意力转向重要事件的能力。教师的职责主要是为学生提供兴趣，唤起学生的主动探索、互动能力，而不是传统意义上对知识传授或技能培养。[①] 语言教师身份认同是动态的、多面的、协商的、共同建构的身份协商过程，是高度个性化的，也是由教师社会专业制度环境所决定的[②]。从生态学角度看，也是自我在所处环境里对自己身份感的协商，语言教师在环境所提供的机会中，要选择使用还是不使用，是通过活动引导来进行感知的。而这一切都取决于语言教师本身的认知能力。

从认知建构主义的角度，教育对所有学习者一视同仁，他们都需要被提供大量的经验从而对所处环境有足够、充分的理解。教师认知的培养，就需要建立在不断的学习和教学经验中。身处不同环境的不同教师对环境的理解和应用方式都是不同的，且不断变化的。社会建构主义角度认为，学习更是"保持自身感知和记忆与其所处社会和文化背景的'一致性'"（p. 170）[③]。学习作为一个不断变化的动态过程，学习者的理解也在持续不断发生改变。学习本身，是个体对环境的共同适应，取决于学习者个人，与历史、情境和社会因素。教师和学生，在同一学习环境里，都是"环境学习者"。学习系统在不同情况下做出的特定反应同样会让学习者在新环境中有基础地进行创新。学习者并不是个体的结合，同样具有保存集体记忆的集体特征，集体的创造力和智慧也增加了学习的可能性。Barnes 和 Lock[④] 通过对学生的认知调查，发现他们评判教师的教学有效性的最大根据，仍然与教师的理解能力有关。无论是对学生的需求的理解，或者对专业知识的掌握，又或是教学过程中的精心准备，都表现出理解能力的重要性。而这都归于教师的认知。

这也是从教师意识与教师认知相结合的角度探讨了教师职能转变下教师能力转变的缘由。国际汉语教师的认知能力是能力系统中的基础，对于教师而言，他们的行为只有通过认知的理解和转化才能正确形成可以解释的行为和动作，而他们的学习也只有通过认知转化才能形成有效的知识。在环境与个体的互动关系里，认知能力更是发挥重要作用的环节，是国际汉语教师隐

---

① 郑通涛. 复杂动态系统与对外汉语教学 [J]. 国际汉语学报，2014(02):1-16.

② Edwards, E. & Burns, A. Language teacher-researcher identity negotiation: An ecological perspective [J]. TESOL Quarterly, 2016, 50(3), 735-745.

③ 伍新春，吴思为，康长运. 学习理论的第三思潮：复杂科学视野下的学习与教学观 [J]. 华中师范大学学报（人文社会科学版），2013, 52(03):169-176.

④ Barnes, B.D. & Lock, G. Student perceptions of effective foreign language teachers: A quantitative investigation from a Korean University [J]. Australian Journal of Teacher Education, 2013 (2): 19-36.

性能力中的基座力量。

（一）国际汉语教师感知能力

陈婷婷[①]认为，感知能力是影响交际的产生，交际产生频率，以及交际过程的感觉。因此，感知能力也是影响交际能力的因素之一。Ton de Jong 和 Pieters[②]认为，强大的学习环境，是指对个人知识的价值能体现其应用价值的，也就是能体现知识很强的社会特征的真实环境，将个人与外界进行连接，并且促进有构建性的学习活动。环境本身像认知工具，是支持和扩展个人认知能力的，从前文所知，环境的作用力和个人的感知是相互作用的，个人行为也能改变环境作用。教师认知能力受语境和环境的影响，在可供性影响下，尤其要求教师具备对环境的感知能力。个体和环境的互动关系是基于个体对环境有正确的感知，在复杂动态环境中，个体尤其要求通过不同感官对环境进行感知。在国际汉语教师的能力结构中，所接触的环境多元化要求教师的认知能力有高敏感性，而感知能力是与环境接触中最为直接的能力。

（二）国际汉语教师效能感

从社会认知角度，Bandura[③]根据行为改变，对个人效能进行了系统的解释，强调了个体在对活动执行过程中行为能力的信念。通过个人认知自我调节，对行为进行学习、使用和优化。几十年的相关研究也表明，自我效能感影响的是人的思维模式和情绪，影响努力和坚持程度，从而影响个体对事件的控制[④]。行为的构建，不仅仅是他人例子的模仿，而且是个体通过观察行动所产生的影响后产生的，行为是否可行和加强的判断都基于个人对此行为可能产生效果的信任程度。也正是从个人认知与人类行为的角度出发，Bandura 强调了个人认知在个人效能中的作用，并且提出，个人的效能期望，在预测行为产生和结果的可能性之后，对行为产生抑制或者鼓励的不同态度。个人的效能期望，是可以从量级、通用性和强度三个方面改变的。任务的难度、经验的使用以及期待值的高低，都会影响行为的使用。在实际应用中，个人效能感，是对能力转化为行为的认知控制，是个人对能力在任务实践过程中成功与否的综合判断，既强调了个人能力，也强调了个人对能力胜任的评估，是对实施行为和预期效果的判断。因此，个人能力是行为是否胜任的基本前提，

① 陈婷婷.复杂动态理论下的汉语作为第二语言交际能力研究[D].厦门大学,2017.

② Ton de Jong. The design of powerful learning environments [A]//In Alexander, P. & Winnie, P.H. (eds.). Handbook of Educational Psychology [C]. 2nd ed. 2006.

③ Bandura, A. Self-efficacy: Toward a unifying theory of behavioral, change [J]. Psychological Review, 1977, 84(2): 191-215.

④ 龙君伟.国外教师效能感研究30年:回顾和展望[J].比较教育研究,2004(10): 6-10.

也是效能程度最大化的基础。

教师效能则是建立在自我效能的基础上，应用到教学环境中的，专注教师职业性自我效能的概念。Rotter[①]的社会学习理论，最早提出教师效能感，指教师对自己能力的信任程度，具体在对行为强化的控制方面。而早期的教师效能，更多的将教师所能控制的内部影响和环境造成的外部影响相互区分，并以影响的强度作为区分的重心。换言之，因为学生动机和学生表现是教师行为强化的重要因素，因此教师高效能就是单指教师相信自己有足够能力可以控制或有力影响学生的动机和成就。Tschannen-Moran[②]则将这个概念进一步应用，把教师效能具体定义为教师在教学任务的完成过程中，根据教学能力对其执行程度的判断。这个判断的缘由，涉及了所实施的教学环境和对象，以及所需的教学能力和行为，在多个方面都有进一步的限定，对教师效能的理解，更注重教师对于自己能力在教学环境中面对不同学习者的使用信念对其实际教学行为的影响。洪秀敏、庞丽娟[③]则进行了四个方面区分，认为教师效能既具备了认知成分和情感成分的多层面整体性概念，也是教师对自己教育能力的信念，不仅反映了教师在教育活动中的主体性、积极性和创造性，而且反映了教育多方面的自我效能感，突出教师多方面能力。因此，教师效能概念的发展，强调了教师对能力施展的信心，对学生的影响，并逐渐转向对实际教学环境中多元能力发展和应用的可能性。

以 Stronge 等人[④]的研究为例，在通过检测教师的效能试验中，从教学方法、学生评估、学习环境和个人素质四个分类入手，并得出结论，学习环境即课堂管理和教师个人素质，是影响因素差异性最大的两个部分，既强调了教师创造积极学习环境能力的重要性，也提到教师要具备有效的情感技能。龙君伟[⑤]就认为，教师效能感，应该是"环境—主体—行为"之间的相互作用的认知结果，是具体到教学任务、教学情境和教学能力的认知产物，同样，是会随着环境和任务的变化而变化的。

教师自我效能感，是教师增强专业承诺的重要内驱力，是教师产生自主

---

① Rotter, J. B. Generalized expectancies for internal versus external control of reinforcement [J]. Psychological Monographs, 1966 (80): 1-28.

② Tschannen-Moran, M. & Hoy, W. A. & Hoy, W. K. Teacher efficacy: Its meaning and measure [J]. Review of Educational Research, 1998 (68): 202-248.

③ 洪秀敏，庞丽娟. 论教师自我效能感的本质、结构与特征 [J]. 教育科学，2006(04):44-46.

④ Stronge, J. H. & Ward, T. J. & Grant, L. W. What makes good teachers good? A cross-case analysis of the connection between teacher effectiveness and student achievement [J]. Journal of Teacher Education, 2011, 62(4): 339-355.

⑤ 龙君伟. 国外教师效能感研究 30 年：回顾和展望 [J]. 比较教育研究，2004(10):6-10.

工作动机的内在原动力,是教师教育行为和教育有效性的重要中介,也是教师身心健康、个人幸福的重要影响源[①]。判断自己在处理环境要求时无效能的人倾向于变得较为自我定向而不是任务定向。更多关注个人的缺陷和消极后果容易产生应激并破坏能力的有效运用,相反,非常相信自己的问题解决能力的人在复杂的决策情境中运用分析性思维时仍然能保持高效率[②]。

但个人效能感并不是唯一对行为起决定作用的因素,能力本身的缺失同样会影响执行。正如 Bandura 所说,即使自我效能和行为总在普遍且持续变化,最佳成就的方法依然包括三个步骤,首先是使用强大的感应程序发展能力,其次是通过实践来验证个人能力,最后是利用自主掌握去加强和概括个人效能的期待值。因此,在个人效能和行为的关系里,始终需要培养足够的能力。教师效能感更类似于在教师隐性能力和显性能力之间进行沟通和相互联系的条件,更要求教师在教学过程中判断自己的能力在教学环境中是否能完成教学目的。而教师能力,既是前提,也是不断发展的必备因素,是随着教师发展不断提高和改善的。教师效能的高低,不仅在于教师应对教学问题的实际能力,更取决于教师对于自己能力应对的判断力。对教师而言,能力是多元且相互影响的。在复杂能力的发展过程中,榜样包括知识和技能的习得,而不仅仅是行为的模仿。而技能必须随时改变以适应变化的环境。

(三)国际汉语教师反思能力

教师的专业发展,要求教师具有自我意识[③]。在 2007 版《国际汉语教师标准》中,以"教师综合素质"作为标准,要求"教师应具备对自己教学进行反思的意识,具备基本的课堂研究能力,能主动分析、反思自己的教学实践和教学效果并据此改进教学",但 2012 版《国际汉语教师标准》只在教师专业发展意识中提到了教师的"教学反思能力",实际上,教师的反思是教学过程中非常重要的环节。刘元满[④]提到,课堂管理组织能力、课堂控制行为能力、对突发事件应变能力、引导学生积极的课堂行为能力已经成为教师培训和教师发展的重要目标。而这些能力是无法单纯依靠理论学习获得的。Petty[⑤]提到,单纯的积累经验并不能帮助教师提高教学,教师需要进行反思,而反思成

① 庞丽娟,洪秀敏.教师自我效能感:教师自主发展的重要内在动力机制 [J]. 教师教育研究,2005(04):43-46.

② A·班杜拉.自我效能:控制的实施 [M]. 上海:华东师范大学出版社,2003.

③ 杨桐桐,张蓓蓓,姚仙竹.论生态学视角下教师专业发展 [J]. 中国成人教育,2017(17):147-149.

④ 刘元满.汉语国际传播与国际汉语教学研究——第九届国际汉语教学学术研讨会论文集:下册 [C]. 北京:中央民族大学出版社,2011.

⑤ Petty, G. A Practical Guide: Teaching Today[M]. London: Nelson Thornes Ltd, 2009.

功的关键在于，反思者需要正视自己的所有表现，甚至是失败的表现，并提出诚实中肯的评价。姬建国[①]提出，国际汉语教师的基本专业素质包括了基本专业知识结构和基本施教能力结构，其中，基本施教能力结构又包括了对课堂教学互动过程的支配能力和跨文化环境中教授汉语的能力，是直接从施教行为中反映出来的。因此，教学实践过后对教学行为的反思，是教师自我能力判断的重要方式之一。连榕[②]提到，教学反思，是促进华文教师成长的重要方式之一。课后的自我总结正是在教师自我反思的基础上进行的自我评估。王添淼[③]也认为，作为一名合格的对外汉语教师，不仅要掌握本体性知识和条件性知识，同时要掌握实践性知识，而这种实践性知识，是产生于教学实践过程中的，情景化且个体化的知识。王添淼和林楠[④]也提出，反思这一行为是主动的，教师的反思是寻找并解决教学过程问题的过程，是能动性和主动性体现的过程。裴淼[⑤]认为，教师的学习是一种经验反思型的学习过程，描述过程形成图式，研究学习探究教学原理，并且认为，在反思的基础上，才能逐步从实践中构建理论，并且更好地应用于复杂的教学过程。

教师的反思能力，是教师能动性的核心特征，是教师专业发展中发挥能动性的重要组成。其中，教师的自身省察，以及教师集体反思，都要求教师在教育困境中能做出解答，对困难环境进行重构，并采取多种尝试，通过检验对解决方法进行评价[⑥⑦]。

三、国际汉语教师知识

Shulman[⑧]将教师知识分为七种类型，包括学科内容知识、一般教学法知识、课程知识、学科教学法知识、关于学生及其特性的知识、教育情境知识和关于教育目标、教育计划、教育价值以及教育哲学和历史基础的知识。每一项具体能力都应该在认知的基础上对教师的知识和技能产生作用，而他们本

① 姬建国. 跨文化教学意识与国际汉语师资培训 [M]. 北京：北京师范大学出版社, 2011.

② 连榕, 等. 华文教育心理学 [M]. 北京：教育科学出版社, 2010.

③ 王添淼. 成为反思性实践者——由《国际汉语教师标准》引发的思考 [J]. 语言教学与研究, 2010(02):25-30.

④ 王添淼, 林楠. 关于建立国际汉语教师档案袋评价体系的思考——基于美国的经验 [J]. 东北师大学报 (哲学社会科学版), 2016(01):124-129.

⑤ 裴淼, 朱旭东, 陈林, 区颖欣, 高晓玲. 构建校本教师学习复杂系统模型——为教师成长提供良好适宜环境 [J]. 教育学报, 2016, 12(01):83-92.

⑥ 张娜, 申继亮. 教师专业发展：能动性的视角 [J]. 教育理论与实践, 2012, 32(19):35-38.

⑦ 辛涛. 教师反思研究述评 [J]. 清华大学教育研究, 1998(03):103-106.

⑧ Shulman, L.S. Knowledge and teaching: foundations of the new reform[J]. Harvard Educational Review, 1987, 57(1): 1-22.

身也应该被看成一个整体。教师的知识和能力是相互关联相互影响的，知识本身作用于能力，但同时也是受到整体能力的影响的。知识不仅是教师学习过程中接收到的内容，更应该是通过实践不断产生的内容，因此教师知识也是不断变化的。我们在教师能力的分析过程中，应该将能力中对于知识和认知的了解与其实际的操作和技能进行有效的结合。从教师知识的探讨视角重构，教师需要什么知识基础，教师教育应该提供哪些知识，以及教师所拥有的知识结构是否能在教育中使用①。同时，教师个人实践知识具有情境性、个人性、默会性、特定性的特点。在知识的形成过程中，不仅与特定教学情境相连，而且与教师本身息息相关。

教师知识在复杂理论视角中，对教师学习系统产生多方面影响，同时反作用于系统中。②教师的学习和知识的累积，是在复杂系统中产生并作用的，而这些知识和技能同样会改变教师的学习和教学行为的进一步实施，对系统同样产生了影响。教师专业知识结构，其实是以学科专业知识、教学性知识、师生知识、背景知识和实践性知识组成。

对教师个人实践性知识的讨论，是在教师专业发展研究过程中，对教师个体由外在行为考察逐渐转向内在思考探究的转化过程中逐渐获得重视的一个概念。陈向明③将教师知识分为了理论性知识和实践性知识，并强调了实践性知识更注重教师理论性知识在实际教学中的运用和处理。之后，他从教师知识的掌握和运用对教师专业发展程度的决定性作用出发，探讨了实践性知识包含的教师的教育信念、自我知识、人际知识、情境知识、策略知识、批判反思知识等内容④。张立忠和熊梅⑤对教师实践性知识从广义和狭义两个概念界定，在基于教师个人实践的前提下，狭义概念更注重教师在教学情境中通过行为解决问题所运用的工作知识。陈静静⑥提到，教师的实践性知识是需要生活的积累和反思，在工作中的实际应用，要与情境相符，也要动态发展的知识体系。刘旭东则认为，教师实践性知识，是以个人经验为起始研究，并通过关注实践智慧和自我反思，从而探讨教师的成长、发展的生命建构过程。所有的实践性知识都体现了几个特点，包括了教师个人的经验的价值、真实

①　刘学惠. 外语教师教育研究综述 [J]. 外语教学与研究, 2005(03):211-217.
②　裴淼, 朱旭东, 陈林, 区颖欣, 高晓玲. 构建校本教师学习复杂系统模型——为教师成长提供良好适宜环境 [J]. 教育学报, 2016, 12(01):83-92.
③　陈向明. 实践性知识: 教师专业发展的知识基础 [J]. 北京大学教育评论, 2003(01):104-112.
④　陈向明. 对教师实践性知识构成要素的探讨 [J]. 教育研究, 2009, 30(10):66-73.
⑤　张立忠, 熊梅. 论教师实践性知识的内涵与结构 [J]. 课程·教材·教法, 2010, 30(04):89-95.
⑥　陈静静. 教师实践性知识及其生成机制研究 [D]. 华东师范大学, 2009.

情境的应用、教学实践的作用，总结而言，是要求教师在课堂上，具备应对问题的知识能力，这些内容都是基于教师原有的学习、经验累积和临场应变组合而成。

在国际汉语教师的专业发展过程中，我们同样应该重视教师的实践性知识。正如孙德坤①所说，在教师专业发展中，教师的主观能动性和教师的主体性应该获得更多的重视。国际汉语教师关注实践性知识，既鼓励教师更多的反思教学理念，也从研究层面促进教师专业发展。实践性知识的探讨和研究，一方面是正视教师在发展过程中的主体作用，以往的国际汉语教师研究更注重如何提高这一作用，却较少挖掘教师个体发展的过程中的因果关系。在影响教师的讨论中，时常提到教师学生时代的经验会影响到实际教学，国际汉语教师培养研究中，却很少将这部分内容进行研究探讨，但正是专业培养过程中导师和授课教师的行为，会塑造和影响国际汉语教师在之后的教学工作中的教学状态甚至工作态度。国际汉语教师是一个群体，但不是一种类型，其中同样包括了各式各样的个体。尤其是包含了本土教师的这个群体，更是多元化、跨文化、多样化的集合。用同样的标准和能力去要求所有教师发展是并不合适的。另一方面，实践性知识是显性和隐形能力的结合，不仅要求国际汉语教师有相应的知识储备，还要有相应的教学反应行为。对实践性知识的研究，既是探讨教师内在发展的相关因素，也是研究教师外在行为和技能实施的实际关联。

四、国际汉语教师技能

对于国际汉语教师的技能研究，往往与能力研究相混合。在术语应用上，对技能的研究更偏向于教师行为方面，主要体现了教师在教学过程中的行为所体现的能力特征。在技能方面，对教师的技能要求，主要包括了语言技能、教学技能、交际技能、评估技能等。这也是在概念中最不好区分的部分。所有标准都毫无意外地要求教师具备教学技能，评估技能则占第二位。教师技能是包含在教师能力中的，是教师的意识、认知和教师知识共同起作用从而引发的实际行动所体现的能力状态。它既是教师所有能力的最终结合表现，每一项技能也都体现了教师的隐性能力。

五、国际汉语教师能力结构的互动关系

图3-3体现了国际汉语教师能力结构的互动关系。首先，教师意识和教

---

① 孙德坤. 国际汉语教师个人实践性知识个案研究 [J]. 世界汉语教学, 2014, 28(01):128-141.

师认知作为教师隐性能力，处于内核中，二者之间是相互包容的，且边界并非完全明显，二者都对教师显性能力产生影响。其次，显性能力中对具体知识和技能的内容根据教师特定情况而定。其中，知识和技能之间也是相互的，在技能实施的过程中，需要有相应的操作知识作为行为支持，而知识的展示也是通过技能实施体现的。再次，显性能力对隐性能力同样具有反作用力。通过认知对教师的隐性能力产生影响和改变，并且对教师整体能力结构都产生影响。最后，所有内容都没有直接的边界界定，正如一项技能会对另一项技能产生影响一样，并非完全将各种能力区分开来。

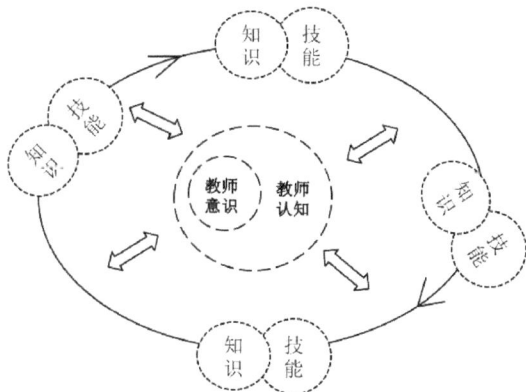

图 3-3　国际汉语教师能力互动关系图

第二节　国际汉语教师能力互动关系实证分析

针对国际汉语教师能力互动关系，本节将通过国际汉语教师自建动态数据库中的材料进行实证分析。数据主要来源两个部分，第一，挑选了专业课程的学生作业进行文本分析，第二，根据对特定环境的教师进行的动态观察进行话语分析。为了避免数据来源过于复杂，对研究对象的背景进行了筛选，所有研究对象均是同一高校 X 的同一专业不同年级的在校生或毕业生。X 高校是中国南方的一所由国家"211 工程"和"985 工程"重点建设的具有影响力的综合性大学。专业所在学院有超过 60 年的办学历史，以对外汉语教学和海外华文教育为学科建设重点，在汉语国际教育专业的发展过程中起到了重要的作用。以此为前提，所有研究对象基本有一段时间相似的学习背景，并且具备一定的个人能力。

一、专业课程学生教师能力互动关系分析

（一）"课堂观察与实践"专业课程学生作业分析

本文由数据库中挑选了 2015 学年上半学期"课堂观察与实践"课程的学生作业作为分析文本。这门课共分四个部分，教师授课、学生观察、学生试讲、交流反馈。课程开始时，首先由授课教师对课程总体安排进行介绍，简单解释观察量表的制作和要求，并对学生进行分组。接着学生们根据小组商议，制作观察量表，选择五位资深汉语教师中的四位，进行课堂观察并完成观察量表，选择其中三次量表做总结报告并上交。另外，每个小组上交小组报告，并在课上展示。观察课完成后，授课教师为不同小组安排试讲任务，每个学生都需要准备 15 分钟的讲义和教学计划，并在课堂上进行试讲。试讲中，其余学生扮演不同国家的汉语学习者，配合课堂进行。试讲过后，授课教师、小组成员和其他学生共同进行点评。学期末，学生还要上交一份书面总结报告，包括学习体会和感想。

在此课程基础上，每个学生共有 3 份观察量表、一份教学讲义和一份总结报告。每个小组也有 3 份总结报告。为了保证个人作业的完整性，探究学生个体的学习变化过程，上交作业次数和内容有错漏的全部剔除，最后共使用 29 名学生，6 个小组的文本作业进行分析。

研究对象的选择理由主要分为三个部分：

1."课堂观察与实践"是汉语国际教育硕士培养方案中的训练课程之一，也是具有针对性的实践课程之一，在研究中既能考察学生的理论知识，也能观察学生的实践能力。是理论与实践紧密结合的课程。Day[1]认为职前语言教师，也就是语言实习教师的教学观察能帮助他们对教学过程、对有效教学都有更清晰的理解和意识，能更好地区分课堂实践是否有效，也能更好地辨别能使用在教学中的技术和活动。Wragg[2]在介绍课堂观察时提到，有技巧性的课堂观察，对观察者和被观察者都是有益的，这可以提高他们双方的专业技能。因此，课堂观察课程的学习，可以直观地感受职前教师从专业意识到专业技能的表现。

2. 在本课程中，学生上交的作业有阶段性，不仅有个人作业，也有小组作

---

[1] Day, R.R. Teacher observation in second language teacher education [A]//In Richards, J.C. & Nunan, D. (eds.) Second Language Teacher Education. Cambridge University Press, 2000.

[2] Wragg, E.C. An Introduction to Classroom Observation[M]. London: Routledge,1999.

业,不仅有作为观察者的报告,也有作为实践者的反思,反映了作业类型的多样化和一整个学期的作业变化。作业内容的多样化能更为全面的展现学生能力的互动过程,能从更具动态性视角进行分析。

3. 由于课程设置中学生所扮演的角色多样,不仅是观察者,也是实践者,不仅是个人展示,也有团队合作,因此,对学生的能力要求更为综合,不仅仅局限在观察能力或教学能力方面,在这样的课程中,能更好地观察学生的综合能力的发展,从整体的角度进行分析。

（二）通过课程学习分析教师能力结构

刘元满[①]认为,观摩课堂可以作为观察教师能力的窗口,不仅是知识能力和课堂教学能力,观摩者也应该培养一定的职业敏感眼光。同样,Richards & Farrall[②]也提到,教师们在课堂观察中,不仅能发现其他教师有效的教学策略,而且能引发对自己教学的反思。以 Mullock[③] 和 Gatbonton[④] 等对课堂教学评估的研究中发现,教师在课堂中主要考虑的几个方面内容,包括了语言处理、学生信息、过程的检查,进展的回顾,注意学生的反应和行为等。在对外汉语课堂内,曹贤文和王智[⑤]发现,对教师的考察主要针对多媒体技术、语法教学、学习评估、文化教学、错误纠正、目的语使用和交际性语言教学策略七个方面。虽然对象不同、很多时候在观察所采取的维度也都不同,但正如 Wragg[⑥] 所说,课堂观察的办法需要满足其观察目的,这是最重要的。

本课程是从教师的观察能力着手进行的关于职前教育中国际汉语教师的理论与实践的应用。在实际研究中发现,从能力结构的四个方面分析,学生们的能力表现是环环相扣、相互影响的,总体上具有相似的特点（见表3-2）。

---

① 刘元满. 汉语国际传播与国际汉语教学研究——第九届国际汉语教学学术研讨会论文集：下册 [C]. 北京：中央民族大学出版社,2011.

② Richards, J.C. & Farrell, T.S.C. Professional Development for Language Teachers: Strategies for Teacher Learning[M]. New York: Cambridge University Press, 2005: 85-97.

③ Mullock, B. The pedagogical knowledge base of four TESOL teachers[J]. The Modern Language Journal, 2006, 90(1):48-66.

④ Gatbonton, E. Investigating experienced ESL teachers' pedagogical knowledge[J]. Canadian Modern Language Review, 2000, 56(4): 585-616.

⑤ 曹贤文,王智. 对外汉语教师与欧美留学生对"有效教师行为"的评价[J]. 语言教学与研究,2010(6)：16-23.

⑥ Wragg, E.C. An Introduction to Classroom Observation[M]. London: Routledge,1999.

表 3-2　课程学习阶段教师能力分析

教师能力分类	从课堂观察看学生们的总体情况
教师意识	角色意识。课程学习中，学生需要扮演多种角色，学习者、观察者、授课者、反馈者、合作者等等，从不同的角色出发，学生有不同的行为意识。 学习意识。学生是课程中的学习者，目标是通过观察和反思进行学习。学习意识教差的学生对课程的准备，观察的感知以及课堂的反馈的行为都较弱。 观察意识。课程任务是课堂观察，学生有基本的观察意识。学生的观察者身份影响了他们对观察行为的判断，例如观察的角度，观察的重点，观察的目的等。 合作意识。课程中有小组合作，也产生了不同效果。合作意识应是学生们在集体完成任务之前应有的意识，并不是只完成自己的任务。 跨文化意识。学生们在课堂中扮演不同文化背景的汉语学习者，这需要他们从不同文化的角度思考在语言学习环境中可能遇到的问题。
教师认知	学生们不同角色意识的结合，在认知过程中从几个具体方面展现教师认知。 感知能力。课堂观察是鼓励学生增强与环境感知互动的过程，尤其锻炼学生们的感知能力。从量表记录中，同一堂课同一主题的观察量表，却能体现出学生不同的观察内容。而同一学生三次观察也同样体现变化，学生的观察内容不断增多。 判断能力、理解能力。是普遍能力，但在学生观察过程中有具体应用。量表的制作和使用都是学生对量表、对课堂观察、对教学的运行过程的理解，所记录的内容是基于他们对有效教学的认知。 情感能力。学生不仅观察教师的教学，同时也对教师课堂中表现出的性格和与学生互动时的情感交互都有所观察。这同样影响他们自己的情感能力。 反思能力。要求学生从不同角色中都要进行反思，而反思能力本身就是国际汉语教师必备的能力之一，在课程学习中也锻炼他们保持反思的习惯。反思是基于实践的，因此教师知识和教师技能同样反映反思能力
教师知识	教师意识让学生对所学内容有身份角色的不同意识，教师认知对教师意识进行反馈，而教师知识与教师技能则是意识的行为体现。 对课堂观察的知识。学生要知道课堂观察的内容、意义、操作流程。这可以是学生本来具备的专业知识，也可以是授课老师在任务安排之前的集中指导。 教学内容的知识。这是学生理解语言点知识讲授方式的前提。 跨文化知识。学生在课堂中有时需扮演来自不同国家不同文化的学习者，跨文化知识是他们能成功扮演不同角色的前提。 教学知识。在实践过程中，学生要做教学准备，对观察、计划和教学实施要有一定的教育学知识作为基础。
教师技能	观察能力。在具备观察意识的前提下，观察技能是实际观察过程中最主要的能力体现。 表达能力。在教学实践中，表达能力是学生上台后最关注的部分。 科技使用能力。对教具的熟悉程度对于学生教学过程中课程的流畅性有很大影响。 合作能力。合作能力强的学生能在小组报告中呈现出更为完整的观察内容和反馈。 语言能力。教学最基本的是学生的专业能力，在教学中如何选择知识点，如何使用方式深入浅出帮助学习者理解，都需要学生本身的语言能力。 创新能力。对于活动设计、课堂安排以及交际互动，有创新能力的学生总能在不模仿的课堂中引人注目。

课程的整体运行，是对专业学生以观察能力为主的综合能力的发散式培养。学生们需要扮演不同的角色，是观察者，是教学者，是被观察者，也是合作者。而这些角色之间的相互转换，要求学生们从意识上能区分每个角色之间的不同，才能在角色转换过程中有正确的行为。这就要求，学生首先要对整个课程学习有正确意识。而在教学观察准备和教学实践准备过程中，更要求学生们对于课堂环境、接触对象、准备的内容等方面都有相应的认知。学生的综合能力体现在整个过程对能力的具体运用中。例如，在观察的准备过程中，对于量表主题的选择就依靠学生的选择能力、判断能力、预测能力甚至修改能力。学生根据自己的需要，选择观察的主题角度，而这个选择的过程包括了对不同主题利弊的判断和分析。在小组讨论过程中，对于小组成员不同主题的分工同样也是一种有效的选择，以防重复工作。预测能力可以帮助学生在选择过程中有更好的准备。报告中同样体现了不同学科背景的学生在观察中会遇到不同的问题，但有些学生换了三次观察量表都没有找到自己擅长的方式，这就是对课堂缺乏基本的预测能力。修改能力则是根据量表主题对量表内容进行更改，在报告中，有的学生虽选择同一个主题，但每次量表都会根据教师的课程内容进行相应更改。而同样，有的学生即使不停更换量表，所收获的观察信息也并不丰富。

从教学实践角度，此课程设计更重要的是考察学生的教学能力，且基于观察学习过程之后。但学生的综合能力同样得到提高。首先，在几次观察量表、讨论和反思总结之后，学生往往会加大对自己缺乏的、对重点观察的内容的投入程度，对于这部分内容的准备也更为充分。在教学的实际安排上，主要是对教学的安排、教学的实践、教学反思能力的具体应用。在教学实践过后，授课教师和同学作为听讲者，会对授课学生进行点评以及相应的讨论，这个过程中，所能吸取的经验总结和建议就来源于不同学生几次观察的不同考察点。这对学生是有帮助的。例如 A 同学更注重观察教师的肢体语言使用，就会对 B 同学在试讲过程中不规范的肢体动作进行点评，这也许是 B 同学在准备和实际操作过程中都未注意到的。当 B 同学在试讲过后的反思中想到这个问题，就能在未来的教学过程中更加注意。这就要求学生不仅要有相应的知识架构和教学能力完成试讲，还需要学生有一定的沟通表达能力、拓展能力、分析能力和评估能力。在教学实践中，更重要的是师生之间的互相交流互相沟通的过程，在指正问题和交流建议时有效表达观点且不伤害他人情绪也是授课者应具备的能力之一。在相同内容的教学过程中如何创新，并且拓展相应的知识点，这也是学生能力的区别。评估能力则是在教学前，是否能对自己设计的教案进行有效的评估，从而预测出课堂可能产生的问题，寻找解决的方式。详见图3-4。

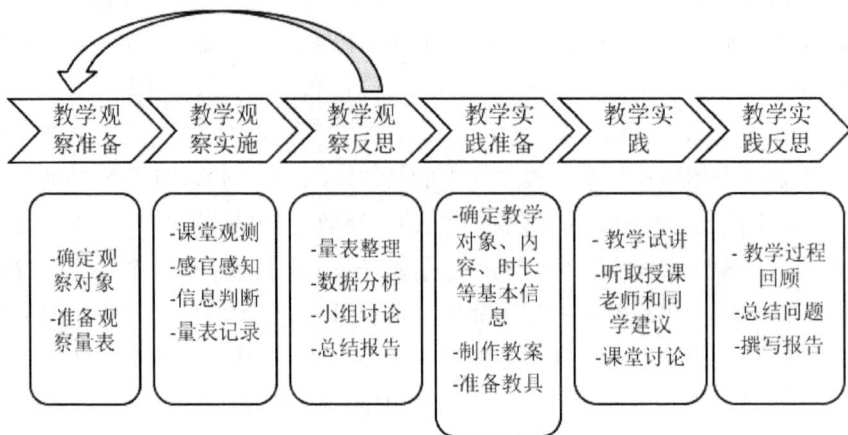

图3-4 "课堂观察与实践"课程设计流程

二、境外国际汉语教师能力互动关系分析

（一）境外国际汉语教师教学观察记录

观察表是笔者通过跟踪观察，对教师的教学和生活所做记录。主要挑选了数据库中，4名赴Y国进行教学的教师和志愿者作为研究对象，并分别以教师L，教师M，教师Y，教师J作为代号（见表3-3）。4人均毕业与X高校。通过近两年的沟通、访谈以及两周的实地考察，通过动态的过程分析本阶段国际汉语教师的能力发展过程。Y国的汉语教学有超过20年的历史，在各个大学中有孔子学院，并通过汉办外派教师和志愿者进行汉语教学。教学对象包括了不同年龄段的学习者，在汉语教学过程中逐渐将对象转向中小学。Y国同样招收本土教师，以其他科目的教师和华裔为主。而观察表则是从非教师本身角度对教师教学过程的记录，是教师完整教学的能力展现的辅助数据记录。同时，包括了笔者与被观察教师的不同联络资料，包括聊天、交流以及访谈的材料。

表3-3 观察对象基本信息表

	性别	身份	教龄	留教意愿	教学对象
教师L	男	外派教师	4年	是	小学到大学
教师J	女	外派教师	4年	是	高中生
教师M	女	教师志愿者	2年	是	幼儿园和小学生
教师Y	女	教师志愿者	2年	否	高中生

教师 L，硕士学历，有海外留学经历，本科就读于对外汉语专业。硕士就读过程中，曾于当地孔子学院实习。这是他作为外派教师的第三年，其主要教学对象是从小学到大学各个年龄段的学生。教师 J，硕士学历，汉语国际教育专业，有在 T 国 1 年的志愿者经历，现在 Y 国进行第四年的汉语教学。教师 M，硕士学历，汉语国际教育专业毕业，在 Y 国志愿者期间留任一年，现已回国。教师 Y，汉语国际教育硕士在读，同样也选择在 Y 国留任一年。四名教师都是通过了国家汉办的选拔考试和相应培训，并被选择前往 Y 国进行汉语教学。

四位研究对象的选择均限定在 Y 国的主要原因是，在强调工作环境不同对教师的影响过程中，有别于中国的教学环境对很多外派教师而言更具挑战性。而在大环境相同的过程中，几人分别在不同的教学机构工作，从不同身份在不同机构之间的对比中，能更好地探究不同教师能力的共性和个性发展。其中，教师的实际教学和能力的展现也有所不同，二者处于同样的大环境中，能更好地找到实际环境中汉语教学需求的共性。此外，他们的身份不同，二者在实际教学工作中的角色和教学任务不同，因此他们所表现出的能力和需求也有所不同，能更好地分析二者在汉语教学需求中的特性。

1. 教师 L、教师 M 的主要教学任务

教师 L 每周有 12 个课时的课，教学对象包含了小学生、中学生和成人，既包括学校应试需要，也包括兴趣班学习，因此每个学校的教学时间也不同，有的一个小时，有的一个半小时，每周一次课。教师 L 不仅需要往返于不同的学校，还需要根据不同的对象进行教学设计，教学范围宽泛，但教学以外的时间可自由分配。学生不需要教材，教师 L 全程自编课程进度，并辅以课堂板书—课后练习以及课前复习保持教学连贯性。

教师 M 与教师 L 同属一个地区，原本计划是辅助教师 L 的课程教学，后因为课程分散，将幼儿汉语课交给教师 M 负责，其教学对象主要是儿童，目的是培养儿童对汉语学习的热情。相同的，教师 M 需要搭车往返于不同的学校，除授课时间外，其余时间也归自己管理。

（1）中学课

这个中学的教学环境与中国中学课堂设置类似，两人一桌，面向黑板。学习对象主要任务是通过汉语考试。主要教学设备有黑板、电脑、投影仪。教师使用的电脑在左前侧。右前侧有放置教材的书架。教师 L 没有固定的工作区域，因此上课之前到校，上完课后离开，需要他衡量好相应的时间，教学用具和材料需要自备，学校不提供。

　　这节课在早晨第三节，教师需要等学生从其他教室课程结束后移动到指定班级，课前耽误了一些时间。学生的人数达到 15 人左右，但常常会有其他活动通知上课的学生离开，因此课堂中人数并不稳定。课堂活动的设置常常需要应急方案。这节课设置在周四，学生普遍处于比较疲劳的状态，学生们的课堂反应并不积极，教师 L 基本会设置小游戏或小活动来刺激学生，通过学生间的积极讨论让学生们参与到课程中来。

　　（2）小学课＋初中课

　　这个学校有两个班学习汉语，其中一个小学班，另一个初中班，学习者主要是培养汉语学习兴趣。但这个学校学生每周只有一次课，因此光复习就要花费很长的时间。

　　L 老师需要开车半小时到所在学校，并且一个上午分别给两个班上课，与前一个学校不同，这个学校的学生是固定在某个班级里的，因此每个班级的布置根据班级的学习进度而定。学生们的学习工具都放置在各个角落，教师需要使用工具时，学生们课上直接领取。在小学班里，班级安排四个圆桌，每个圆桌坐 6-8 个学生，座位安排固定。小学班的学习内容比较简单，常常通过句式，运用不同的生词进行造句。课堂以复习、新知识讲述、练习和活动以及视频放映为主。L 教师在课后的采访中表示，小学班的汉语教学更主要的目标是培养学生的学习兴趣，因此学习内容主要在于吸引他们的注意力，放映的视频往往选择带有浓郁中国文化特色的内容，让学生们全部围坐在大屏幕前，L 教师会选择在需要讲解的地方进行暂停，作进一步解释和补充。

　　中学班班级较小，只有三张大桌，座位安排也是固定的。初中班的学习内容相似，但汉字量和生词量增加，在课程中需要小组练习，而这个班的学生尤其喜欢离开走位，走到 L 教师身边，示意自己又有一个新的想法，或者走到课堂其他角落，削铅笔、拿课本，吸引老师的注意力。这个学校每个班级上课时都配有一个当地老师，不一定全程在，但他们在班级里往往是课堂秩序管理者的角色。L 老师表示，课堂上他往往不关注课堂秩序问题，只是进行内容教学。

　　（3）成人商务班

　　L 教师同时为一个公司的员工进行汉语的培训，上课地点在公司的会议室里，有一个椭圆会议桌。上课时间在中午员工休息的时间。对于课程内容没有特定的要求，L 教师根据公司员工的工作需要，设置了例如过海关、会议、点菜、酒吧等相关场景，并根据这些场景设定相关的语言练习。学生普遍害羞且低调，但学习时比较认真。同样，在课程中，L 教师加入了文化的元素,例如通过分享全家福,对介绍式的语言使用进行教学,并且分享了中国的家庭观、生育政策等方面的内容,从而与当地员工进行交流。员工中有移民者,同样用汉语分享了自己国家的文化。课上用讨论的形式增加学员沟通交际的机会。

（4）幼儿班

教师 M 单独授课的班级学生基本为儿童。班级由五六个圆桌组成,学生分坐于几个圆桌,且安排了辅导老师坐在教师角落里,既维持课堂纪律,也辅助进行一些汉语语言点的解释。由于学习者年龄小,教师 M 颇费心思地制作各种动图、表情包和漫画辅助汉语教学,还自编一套开课时使用的汉语操,以吸引学习者们的注意力,并且让他们更兴奋,更积极参与到课堂活动中。在面对年纪较小的学生时,教师 M 选择不断在班级内走动,提高音量和音高,保持焦点化,时刻吸引学习者注意力,并让他们参与到课堂活动中,帮助他们进行汉语思维。

2. 教师 J、教师 Y 的主要教学过程

相较于前二者的课程分散,教师 J 和教师 Y 的教学课堂和教学时间比较固定。二人都是 Y 国某中学的汉语教师,教学对象为 14-16 岁的应试中学生,这些中学生需要通过全国统一考试进入大学,汉语作为外语考试科目之一,每个星期 19 个课时,每个班级学生上 2-3 次课。常用的教材有两本,学校内汉语教师由三名本土教师,两名汉语教师志愿者和一名汉办外派教师组成。班级类型分为了 HSK 课程班,汉语科目考试课程班和沉浸班。教师 J 有具体的授课班级和授课对象,包括了汉语科目考试课程班,而教师 Y 的主要工作是辅助学校中四个汉语教师的教学工作,包括维持课堂秩序,提供板书、作业检查、解释任务等。因为该中学有明确的规定和制度,教师 J 和教师 Y 都要遵守坐班安排,有固定的工作时间。

中学共为汉语课提供了三个教室。第一个教室有三张大桌三张小桌,三张大桌可坐六个学生,小桌可坐两个学生。

（1）HSK 课

HSK 课主要提供给 Y 国已完成相应汉语考试,并计划参加 HSK 等级考试的学生。这个班级共 18 个学生,根据课前安排,坐满两张大桌和三张小桌。授课老师是以母语为汉语的本土老师。使用的教材为《HSK 标准教程》,课堂中基本以课前复习十分钟,教师检查学生作业开始新课,根据教材内容进行配对练习、小组活动、生词教学,课程结束前玩游戏,并安排下节课的任务和作业。课堂中的座位设置是一定的,学生们的两两配对也都是经过教师的安排的,是根据学生的语言能力进行考量搭配的。教学中的活动和游戏设计基本按照一定的模式,省去了教师解释的时间,学生们清楚每个流程的行动,针对学习的新内容有针对性的练习。课后对授课教师的采访中也得知,教师本身对学生比较了解,较清楚他们的学习水平和语言能力,因此组队练习中有意识进行不同分配。班级里的学生都已经通过了中学汉语考试,汉语水平不错。每周三节课,一节课50分钟的课程量,授课教师安排每周上完一章节的教材内容。虽然大部分内容基于教材,但学生们只能通过借阅室借用教材,所以学生学习更依赖课堂教师教学。在采访中,授课教师同样反映,在开始上课之前,接受过相应的教师培训,因此对教学的流程也有一个框架式的学习。

在针对教师 Y 的观察中发现,课程教学中,她与授课教师一同进入班级内,帮助授课教师组织学生坐好并安静下来,然后,站在靠近教室门的角落里。授课教师在上课的过程中,教师 Y 基本都站在原地,当进行小组活动时,因为学生的人数少,授课教师走到每一桌进行指导,而教师 Y 则随后对每一桌的活动进行修正和解释。当课堂出现突发状况,例如,一位被中途安排进班级的学生对于自己的位置和课堂安排当场提出疑问打断了课堂教学时,教师 Y 就将学生带出教师进行沟通,对于学生的安排进行进一步确认,保证授课教师的教学内容和全班的学习进度不被影响。在游戏过程中,教师 Y 也主动担任活跃气氛的角色,鼓励学生积极参与。在课程教学后,对于教学内容,教师 Y 要与授课教师进行沟通,例如对某些知识点的解释、对于教材内容与实际使用中偏差的使用选择、对课程内容连贯程度和下节课的计划进行讨论和安排。

(2)汉语科目考试辅导课

笔者对两个班级的中学汉语考试课进行观察。比起 HSK 课程中汉语水平和学习能力都处于中上层水平的学生,中学考试的学生课堂氛围和教学内容就有所不同。学生年龄相当于国内的初二、初三年级,课堂中学生比较活泼,课堂进展较慢。教师 J 是这门课的授课教师。学生没有教材,课件中的人名和内容设置往往令他们感到困惑,而此起彼伏的直接提问令授课老师无法顺利地进行课堂教学。可以发现,在教学过程中,几乎没有办法保持所有学生的注意力。其中,HSK 课程的授课教师采用的方式是严厉的批评,将课堂表现不好的学生名字写在黑板上,并根据课堂表现影响他们的考试成绩,但教师 J 则主要以食指靠在嘴唇上发出"嘘"声,或者沉默不说话的方式等待全班安静,同样也导致了课程时间被浪费。虽然课程中教师 J 使用的教学内容和所举的例子都很新颖且容易让学生理解，但课堂中所出现的秩序问题并没有得到很好的解决。

教师 Y 在这门课中往往需要对没有完成作业或者成绩落后的学生进行单独的辅导，常常没有出现在课堂上。若在课堂上，则主要任务是进行课堂管理，例如在黑板上写下学生的名字，或者走到学生的桌边进行警告，但有时候学生往往会被她吸引注意力，试图与她沟通，从而吸引其他人的注意力。另外，对教师 Y 常常帮助授课教师在课堂上安排活动任务，或者发放相应学习道具。

（3）沉浸式教学课

这个班级的学生人数较多，年纪较小，所学内容比较简单，但课时为一个半小时，就是两节课，中间不休息。教学过程中，授课老师基本都以汉语作为交际语，对于不理解内容的学生，也基本选择不断重复，或选择相应替代词的方式帮助学生理解。这个班级的课程教学主要是以图片、汉字、拼音的结合为主，学生通过不断重复地看、听、跟读从而学习新的词汇。之后，安排班上四个学生去电教办公室借 iPad 进行群体活动，通过使用汉语学习软件，学生们随机分组，根据上面的汉语习题有顺序地答题，每人答一题，最快答对所有问题的队伍获胜。沉浸式班级由于课程时间长，学生们容易感到疲劳，因此课程中的游戏活动比较多，但大多数活动都是全班一起进行的。

教师 Y 在这个班级的教学中，主要站在离黑板较近的角落里，方便随时帮助板书。活动时帮助分发道具，活动结束后收回道具。在学生们进行汉字书写练习和造句练习时，帮助授课教师进行检查和辅导，并且收集在课堂上学生没有得到解决的问题，课下与授课教师进行讨论。

3. 四位教师的教师培训情况

四位教师都属当地孔子学院管理，经常有机会参加不同主题、不同规模的研讨会和教师培训。笔者实地考察期间，正值当地举办了一次全国汉语教学研讨会，以及一次孔子学院内部的教师培训，以下对基本情况进行介绍。

（1）研讨会

此研讨会是 Y 国国内大型的汉语教学研讨会，聚集了不同地区不同学校的汉语教师。而当地孔子学院作为主办方，四位教师都是会议进行过程中的协调和沟通成员。在研讨会前期，他们需要对场地、材料和会议安排进行不断地沟通。在会议中，更需要在主会场和分会场工作进行协调。会议后则需要负责对活动进行收尾工作。整个会议持续两天，前后五天时间，几位教师都忙碌于会场安排。

会议过程中，四位教师同样有机会进入会场听取感兴趣的话题。但四位教师都没有在会议上发表论文,只有教师 L 在会议上对报告人进行正式的提问。对四位教师而言,研讨会更多的是以"听"为主,并没有主动地进行研究汇报、观点陈述和经验交流的过程。

(2)内部教师培训

研讨会后,四位教师参加了当地孔子学院举办的教师培训。参与者包括院长和核心教师共九人。培训要求每位教师以一节课为例进行试讲,表现出平常的教学状态,并阐述教学思路、教学方法和教学目标。所有教师试讲完毕后,集体进行讨论,互相指出教学优缺点,相互学习。

因为四位教师所教对象和所处学校不同,培训中总结出,各位教师的教学都有具体风格的差异。培训中核心教师也对此提出评价,教师 L 和教师 M 的教学风格更自由,而教师 J 和教师 Y 的课堂风格更中规中矩。但几位教师都表示,其他教师在课堂中采取的活动、讲解的方式都有值得学习的地方。

(二)通过教学观察分析教师能力结构

虽然在研究对象的选择上,尽量选择了同专业学习、同工作环境、同工作时长等条件来进行参照,但仍然发现,四位国际汉语教师的能力结构有明显的不同。结合笔者与四位教师的接触,对四位教师的能力结构进行对比分析。见表3-4。

表 3-4　四位教师能力结构突出特点分析

教师能力分类 教师	教师 L	教师 J	教师 M	教师 Y
教师意识	有教学责任感,但对教学工作的重复有所懈怠。认为教师是很重要的角色。缺乏研究意识,认为自己只是一个"教书匠"。认真备课,对教学中面对的问题有所思考,愿意在培训和研讨会等环境中提出疑问和见解,但是并不认为自己有做学术或研究的必要。	有教学责任感,也很热爱教师这份工作。在准备继续学习的材料,在培训中会主动提问,加入讨论,对自我发展有计划。	有教学责任感,即使教学过程中的辛苦都不抱怨。喜欢教师这份职业,但不打算继续作国际汉语教师,希望回国后找一份教师工作,不打算继续深造,也不打算继续做相关的研究工作。	对教学充满热情,非常关心学生。渴望有教学机会。非常注重从课堂中学习,并在课后与授课教师讨论。但是在培训和研讨会中几乎没有发言和提问的意识。

续表

教师能力分类 教师	教师 L	教师 J	教师 M	教师 Y
教师认知	有很强的逻辑能力和分析能力。对教学的设计有过程计划，且对不同年龄的学习者有不同的教学计划。但对学习者并没有做太多熟悉工作，更注重大班课程的进程。	对课堂学习者的反应非常敏感，能迅速发掘学习氛围的变化。对学习者情况熟悉，能很快做出课堂反应。但在团队合作中，不能第一时间理解计划，在处理日常问题时也时常有小错误。在理解能力和逻辑能力方面不如其他教师。在同事反馈中有所体现。	很有感染力。非常适合与儿童接触，能融入儿童教学环境中。而且反思能力强，能不断思考如何利用工具增加课堂趣味性。但对自己的自信程度不够，容易陷入自我否定中。	感知能力强，对课堂中教师和学生的需求都较为敏感。对环境的设计和布置有自己的想法，常有极富想象力的计划产生。综合认知强。
教师知识	对语言学知识和教育学知识应用得较好。但自认为语言学知识掌握得不够，都在"吃老本"。在培训中也并未对知识内容有很大兴趣。	语言学知识掌握得好，课程教学中常常举一反三。	由于教学对象年纪小，在教学中更多学习英国当地文化，理解文化矛盾。教师培训中更注重对知识讲座的学习。	能在语言教学中对其他教师的教法提出不同意见。对各种知识都略知一二，很容易与当地学生进行交流。
教师技能	英语流利。交际能力强，能与多个学校的负责人保持友好的联系。适应能力强，积极参与当地社交活动。自认为管理能力不强，不愿意对课堂进行更多的控制，更注重将教学流程完成。具备教学能力、科技使用能力和合作能力。	英语流利。能顺利用外语完成教学工作。传播能力强，愿意与学习者分享中国文化。观察能力强，对学习者非常了解。但经常出现小错误，往往产生与交流和合作过程中。	教学能力和科技使用能力强。擅于利用各种电子设备作为教具辅助教学。外语能力有所提高，在职期间还参加了外语考试。	观察能力强，适应能力强，合作能力强，在课堂环境中能迅速找到自己的角色，并且能配合不同教师完成教学工作。

1. 教师意识突出特点

从发展意识来看，除了教师 Y 在实际工作中没有承担独立的教学任务外，其余三人都有足够的实践时间，在工作中，教师 Y 更多保持学习的态度，并且期待有教学实践的机会。相较于其他教师，教师 L 更多的展现出独立思考的状态，有更强烈的教师信念和价值观，对于自己的教师角色有很清晰的认识。但职业意识高于专业意识，对于专业发展和未来规划并没有体现明显的学习和研究意识。而其余几位教师更多是在教学过程中逐渐积累经验。这与教师 L 从本科开始的相关专业学习关系密切。教师 Y 更多的工作是与学生接触，了解学生课堂需要，并且与学生沟通，因此也更有跨文化意识，表现在更尊重学生的隐私和权利。

相对于作为外派教师的教师 L 和教师 J，教师 M 和教师 Y 更常出现有问题直接向前者询问的过程。在这个过程中，她们的学习意识相较而言更强。

2. 教师认知突出特点

认知能力的表现更多是各种能力的结合。以教师 L 为例，在教学对象、教学内容都不集中的情况下，教师 L 更需要综合能力，从感知、适应、分析、修改等方式，从不同的课堂环境的感知着手，尽快对这些环境进行熟悉和适应，并且根据教学内容对课堂进行反作用。而教师 J 所面对的教室可由自己全权处理，课堂环境相对集中，但她面对的学习者正是情感波动最大的青少年，因此在教学过程中，需要花更多的时间稳定和注意学习者的情绪。从观察中发现，教师 Y 因为在课堂中既要关注教师也要关注学生，虽然不是单独授课，但她需要有更为突出的观察能力和感知能力，才能更好地从课堂环境中感知教学改变，迅速做出反应，并且通过一系列行动来进行辅助。

3. 教师知识突出特点

四位教师虽然来自于同一专业学习环境，但在观察中体现出了不同的知识储备。教师 Y 有很扎实的语言学知识，在课堂上经常进行补充解说，解释语言规则。教师 M 则很熟悉儿童心理学基本知识，在对待年纪小的语言学习者，能通过更简易、亲和的解释方法和教学策略拉近与学习者的距离，帮助学习者理解。教师 L 认为自己的语言学知识不充实，但其课堂教学相对成熟，有教育学理论基础知识。

4. 教师技能突出特点

观察中发现，四名教师在课堂中使用的教学语言基本相同。基本使用英语作为教学语言，而教师 Y 虽然在既有汉语沉浸式班级，也有普通班级环境中授课，但基本上也是使用英语和汉语作为教学语言。这就要求他们更需要掌握汉语和英语能力，而不再需要另一门语言。对于很多教师来说，能掌握汉语和英语就能应付大部分的汉语教学。对于非汉语和母语为主要使用语言的国家，在要求外语能力的同时，也是在鼓励本土教师的培养，当地语的能力就是本土教师的优势和能力之一。"外语"能力这个表述，若被使用为"教学目的国语言"会更合适。

对于中国国内的国际汉语教师而言,他们更注重课堂内的汉语教学能力发展,而在不同国家的汉语教师则需要有更全面的能力。有一些教师需要在不同的学校上课,路程花费的时间很长,教师 L 就说"有时候在路上的时间就要花一整天",而教师 M 表示,"我不会开车,只能搭同事的车去学校,但是这样很麻烦,感觉特别不好意思"。另外,在国外的教师和志愿者,普遍都表示,在国外的生活很重要的是学会了做菜。一般的教师能力的分析过程中并不会将烹饪能力作为条件之一,但在一部分的国际汉语教师群体里,这是必备的能力。

每个国际汉语教师的能力结构和特征都不相同,无论是学习环境或者工作环境的相似性都未使得他们降低能力的独特性。

第三节　国际汉语教师能力互动性解析

在国际汉语教师能力的互动性分析过程中,主要针对国际汉语教师能力的动态性和互相影响性两个方面着手。上一章通过教师意识、教师认知、教师知识和教师技能对国际汉语教师能力的结构重新进行了整体定义,而这一章则主要通过实证,对这四个方面的相互联系性作进一步解析。

国际汉语教师能力互动关系图展现了教师能力的四层关系。

第一,教师意识和教师认知作为教师隐性能力,是国际汉语教师的内核,对显性能力产生影响。在实证中发现,虽然不同的国际汉语教师在不同阶段表现出的能力状态不同,但实质上是受到教师意识的影响。教师的学习意识强,在学习和实践过程中更注重从其他教师身上学习,从自己身上反思。教师的观察意识强,在观察过程中,所能感知的内容更多。教师的责任感强,在对待教学对象、教学环境、教学内容和教学目的不同时,会有更多的准备过程。

第二,教师知识和技能作为教师的显性能力,往往是共同产生的,技能实施的过程中,需要有相应的操作知识作为行为支持,而知识的展示也是通过技能实施体现的。在学生作业中发现,学生对课堂观察的知识理解程度,直接反应在量表制作和课堂记录上。对于被观察教师的教学行为的理解也是来源于知识的储备。而在教学实践中,从语言学角度或者从语言应用角度的教学方式也体现了教师的知识体系。教师知识是通过其教学过程展现出来的,而教学过程,是需要知识内容作为支撑的。

第三，教师知识和技能不仅影响其他知识与技能，对教师认知和教师意识也产生反作用。教师的显性能力对隐性能力的反作用集中体现在教师反思过程中。学习过程中，当观察列表无法满足需求时，专业学生进行量表修改，细化观察内容，并从观察内容中总结出应注意的行为，这同样影响到专业学生在教学准备过程中的侧重点。实践过程中，当教师在不适当的场合做出例如评价、插话的行为并在同事指正下有所认识，会影响教师对于这样的行为从意识上的阻止和拒绝。因此，实践过程同样是影响和改变教师认知和教师意识的。

第四，知识和技能之间并无明显间隔，意识和认知之间也并未有明确界限，在使用时往往具有模糊性。通过对不同类型国际汉语教师进行不同方式的调查，也同样反映了国际汉语教师能力结构互动性以及隐性能力的内核地位。

从实证中发现，即使是相似的教育背景，教师的能力特征也都各不相同。国际汉语教师的教师意识是指导和影响教师行为的，而不同教师具备的不同意识对教师教学中技能的施展有很大影响。教师的知识储备和技能实施往往是相互对应的，例如对专业学生的分析就表现出教师的技能和知识在教学过程中与在工作中相比有所不同。这也主要表现在教学经验的反馈上。有教学实践经验的国际汉语教师，更能从遇到的问题中进行总结，并且使教师产生认知的改变，从而改变之后的教学。

第四章 复杂动态理论下国际汉语教师能力内外影响因素分析

从国际汉语教师能力结构及其互动关系图体现出国际汉语教师能力系统本身的复杂性和多变性。其复杂性不仅表现在能力系统的结构层次上，还包含在国际汉语教师内部各部分的相互结合。国际汉语教师能力是一个系统，而其内部，例如国际汉语教师教学能力、国际汉语教师跨文化能力，都各自形成子系统，相互影响。本章就通过对国际汉语教师能力结构的四分与动态结构，对国际汉语教师能力中最被重视的教学能力和跨文化能力重新进行解析，从复杂动态视角探讨能力内容的具体分布。另外，国际汉语教师所处的外部环境，同样对国际汉语教师能力形成影响，而对资讯的整理也总结了不同国家在国际汉语教师能力发展中的影响。

本章同样通过实证研究，在学生课程作业和境外教师观察报告的基础上，增加了教师自评和访谈内容。收录的材料包括了 32 名国际汉语教师的自评和访谈。其中，有 9 名汉语国际教育硕士专业的学生，这些学生都经过了 1～2 年的教学实习。受访教师中还包括了 9 名本土教师，来自非洲、亚洲和欧洲部分地区，他们都有到中国留学的经历。其余均为职内国际汉语教师，其中有 9 名有具备超过 10 年的教学经验，有的还有行政职务。从比例上看，32 位教师中，受访的女教师与男教师之比近 3∶1，在年龄上，主要集中在 26～40 岁之间。从采访对象的整体范围上看，力图探究不同国家，不同年龄，不同性别，不同身份，不同发展阶段的国际汉语教师，从而探究教师能力标准使用和教师能力发展过程中的共性和个性。这部分研究对象以"受访教师 +（编号）"的形式出现在后文中。

表 4-1 受访教师信息表

类型	性别		年龄段				本土教师	相关专业学生	>10 年教龄
	男	女	18～25	26～30	31～40	41～50			
人数	7	25	4	10	12	5	9	9	9

另外，采用了数据库中十年教师资讯作为国际汉语教师能力外部影响因素的分析材料，并对资讯文本主要采用内容分析法，通过抽取文献样本，确

定分析单元,制定类目系统,进行内容编码与统计从而进行解释与检验[①]来进行。首先,对于资讯的与国际汉语教师的相关性做第一轮筛选,通过对标题和内容的搭配,对与国际汉语教师群体相关性将相关度低的内容剔除,共整理了近 3000 条资讯。其次,通过对资讯标题文本进行词频统计分析,对不同大洲的国际汉语教师发展趋势做出对比。另外,对具体国家的资讯研究,采用了共词分析法,着重强调两词之间的亲疏关系,发现每个国家更为常用的资讯词汇,和国际汉语教师发展的关联性,详见下文。

第一节 国际汉语教师教学能力结构分析

国际汉语教师能力标准,同样将教师的教学能力作为重点。分别通过"汉语教学方法"和"教学组织与课堂管理"两部分来强调国际汉语教师教学能力的重要性。要求教师掌握汉语语言要素和语言技能教学的内容、原则和方法,有语言对比和现代教育技术运用能力,还要求教师熟悉汉语教学标准和大纲,具备教学设计能力、资源运用能力、活动设计能力、课堂管理能力、发展学习者自主学习的能力以及有效测试和评估能力。

一、国际汉语教师教学能力

(一)教学能力要求

对教师能力中分析最多的要数教学能力,在前文研究中,对国际汉语教师能力研究最多的也是教学能力。教师能力复杂性和动态性,使得教师教学能力也是一个复杂的系统,不仅包含的因素多,而且因素之间不断变化形成了不断变化的状态。教师的教学能力是基于教师认知能力的个体心理特征的体现,以教学知识和教学技能为基础,通过教学实践体现[②]。王少良[③]认为,教学能力是影响教学效果的最直接、最明显、最具效力的因素。教师的职业性将教师的教学能力作为了职业能力中的主要元素,在具体学科要求下,教师教学能力往往被理解为,具备学科专业知识的教师通过教学实践将知识传授给学习者的能力。语言教学能力则被认为是教会学习者使用一门新语言的能力。

① 邱均平,邹菲.关于内容分析法的研究[J].中国图书馆学报,2004(02):14-19.
② 周启加.基础教育英语教师教学能力及其发展研究[D].上海外国语大学,2012.
③ 王少良.高校教师教学能力的多维结构[J].沈阳师范大学学报(社会科学版),2010,34(1):110-113.

国际汉语教师的教学能力，是如今对国际汉语教师能力研究中最为关注的内容。国际汉语教师在汉语作为第二语言教学的学科中，主要是对教学实践能力的整体要求。从 20 世纪开始，对国际汉语教师课堂教学能力的要求，就包括了有效组织课堂教学，正确贯彻和应用教学原则，准确辨别和纠正学生语言使用的错误，熟练使用电教设备，都是对外汉语教师课堂教学能力的主要要求①。

在不同语言教师能力标准中，对教学能力也有不同要求。以 TESOL 教师标准为例，对教师的教学标准是整个能力标准的重点。要求教师能基于标准进行英语二语教学和内容教学计划。教师所要具备的能力，包括能为基于标准的英语二语教学内容进行计划，能创造支持的、可被接受的课堂环境，能根据学生的英语和母语能力、学习风格以及原有的教育经验和知识作教学计划，能为曾中断正规教育的学生提供教学，能将评估嵌入教学计划中等。三个分支标准分别要求教师将学生的不同特征以及产生的影响都纳入教学计划的考虑中；对基于标准的英语二语教学和内容教学进行执行和管理；在英语作为二语的教学中有效运用资源。这其中包含了对语言教师的执行能力、管理能力、理解能力、计划能力、应用能力、分析能力等能力的综合运用。实质上，主要从理解学习者、理解教学内容、理解教学工具三个方面对教学能力进行归纳。教学标准主要要求教师能在教学计划、教学实施和教学资源运用的过程中，按照英语作为二语教学的要求进行。

澳大利亚语言教师要求教师具备的教学能力则包含了"对教和学进行有效的计划和执行""创造并保持具有支持性的安全的学习环境""对学生的学习情况进行评估，提供反馈和报告"。同样，也是对教师教学过程中的计划能力、执行能力、创造能力、感知能力、理解能力、评估能力、反馈能力等的综合运用。

从语言教师能力标准中发现，对语言教师的教学能力的要求，并不仅限于教学行为本身，而是包括了教师的教学准备、教学实施、教学管理、教学反馈所组成的教学完整过程的各方面能力的总和。但例如美国的语言教师能力，则倾向于将语言教师教学能力限定在教学实施过程中的能力要求，因此其理解能力、创造能力、评估能力都是区分开来的。

根据教学过程进行分类，教学准备能力、教学计划实施能力、教学管理能力、教学评价能力、教学反思能力等各个部分的教学实践行为，都是在意识、认知和知识的共同影响下产生的，同样通过行为产生的经验也同样反作用于

---

① 吕必松. 关于对外汉语教师业务素质的几个问题 [J]. 世界汉语教学，1989(01):1-17.

教学意识、教学认知并丰富教学知识。

（二）教学管理能力要求

对国际汉语教师管理能力的要求，是新《标准》中增加的内容。

李运华认为，教师课堂教学监控能力是教师核心能力，是教师核心能力的具体体现，是实现课堂教学目标，对课堂教学活动的主动的监管、调节和反思的能力集合，并被认为是教师职业能力的核心[①]。教育管理能力，是提高国际汉语教学质量的最重要因素，这是因为，国际汉语教学是在动态的多元文化环境中，需要首先适应特定的教学目标，实现动态管理[②]。

创造合适的课堂环境，是教师课堂管理能力的一部分，而创造建设性的课堂环境，就是为了学生高效学习创造条件[③]。首要的是对教室的布置，安排桌椅、置放教材和设备、学生位置安排，都对学生行为产生不同影响，这其中最重要的就是对学生座位的安排，不仅要考虑在学习过程中，座位的安排要有效鼓励学生有益交流和相互合作，而不是互相干扰导致分心，还需要保证座位的安排能监控学生的行为。不同地区的课堂设置是不同的，从教室的大小、设施的摆放、学生的人数以及周边材料的摆放都不同。例如，在中国的汉语课堂，尤其是高校里的汉语课堂，往往只有简单的黑板、投影仪，学生基本两两一桌，按照矩形格式，全部面向教师。而在英国、美国的汉语沉浸式课堂里，学生往往分成小组，被安排在不同的大圆桌前，比起直视教师，更多的是看到自己的学习伙伴。前者更集中于保持学生的注意力集中[④]，而后者更多是侧重在学习过程中学习者之间的合作与活动。教师需要了解学生的学习习惯和态度，尤其在安排座位时，将容易使人分心的学生尽量安排开来。相较于国内语言课堂中教师和学生都相对稳定的位置，国外中小学课堂中学生的随意性更高，来回走动的比例高，学生也希望在课堂中通过一些行为吸引别人的注意力。不专心的学生应该安排离教师更近的位置，能保证他们的集中程度，还能增加与教师的互动，保证教师对学生行为的监控，但他们的行为同样有可能导致其他学生分心。

① 李运华.教师核心能力视角下的教师职业能力结构分析[J].上海教育科研,2016(08):10-13.

② 李琳.国际汉语教师专业发展探索[J].中国成人教育,2011(17):59-61.

③ 珍妮·埃利斯·奥姆罗德.教育心理学[M].第六版.龚少英,主译,褚宏启,主编.北京:中国人民大学出版社,2011.

④ Carter, K. & Doyle, W. Classroom management in early childhood and elementary classrooms [A]//In Evertson, C.M.E. & Weinstein, C.S.E. (eds.) Handbook of Classroom Management: Research, Practice and Contemporary Issues. Lawrence Eribaum Associates, 2006: 373-406.

创造有效的心理氛围。如奥姆罗德[①] 所说,目标明确、高效、有条不紊但没有威胁的氛围是降低学生纪律问题,提高学生学习效果,渗透在课堂互动过程中的氛围。这样的心理氛围,首先要正视的内容是教师和学生对于学习环境的态度。课堂环境和课堂活动设定的最终目标是学习效果最大化,而不单纯是轻松和娱乐本身。因此,学生在课堂环境中,对自己学习的行为的正确认知尤其重要。教师不仅需要让学生意识到学习的本身是有价值的,自己在学习活动中是具备自主权的,而且要通过环境的塑造,让学生体会到"无威胁"的氛围。这种"无威胁"体现在学生对于竞争和胜负的正确观念,不因为犯错而感受到失败从而失去学习动力,也不因为学习不如别人而降低效能感认为自己是失败者。教师需要做的,是提高学生的责任感,提高学生的归属感和集体合作感。教师需要和学生建立良好的师生关系,这种关系不仅仅是关爱,更是尊重学生独立个体的身份[②]。学生需要获得支持,但也需要自己完成学习的任务。师生良好的关系能提高学习的效果,这是许多研究中都提到的。而创造有效的心理氛围,需要教师为学生树立学习自信和自觉,让学生为学习负责,直面缺点,既有学习的热情,又有学习的动力。通过物理环境的塑造,为学习者创造更适合合作的环境,同样也对学生健康的心理氛围塑造产生帮助。

作为课堂管理的一部分,环境的塑造能力是教师必须掌握的内容,从物理环境的塑造和心理氛围的辅助,让学生从感官和感知两个方面对学习进行更有效的投入,是学习环境中教师能力的一种重要的应用。生态学角度将课堂管理看作课堂环境秩序的建立和保持,Doyle[③] 对于课堂秩序对课堂管理的影响有深刻的见解,认为教师需要使用行动和策略,去解决课堂秩序中存在的问题。教师在课堂中需要创造和维持秩序,而秩序的范围也包括了计划和组织课程、分配资源、解释规则、监管活动、对个人和群体行为做出反应等。Petty[④] 同样提到,课堂管理从无序走向有序,就是通过有效的课程、良好的课堂组织、和谐的师生关系以及行之有效的纪律组成的。课堂管理能力的行之有效,需要教师能创造并维持适于学生的学习环境(物理环境和心理环境),这不仅包括了课堂准备的能力、课程教学的能力,还包括了对学生的了解,以

① 珍妮·埃利斯·奥姆罗德. 教育心理学 [M]. 第六版. 龚少英, 主译, 褚宏启, 主编. 北京: 中国人民大学出版社, 2011.

② 珍妮·埃利斯·奥姆罗德. 教育心理学 [M]. 第六版. 龚少英, 主译, 褚宏启, 主编. 北京: 中国人民大学出版社, 2011.

③ Doyle, W. Ecological approaches to classroom management [A]//In Evertson, C.M. & Weinstein, C.S. (eds.). Handbook of Classroom Management: Research, Practice, and Contemporary Issues. 2006, 97-125.

④ Petty, G. A Practical Guide: Teaching Today[M]. London: Nelson Thornes Ltd,2009.

及对课程和教学计划的长期安排的宏观布局能力。对课堂管理能力的理解，不仅仅是课堂教学过程中对课堂的整体掌握，更是在课前课后的准备能力、观察能力、预测能力等方面的综合体现。

二、国际汉语教师教学能力内容分析

图4-1是对教师能力分析后对国际汉语教师教学能力的内容进行的整理。其中，通过教师意识、教师认知、教师知识和教师技能四方面，列举了通过数据库中教师们的实际情况整理而成的国际汉语教学能力所包含的不同能力，表中所列是目前研究整理而成，并不代表全部内容，仍然具有扩展的机会。

图 4-1　国际汉语教师教学能力列表

（一）国际汉语教师教学意识

国际汉语教师教学意识包含了教师道德素质、教师价值观、教师角色意识、教师学习意识、研究意识、发展意识、合作意识、教师信念等内容。这些内容在国际汉语教师教学过程中则具体表现为教学意识。

1. 国际汉语教师道德素质

国际汉语教师的教学工作是其职业的要求，教师职业道德是在教学过程中最为基础的部分。不仅包括了国际汉语教师在课堂中严谨的教学态度，对待学习者的亲和态度，对待教学任务的责任感，还包括了教师在作为国家代言人、汉语代言人时是否符合"爱国守法""敬业爱生"的形象。教师作为学习者模仿、学习和长期关注的对象，其一举一动都影响着教学效果。教师需要从意识层面就对自己的职责有积极的理解，才能有效地影响其教学行为。

从教师访谈中发现，目前《国际汉语教师标准》将国际汉语教师的职业道德和专业发展能力标准分为"教师职业道德""心理素质""教育研究能力和专业发展意识"三个部分，整体而言，对教师职业道德和心理素质都有较高的自评分数。正如受访者 9 号所说，"这个部分的分数肯定是不能低的"。也往往如此，教师们在类似的提问时，都会下意识地选择对自己的道德素质和价值观做出正面评价。对于职业价值、职业信誉和职业道德规范，受访教师都有 80% 以上对自己的表现给了"满意"的分数。

2. 国际汉语教师合作意识

"课堂观察与实践"课程学习中的学生同样体现出了合作意识的重要性。从小组报告中，可以清晰地发现，拥有合作意识的学生不仅能更好地完成小组报告，而且在小组中他们能收获比个人努力更多的经验。在观察角度不同的小组，一次课堂观察的交流，可以帮助学生们在小组讨论中从观点、视角、看法、意识等不同角度对同一节课有更丰富的认识。合作是帮助国际汉语教师，尤其是新手教师提高教学能力的方式，但从合作效果不佳的小组中可以发现，整个小组的小组报告所体现出的态度也是相互影响的，合作状态好的小组作业普遍态度认真内容丰富，而小组合作状态不好时，他们呈现出的作业不仅无法达到平均水平，还呈现出不少抄袭、雷同的情况。

教师们虽然评价具有较高的合作精神，但实际上，在不同环境中，他们获得的合作的机会并不一致。在受访的教师中，一部分教师表示，在教学机构和学校之间的同事互动与交流频繁，但一些工作环境则使得教师并不能获得足够的支持和鼓励，只能依靠自己。受访者 7 号就表示，她所在的环境刚开始开设汉语教学点，"没有前人引路，我一切都只能靠自己，依靠我学习中的经验和平时的积累来组织课堂"。另一位受访者 26 号则表示："我工作环境里的同事都特别好，很客气……你说交流？工作外交流比较少……除去工作中需要接触的部分，好像老师们都比较经常待在自己的办公室里。"

从现状而言，虽然合作意识是国际汉语教师们普遍自评分数较高的项目，但从访谈、观察中发现，在实际教学过程中真正与同事有主动合作意识的较少，有一些环境也并不提供合作的平台。但不可否认，在国际汉语教学过程中，具有合作意识是促进教师进行合作提高教学能力的方式之一。

3. 国际汉语教师学习、发展意识

无论是从教师发展的角度，还是从终身教育的角度来看，对教师而言，学习和发展意识是存在于整个职业生涯中的。

从专业学生的观察中发现，学习意识是影响其课程学习效果的重要因素。通过两位学生在课程作业中反映出来的状态进行对比：

1 号学生关注教师的提问，并从教师的提问方式、难易度、学生的反应和课堂的反馈等方面进行观察。她的个人教案注重课堂中语言表达对课堂氛围塑造、课程内容教授进程的影响。在教案中，她对提问和可能出现的回答都进行了预期和记录，因为考虑周到，在之后试讲环节中获得了一致好评。

2 号学生在观察环节的三次记录中都采用了不同的量表，但每一次量表都没有达到预期的效果，之后的个人教案也发现了不少问题，不仅没有阐述教学的步骤所要达到的目的，还由于太注重细节的处理，反而没有体现教案的本质。

从 2 号学生的状态进行总结，在量表没有达到预期效果时，他选择了改变主题而不是修改量表，三次量表都没有达到预期效果导致对教案的设计也无从深入。在授课教师安排任务的过程中，他没有认真听讲，在合作过程中，他疏于沟通，而在面对问题时，他选择逃避。实质上，2 号学生没有摆正学习态度，没有提高学习的意识，无论是观察报告或是教案设计，都只是照搬现成内容，并未对之间联系进行思考。与之相反，1 号学生无论是准备过程，实践过程以及反思过程，都很认真地对自己的报告进行修改、思考和改进，对于实践出现的问题也一一指出，具有强烈的学习意识。从最后的教学结果可见，1 号学生的整体能力获得提高，并且收获了师生的一致赞同。

尤其在个体主动发展逐渐成为趋势的环境下，国际汉语教师的发展对教师的发展意识也提出了要求。目前，对国际汉语教师的培养方式，包括了学位培养、主题培训、各类研讨会和交流学习，但从访谈中也同样发现，一部分教师对于学术动态并不关心，对培训交流的参与程度也不高。一方面，是培训内容或培训形式不吸引教师，但另一方面，主要问题仍是教师本身并未具有强烈的发展意识，并未对个体未来发展进行有效的规划。另外，以教师 M 和受访者 25 号为例，她们都认为，在完成志愿者工作和学位学习后，都不会选择成为国际汉语教师，对现实的担忧、找不到价值感，或者说缺乏国际汉语

教师发展意识,都是使她们逐渐失去工作热情的原因。

相反的,在高校任教的受访者 8 号就对自己的职业生涯和发展有清晰的规划。通过关注各种学术公众号、与其他同事交流、参加学术研讨会等方式,他不断地关注国际汉语教育的整体发展,紧跟趋势,并且为自己设定短期和长期的目标和规划。同时,他也表示,教师的学习意识和专业意识都是个人的,不应该由别人来要求。

从教师意识看教师的实际例子发现,教师意识是推动教师行为的最重要因素。只有意识上对教学进行重视,才能从行动上对教学进行重视。而其中包含的内容也是相互影响的。例如教师的职业意识,同样包括了教师的道德素质,包含了教师对工作的责任感和信念感,同样,教师的专业意识也与教师的发展意识、学习意识相关联。在心理健康方面,受访教师都有较高的自评成绩,虽然在具体工作中都遇到了一些问题,从课堂、学生、学校甚至家长等诸多方面对他们施加压力,但对于工作和职业,大部分教师都表现出了乐观和积极的态度。尤其是受访教师中教龄越长的教师,他们给自己的自评分数更高。受访者 13 号和受访者 14 号,都是教龄超过 20 年的资深教师,在采访中,他们表示,在面对问题时,有积极的心态尤为重要,越往后对自己的工作更为了解,对自己的能力更为清晰,对所面对的问题就更有自信去解决。从隐性能力而言,国际汉语教师积极的教师教学意识,能够推动教师在教学过程中更为有效、更为积极的教学行为。

(二)国际汉语教师教学认知

教师的教学认知,主要来自于教师的教学感知、教学判断、教学分析、教学理解、教学情感、教学记忆、教学效能、教学创新等方面。从认知角度而言,更多依靠教师的个人能力进行教学意识和教学知识、教学技能之间的联系。

对课堂环境的重视,要求教师具备课堂感知能力,在教师和环境、学生和环境、教师和学生的互动关系中起到作用。学习者对环境的认知具有建构性,而教师的感知力,需要先感知环境作用,再对环境加以塑造,从而帮助学习者有效的环境互动。在美国,语言教师能力中就明确了教师对于学习环境的创造和维持的能力,这是基于教师感知能力出发的。

另外,教师教学认知成为教师能力系统的中枢,主要在于教师需要具备教学分析、教学理解、教学判断、教学记忆和教学创新等方面的能力。在教学过程中,教师也处于学习的过程。教学认知就相当于信息处理器,对教师的学习、经验和问题进行集中总结、分析判断和加工,形成教师个人的认知信息,并形成知识转而继续应用于教学中。这也是教师能力复杂性产生的最核心所在。

国际汉语教师的认知能力，是有个体差异性的。从访谈材料中发现，教师们在教学后都会有相应的反思过程，对自己的教学、对学生的反应都进行思考。教师普遍都对自己的教学进行反思，有的做出整体报告，有的在之后的准备过程中有意识地加入反思的内容。整体而言，教师们对于反思都表现出了有意性。不同阶段的教师在反思过程中的重点也不一样。新手教师或志愿者在反思过程中，往往从准备不足和临场发挥不顺等方面总结。由于缺乏实践经验，他们的准备与实际课堂中发生的情况有所出入，有一些环节准备不够充分，对于重难点的联系不够紧密，对具体语言点的解释也不够明确，有一些报告甚至表示自己没有把握好教学的重点。他们也更愿意从讲台的表现反思，例如口齿不清、口头禅使用、教学姿态、声音大小和语速等问题。而有教学经验的教师往往记录下课程的进度，对学习者留下的问题进行思考，或者对课程中没有达到教学目标的内容做出标记。有些则会在学习者的考试过后进行系统的反思。

（三）国际汉语教师教学知识

教师教学知识层面，主要从三个方面对教学知识有所要求，包括学科知识、背景知识和教学经验。

1. 学科知识

在汉语作为第二语言教学的学科中，教师所要掌握的学科知识不止汉语语言学知识，还包括了教育学知识、文化学知识、心理学知识等等。其中，对语言学知识的掌握，包括了语言理论知识、第二语言理论知识和文学知识等。语言理论知识可细分为汉语的听、说、读、写知识，和汉语的语音知识、词汇知识、语法知识和汉字知识。第二语言理论则包括了第二语言习得和第二语言教学等知识内容。在教育学中，对语言的教学方法，课堂教学方法以及课堂管理方法等知识内容是汉语教学过程中需要掌握的知识。从跨文化的角度来看，国际汉语教师不仅要熟悉中国的文化，还要熟悉教学国或教学对象所在国家的文化。对教师而言，全球化的环境下文化的融合同样也是教师所需要掌握的内容。学科知识每一项所包含的内容都十分丰富，例如第二语言习得所包含的内容就包括了对比分析、偏误分析、中介语假说、输入与输出假说等内容，在旧《标准》中都有列举。而这就对国际汉语教师提出很高的要求。

在教师自评和访谈中发现，教师们普遍认为自己对汉语语言学的基本知识的掌握比起第二语言习得和第二语言教学的基本知识的掌握能力更充分。首先，受访者包括了不同类型的教师，他们的专业基础也各不相同，包括了中文专业、外文专业、教育专业。一些受访志愿者教师表示，虽然是对外汉语或汉语国际教育专业的学生，但直到硕士学习期间才接触相关理论知识，只有一年的课程学习时间，对第二语言习得和教学理论知识的掌握并不系统。本土教师则表示，他们成为教师的首要要求是汉语水平和能力，因此汉语语言学的知识掌握是他们的专业能力基础。以受访者27号为例，她表示自己成为汉语教师主要是因为汉语交际能力强，并未有机会系统学习到第二语言习得和教学的理论知识。另外，有些教师认为，能力要求对第二语言习得和教学的原则和理论的表述并不清楚，并未提到"到哪个程度算好""主要要具备哪些内容"等，因此他们对自己的知识掌握的评价标准并不清晰。受访者13则以资深教师的角度提到，"这个内容应该是看教学中的具体应用是否恰当"。但大部分教师对此自评成绩高低仍然决定于自己是否专业学科出身，以及是否有相应针对的理论学习经验。

同样，对"熟悉第二语言教学的主要方法"的能力评价，受访教师给出的整体评价相比其他能力标准稍低。主要问题是他们对于自己使用的教学方法，往往是通过经验和学习得来，并无法具体明确地列举种类和类型。有的受访教师甚至问到："主要方法应该包括哪几种？"另外，本土教师6号反映，教学课堂中大多数只采用翻译法，并不经常采用其他方法进行教学，对于第二语言学习的主要影响因素，也表示不确定。

在课程作业的分析中，同样也发现了学习者不同专业所导致的学科知识储备参差不齐。量表是本课程当中重要的记录工具，学生们的量表制作有极大自主性，格式并未统一，但大部分学生提供的基本信息不全也反映了学生们对基本概念的掌握仍有待提高。29位学生的量表提供的基本信息，包括了授课日期、地点、授课教师、使用教材、课程内容、课程类型、学生类型、课时和量表维度。这都是教案中的基本内容。但表4-1显示，量表中"授课教师"内容的出现率都只有69.0%，甚至有部分学生将姓名写错。对教室地点和课程时长的提及率也都只有10.3%。有的量表甚至无任何基本信息。这反映了一些学生对待作业的态度，但同时，授课教师更应注意在课前对基本内容和重要信息的强调。这是学生，也是新手教师，在面对教学课堂时应有的基本意识。

表 4-1　课堂观察量表中基本信息提及率统计表

基本信息	日期	地点	授课教师	教材	课程内容	课程类型	学生类型	课时	量表维度
人数	13	3	20	5	14	12	6	3	16
比例	44.8%	10.3%	69.0%	17.2%	48.3%	41.4%	20.7%	10.3%	55.2%

从学科知识上看，国际汉语教师的专业性要求教师从多学科角度对多学科知识的掌握，但实际上，学科知识的数量和内容都很丰富，对于只经过几年学习就要走上讲台的教师而言太过困难。因此，教师知识的掌握应该是长期的要求，是有层次性的要求。教师知识是要以服务教学为目的，是要与教学行为搭配进行的，因此，更应该要求教师在各方面均有一定基础的前提下，以实际教学为参考进行知识内容的学习。

2. 背景知识

背景知识主要要求教师能通过不同知识与学科知识相结合，通过学科历史、学科关联或者生活关联的知识内容，与所教内容进行结合，帮助学习者进行联系。

> 例如：教师 L 在教学过程中，遇到了介绍中国的"CCTV"（中国中央电视台）这个概念。由于 CCTV 在其他国家普遍指的是"闭路电视"，在课堂上，教师 L 就首先设计了猜谜游戏，让学生们猜"CCTV"的意思，然后通过 BBC（英国广播公司）来帮助引导学生们将思路往"国家电视台"的方向上引导，从而进行进一步解释。并且，与学生们分享自己在刚出国看到 CCTV 时产生的误解。课后，对学生们进行访谈发现，学生们都记住了"CCTV"在中国所代表的含义。

这就是通过自己的背景知识，将不同的文化知识进行整合。

> 又比如：教师 J 在教汉字"飞"的过程中，遇到了学生将字形方向颠倒的情况。教师 J 不急于纠正学生的错误，而是请学生画一幅飞机的图，并且标上机翼的位置，在对比学生作业中错误的"飞"字，教学生"飞机要飞对方向"，从而帮助学生从图片中将汉字与自己的理解相匹配。

背景知识是教师个体生活经验、学习经验等内容的集合，并不代表某种能力标准，但在教学过程中，合理利用背景知识，可以帮助学习者更好的展开教学。

3. 教学经验

国际汉语教师的教学经验，主要来自于学习经验、实践经验、观察经验和生活经验。专业学生的学习过程中，往往会下意识模仿自己的老师。因此，授课教师的风格对专业学生而言是具有学习性和模仿性的。这样的经验同样来自于观察。"课堂观察与实践"课程学习中，小组成员之间就会表现出对其他成员教学实践的观察，并且扬长避短。实践经验就是实践性知识，是通过实践、反思、判断、分析、记忆之后对教学经验进行总结所获得的知识。

根据学生们的观察报告可见，在课堂观察中，他们对五位资深教师进行了观察分析，而对五位教师的整体评价如下：

教师 A：教师 A 是首位接受学生观察的教师，大部分学生在报告中表示，教师 A 的教学方式令学生们难忘。她的教学有以下特点：熟悉课程内容，掌握课堂节奏，在教学中着重将新旧知识进行结合，在课堂中用多种形式启发学生，鼓励学生思考。观察学生在量表观察后总结，教师 A 的教学课堂是以学生为中心的，强调互动，且课堂氛围轻松，学生们的学习效率高。另外，教师 A 的课件制作获得学生们的一致好评，不仅突出重点，内容清晰流畅，还能用一定的动画内容吸引学生注意力。除此之外，教学工具的广泛使用，例如识字卡的应用，也在之后学生试讲环节中被广泛借鉴。

教师 B：同样是初级综合课，教师 B 更多采用大量的讲解进行教学，伴以举例、纠错和"以旧引新"的方法进行。同样以提问作为一种常用的模式，但教师 B 更多的时候采用自问自答的形式进行。比起课件，教师 B 选择了用板书进行知识点的系统总结。在以学生为中心的基础上，能较好地掌控课堂。

教师 C：初级口语课程，教师 C 的教学特点主要是对课堂氛围的把控和管理。一方面，教师 C 的提问方式带着教学目的，在课堂中能较好地保证时间的分配，另一方面，她的讲解方式也深受学生喜欢，量表中记录了教师教学态度和蔼且温柔。教师 C 不断塑造情境、通过不同的过渡方式，以及一系列的提问，帮助学生们在不断的互动过程中寻找答案。

教师 D：教师 D 的临场应变能力给观察学生们留下深刻印象，这是与其他老师不同的。课堂上有一些状况，但教师就地取材，直接转变为课堂活动，不仅如此，教师 D 在课堂中塑造的氛围非常吸引人，教师的幽默感染了学生，设计的活动，不仅强调互动，也很重视语言能力的培养，使学生的参与度大大提高，学习有效性增强。而且，时间的把控非常准确，并没有出现拖堂的情况。

教师 E：教师 E 多在课堂上采用提问的方式，并且通过提问引导和延伸，尤其是教学内容的重难点部分，强调通过引导的方式帮助学生理解。

作为教学观察者，学生们对教师的主要观察重点在不同课程中有不同侧重。综合课观察者更注重课堂教学方式的应用，包括提问、讲解与启发、教学工具使用等；口语课则更注重教师对课堂的整体管理，包括情境设置、氛围塑造、互动过程和时间的安排。另外，学生们都通过自己的理解将"以学生为中心"的概念与实际教学操作相互联系。观察者们在课堂教学中也更关注如何吸引学生注意力、如何帮助学生有效理解、如何利用有限时空进行有效安排。重要的是，这些观察内容和记录，都能在他们之后的教案或是试讲中体现出来。

（四）国际汉语教师教学技能

教学技能即国际汉语教师的实践能力。这部分内容主要体现了教师教学行为中展示出的能力，主要根据教学的过程展示，包括教师的准备过程、计划实施过程、管理过程和课后评估过程四个方面所体现的能力。从课程作业和报告中，主要总结出教师在教学准备前期中的能力积累，而从教师访谈和实际观察中，主要体现了教师在教学实践中的能力体现。

在课程作业中发现，专业学生更注重对教师提问的观察。在"教师教学"的维度中，共有九位学生在一次或多次量表中选择了"教师提问"作为观察角度，是观察教师教学中比例最高的。肯尼斯·莫尔[1]认为，提问艺术的精益求精要求教师掌握提问的技巧，从而提高教学和学习效率。而在国际汉语教师能力研究过程中，也不乏对教师提问能力的研究。沈毅、崔允漷[2]根据问题驱动进行教学设置了量表，包括了教师预设了哪些问题、教师如何引领学生思考、教师如何护理生成的问题三大观察内容。直接使用书中量表的只有一人，其余学生均进行适当修改。表 4-2 显示了量表中最受关注的十项内容，包括了提问的对象、提问的方式与目的、提问的次数以及提问的反馈等。从学生们对量表使用的更改可见，在观察过程中，学生们具备了对量表使用的基本意识，对于所要观察的环境有相应的基本认知与判断，对于观察过程的基本统计也有一定的操作能力。

---

[1]　肯尼斯·莫尔，课堂教学技巧 [M]. 北京：人民教育出版社，2010.

[2]　沈毅，崔允漷.课堂观察：走向专业的听评课 [M]. 上海：华东师范大学出版社，2008.

表 4-2　观察量表中关于教师提问的关注点数量统计表

序号	关注内容	数量
1	提问的对象（包括个人、集体）	5
2	提问的内容	5
3	提问的方式	5
4	提问的辅助（包括设备、语言）	4
5	提问的性质	7
6	提问的目的	6
7	提问难易度	4
8	提问的次数	5
9	学生的反应（包括提问的有效性）	6
10	教师反馈	6

从学生观察量表结果发现，教师们普遍以提问推动课堂进程。根据学生观察总结，教师对大多数的提问进行了预设，一方面通过提问对课堂节奏和课堂气氛进行把控，利用有目的性的答案进行引导，鼓励学生思考和回答问题，并且吸引他们的注意力。另一方面，在集体回答为主的课堂内，大多数提问都通过简单疑问句进行，学生容易随着教师的思路，复习和巩固相关内容。但不同教师的课程中提问方式所占比例不同，综合课教师的提问是为了学生的理解，听说课的提问是为了学生的语言练习，因此在听说课上，教师提问频率更高。教师的提问反馈也有所不同，有学生观察了在无应答情况下教师的处理方式，发现细化问题引导和自问自答是较常采用的。学生们普遍处于汉语初级阶段，其理解问题和回答问题的能力都有限，教师更多选择采用有目标答案的问题，开放性问题的比例较低。通过量表观察发现，观察学生们不仅记录了不同课堂环境下不同的提问方式和频率，而且通过这些提问方式，分析出教师课堂中所要完成的任务和具体目的。

这样的结果显示，在汉语作为第二语言的教学课堂内，提问能力是国际汉语教师所应具备且应着重培养的能力之一，而对于职前教师而言，如何有效地提问，也是他们教学过程中所较为关注的。

在教学自评和反馈中，教师们的教学评价也有所不同：

因为在不同的国家和地区进行汉语教学，主要参考的材料也有所不同。如在中国教学的教师就基本按照《国际汉语教学通用课程大纲》指导下的各个教学机构和单位的实际安排进行。各个学校和机构的具体要求不同，但教师们都有具体的指导性文件作支持。而在国外的教师可能面临的问题之一是不清楚教学当地的教学标准和大纲，或者实际要求。例如在某些刚开始开展汉语教学活动的国家和地区，教师们没有文件支持，学校对实际的汉语教学安排和设计也没有足够的把握，一切都靠教师"自行安排"（受访者 7、18、20号）。在这个问题上，教师们往往只能根据经验来进行教学计划和安排。但大多数受访教师的任教国和任教地区都有自己的汉语教学标准或外语教学标准，教师们普遍以这些标准作为教学参考。

对于设计课程和制定教学计划，受访教师在自评中出现了自 3 分到 5 分的平均分布，即每个分数段的教师评价数量均等。但总体而言，受访教师在教学自主设计方面更具有发言权，既能表达自己课程准备中的想法，也能直视教学计划中的不足和缺点。在教案编写的部分，有超过 70% 的教师选择了"满意"及"非常满意"的评价。受访教师中，有的教师表示，每一节课都会准备教案，有的则认为自己准备的课件就相当于教案设计，而所有的采访者都表示，在课前准备过程中，一定会将课堂进程设计在脑海中"过一遍"，而不会毫无准备就去上课，即使授课二三十年的教师也是一样。

对于教材的评分，也分两种情况。一种情况，教师能接触到规定的教材，且有的可以接触到多种教材，因此在教学的过程中，教师也处于对教材内容的选择应用的过程。教师需要进行教材对比、主题选择、内容融合、教学准备等过程，但整体的教学有迹可循，有所参照。因此，有 13 位受访教师对教材熟悉程度给了 5 分的评价。但另一种情况，一部分教师反映，由于教学机构的支持力度不够，没有规定或支持的教材，教师的教学只能完全靠自己的计划和设计，全部依靠自己的经验和判断作为教学整体的支撑，并根据设计准备教学材料（受访者 3、7、13、22、24 号）。因此，在整体自评过程中，对有既定教材的教师而言，他们可以较好地发挥能力，选择、加工和使用汉语教材，甚至进行教材间的融合和补充，而没有教材的教师则在这两部分评价较低。但大部分教师教学均使用电子课件，无论有没有教材支持，他们都会利用课件等资源进行教学，因此这部分的分数评估整体更高。

对教师课堂教学任务和活动的能力评估，教师对自己"具备设计教学任务和组织教学活动的能力"有较高评价。有受访教师表示，这是"教学的最基本内容"。只有两位教师在受访过程中表示对自己的教学能力很不自信，主要表现在他们的教学时间太短，对于教学活动的安排很少，基本都以教师讲学生听为主，并不能有效地调动课堂（受访者 6 号、24 号）。而其余教师都表示，语言学习课堂，会尽量多地提供练习和活动给学生。在教具的制作方面，则主要根据学习者的年纪有不同的自评成绩。学习者的年纪较小时，教师们往往需要制作自己的教具来吸引学习者注意力，例如生词卡，而成年学习者的教师则主要依靠课堂设备，不会多做教具。一些教师甚至认为，多余的教具在一些课堂里并没有必要（受访者14、26、27号）。

在课堂管理效率方面，依然与教师的实际教学对象有关。例如在中小学教书的教师，他们对于课堂管理方面的问题有更多的烦恼和考虑（受访者3、10、15、16、17号）。新手教师往往对课堂管理的能力要求更高[①]。新教师往往对课堂管理能力更没有自信，也认为课堂教学中学生的反应往往是他们教学准备过程中最担心的内容。例如受访3号教师就曾表示，"我觉得国际汉语教师最需要培养的就是课堂管理能力"。与他所经历的课堂相似，不少教师在面对中小学学习者时往往面对课堂中容易产生问题导致学习活动中断，例如单个学习者的突然捣乱，吸引其他人的注意力，或者一群学生在课堂中聊天，不听教师的提醒。对于了解和适应不同国家和地区的课堂管理文化，教师们的评价不一，有的教师认为，标准要求中需要教师了解不同的课堂管理文化，而自己的工作只局限在某个国家中，对其他国家和地区的并不了解，因此自评分数不高（受访者3、13号）。但有的受访教师认为，中国国内的课堂文化是需要其他国家的学习者的了解适应的（受访者13、28、29号）。这些理解和评估的不同，主要取决于不同的教学环境。创建有利的课堂环境和氛围，则既取决于教师本身，同样也取决于学习者。有的受访教师认为，课堂中能按照自己的计划进行的课堂就是有效的课堂，而年龄小的学习者往往会打破这种计划，那么教师需要预留空间和时间处理相应的问题，有些教师则认为，若课堂中太过于安静对汉语教学也不是太有利，往往成年学习者就容易陷入这样的困境，他们不轻易打扰教师的教学，但有时也缺乏主动和热情。对于有效的课堂管理，是大部分受访教师所追求的，一些受访教师提到了自己的能力不足，另一些则希望在相应培训中增加对课堂管理的介绍。不同教师有不同的处理方式，在一些国家，当汉语教师授课时，往往会安排辅助教师，他们时常出现在课堂里，负责学生的课堂秩序，并不主动参与课堂，只有在汉语教师在解释或者课堂环境不受控制的时候才主动进入。在这样的教学环境中，汉语教师往往较少需要花时间进行课堂管理，相应地，可以更投入于教学中。而在一些课堂内，教师往往需要处理的是跨文化的课堂矛盾，由于同样的教

---

① Evertson, C.M. & Weinstein, C.S. Classroom management as a field of inquiry [A]//In Evertson, C.M. & Weinstein, C.S. (eds.). Handbook of Classroom Management: Research, Practice, and Contemporary Issues. 2006: 3-16.

学环境中有多国的学习者,在不同的文化和习惯面前容易产生冲突,有的教师选择用"幽默"的方式指出学习者的问题,在尊重不同学习者的说话权利的同时,将话题的主轴转回教学的内容。

在国外的汉语教师所接触到的课外活动相较于国内的汉语教师而言更频繁。国外的汉语教学往往与孔子学院或当地华人组织相结合,因此在中国传统节日里往往会共同举办活动,教师也有更多机会与学习者在课外活动中互动,但国内的教师往往只在课堂中进行教学,很少组织课外活动。在对课外活动的组织过程中,有受访教师认为活动本身的流程大致相同,所需要掌握的能力也比较基本。

对于测试和评估,不同职位的教师也有不同的理解。一部分教师自然而然认为,测试和评估就是语言课程的考试,有的是语言技能的考试。往往教师们都通过测试来评估学生的成绩和语言学习的掌握程度,但也有一部分教师认为普通考试并不是完全能检测学生能力的方式,相反地,他们会根据学生的学习表现能力进行参考。但总体而言,教师们普遍认为,直接的考试依然是最直观的方式,试卷中常常能体现出学生学习内容的缺失和不足,根据这些,教师们就可以对学习者进行更深入的辅导,但学习者们的学习时间往往只有一年,因此教师们并不会对此做更长期的跟踪考察。

第二节　国际汉语教师跨文化能力结构分析

一、国际汉语教师跨文化能力

语言教师尤其强调跨文化能力。在其他语言教师标准中,例如 TESOL 教师标准,就要求教师理解和应用与文化价值和文化信仰相关的知识,教师还需要了解种族问题、刻板印象等内容在教学中的影响。另外,学习者家庭环境对学习者的学习产生非常重要的影响,教师同样被要求与学习者的家庭进行有效的互动。除了现实文化环境对学习者的影响外,对学习者本身的文化概念培养也有所要求,一方面,要求教师能帮助学习者从学习过程中理解和应用语言文化人际关系的概念,另一方面,则是通过各种资源建立自己的个人文化身份。美国的语言教师标准因分为"英语作为二语"和"世界语言"两种学科,在文化多样性上有不同的要求。两者的差距在于,美国是以英语作为主要使用语言的国家,英语作为外语的教学对于英语非母语的学习者群体而言非常重要，学生对英语的学习过程中也包括了对英语文化国家的学习，而相应的，对于英语的教学，教师则更需要有针对性的教学，并且了解不同学生身上的不同文化对于英语学习的影响。旧《标准》中，对中国文化和跨文化交际是两个方面内容，但在新《标准》中则归为同一类。

张红玲[①]针对外语教师的跨文化能力进行分类，包括了跨文化交际能力和跨文化外语教学的能力，二者都可以细分为知识、技能和性情／态度。杨盈、庄恩平[②]则将全球意识、文化调适、知识和交际实践作为有层次性的四种能力，共同组成外语教学的跨文化交际能力。在这样的设定中，不仅学生需要培养这四种能力，教师本身也缺一不可。

郑通涛[③]认为，语言交际能力是人体综合能力的体现，能够根据不同交际目的、场合，结合语言和非语言能力达成有效交际，其中包括了语言能力、肢体语言，人体器官系统等综合协调能力。同样，在汉语教学过程中，对于教学的最基本目的，就是培养汉语学习者的汉语交际能力。要成为学生的表率，教师首先需要具备相应的能力。交际能力更是适应环境、动态发展、复杂应用的能力的整合，是国际汉语教师在教学过程中必备的能力之一。跨文化交际能力，是语言教师在与其他学科教师能力比较过程中，最突出的特点之一。跨文化交际能力最应该受到重视的就是在不同语境下如何能够成功进行交际，这也是语言教师需要掌握的能力。在交际过程尤其是跨文化交际中，社会环境扮演着非常重要的作用，一方面，对社会的看法，可以改变个人的价值观、需求以及态度，另一方面，社会环境的限制往往会抑制情感和表达，阻碍需求的满足，甚至影响个人自我确认。这也是 Bochner 和 Kelly[④] 所强调的，跨文化交际能力需要与环境进行有效互动，而跨文化交际能力的实现，也往往体现在其交际有效性上。他们提出，教师需要具备的技能包括了具有诊断和效能两大特征的基本技能，具备移情交际的能力，具备反馈和叙述的能力，需要忠于自己的感受和想法的能力，具备自我揭露的能力以及，实施弹性行为的能力。而这正是要求教师能在交际过程中，塑造一个相互信任的学习环境，前提是，交际双方可以为了达成交际目的相互合作，不仅能理解对方的交际意图，更能让对方理解自己的交际目的，这要求学生们不仅要善于倾听，感同

---

① 张红玲. 外语教师跨文化能力培训研究 [J]. 跨文化交际研究, 2009, 1(00):278-290, 355-356, 363, 369.

② 杨盈, 庄恩平. 构建外语教学跨文化交际能力框架 [J]. 外语界, 2007(04):13-21, 43.

③ 郑通涛. 复杂动态系统理论与语言交际能力发展 [J]. 海外华文教育, 2017(10):1301-1310.

④ Bochner, A. P., and Kelly, C. W.[J]. "Interpersonal competence: Rationale, philosophy, and implementation of a conceptual framework." The Speech Teacher, 1974, 23(4): 279-301.

身受，还需要通过自己的表达反馈和一系列行为，向对方展示自己的想法和感觉，而所有的一切，都应该具体到联系各种新方法，辨别和关注表现不同的特殊方式的程度。面对不同文化的学生，教师最重要的是使用正确的教学策略，将学生的交际风格和学习风格进行匹配。正如 Varner 和 Beamer[①] 对不同文化学生的教师教学能力的研究发现，有效的教师教学，往往首先了解不同文化之间的区别，能理解学生的学习风格和文化影响，其次，能运用各种教学策略和教学技能应对学生的不同风格。最后，能从"人"的角度，摒除对种族等内容的歧视，并且在与学生建立良好关系的同时，保持平等的热情和耐心去面对学生。

黄启庆、刘薇[②] 对三十年国际汉语教师研究的回顾发现，如今，对国际汉语教师的跨文化交际能力的研究得到了重视，包括了跨文化适应能力、跨文化交际能力和跨文化传播能力，是赴海外教学的语言教学和传播的基础。国际汉语教师需要在尊重学习者的不同文化的前提下，具备以跨文化为核心的语言能力[③]。跨文化交际能力是外语教学培养的最终目的，而语言综合能力的提高是外语教学的主要任务之一，最终还是要归结为有效沟通达成交际目的[④]。

二、国际汉语教师跨文化能力内容分析

从国际汉语教师的跨文化能力出发，同样分为四个方面，如表 4-3 所示。

表 4-3　国际汉语教师跨文化能力列表

国际汉语教师跨文化能力			
跨文化意识	跨文化认知	跨文化知识	跨文化技能
全球化意识 跨文化意识	跨文化视野 跨文化感知 跨文化理解 跨文化分析 跨文化情感 跨文化适应	中国基本国情 中国热点问题 中国基本常识 任教国基本国情 任教国热点问题 任教国基本常识 任教国文化禁忌	跨文化适应 跨文化交际 跨文化教学 跨文化传播 汉外文化对比

访谈中发现，教师自评最高分的标准要求是"尊重不同文化，具有多元文

---

①　Varner I & Beamer L. Intercultural communication in the global workplace[M]. 上海：上海外语教育出版社，2006.

②　黄启庆，刘薇. 国际汉语教师研究三十年回顾与展望 [J]. 云南师范大学学报（对外汉语教学与研究版），2017, 15(02):1-16.

③　刘晶晶. 试论对外汉语教师自身跨文化交际能力的培养 [J]. 辽宁教育行政学院学报，2006(03):65-66.

④　杨盈，庄恩平. 构建外语教学跨文化交际能力框架 [J]. 外语界，2007(04):13-21, 43.

化意识"，说明教师们普遍认为自己具备跨文化意识。以受访的本土教师的自评成绩为例，

　　在对中华文化基本知识的理解过程中，平均分较低的主要原因是有的受访教师给了自己1—2的自评分。在采访过程中，他们表示，由于是本土教师，他们对于中华文化本身就是以"外国人"的身份进行学习的，虽然有的在中国学习生活了一段时间，但他们反而更难用简单的方式向学习者解释和阐述中华文化和蕴含的价值。另外，在不同国家任教的教师也反映，外界对中国的认识比较片面，因此他们所能理解的中国文化本来就带着自己的判断。而这些教师同样表示，如果没有特殊情况，例如学生自己提出如"中国人是不是吃狗肉？"之类的问题，教师也很难能有机会去改变这些观念。另外，很多课堂，尤其是初级汉语课堂内，对中华文化的教学都只分散地出现在语言点教学内容的延伸中，并没有独立的课程系统地进行。而有一些教师更是对"能将文化阐释和传播与语言教学有机结合掌握相关中华才艺，并能运用于教学实践"的概念表示困惑。

　　正如前文所说，由于受访教师本身并非都是中国人，他们对中国的了解本身就参差不齐，而一些教师表现出对时事的不了解和不关注。但对于客观介绍中国这个方面，大部分受访教师表示认同。本土教师中也大部分在中国留过学，因此，对"了解中国基本国情"的能力标准自评，也有超过70%的分数高于"满意"。

　　对于世界文化的了解过程中，教师们普遍尊重不同文化，并且自觉具有多元文化意识，并且一部分教师强调了尊重不同文化对于国际汉语教师的重要性。有超过50%的教师在这一标准中给自己的自评成绩达到5分"非常满意"。对于学习者文化背景单一的教师而言，他们能够更准确地分析比较中外文化的异同，并且能更好地将比较结果应用在课堂中帮助学生记忆，但对于学习者文化背景较为复杂的教师而言，他们首先要做的，是能尽可能地了解每个国家学习者基本情况，但在课堂上却无法有针对性地进行文化比较，只能根据例如"亚洲文化"、"欧洲文化"或者"汉语文化圈"、"非汉语文化圈"进行学习对象的大致区分来教学。而对于"了解世界主要文化的特点"这一标准要求，一部分教师认为，这个条目的范围太大了，世界主要文化的概念如何界定－如何区分本身就很难，而对文化特点的掌握与否也存在着很多的可能性，因此评分并不突出。

　　也正如访谈中，受访者11号提到的在课堂上出现的文化冲突的问题，"文化冲突有点多，主要来自不同国家学生之间的。这个时候跨文化交际能力和

课堂管理能力重要……主要是应变能力……班上不同国家学生的，跨文化交际能力一定要好"。课堂中会出现文化冲突，为了避免，国际汉语教师需要用能力去保持权威性，缓解课堂尴尬。

观察中发现，不少老师遇到了学生迟到的问题，解决方式大概分为四种：第一，对学生的迟到行为不作过多表示，让学生自行进入教室，课间再与学生进行沟通。第二，对学生的迟到行为不作过多表示，之后也不与其进行沟通。第三，在接下来的教学活动中主动将迟到的学生邀请到活动中，让他迅速进入课堂氛围。第四，通过一句玩笑，让学生缓解尴尬，进入教室，之后再沟通。国际汉语教师所面对的学生群体来自不同国家不同文化，一些国家文化确实并未将"迟到"作为一项不礼貌，或者是在学习过程中不应该出现的行为。但在中国环境里，对于迟到学生的处罚往往比较严格，如若用这种方式对待其他文化背景的学生，则容易产生抵制心理。受访者 26 号就表示，曾经用错误的方式对待迟到的学生，导致后来学生每节课必到，但是在课堂上完全不听讲。正确处理的方式并未限定为哪一种，但以此为例，对于国际汉语教师的跨文化能力，是可以通过案例课程或者经验分享的方式进行的，通过知识的积累来更正跨文化行为。

可见，无论是跨文化意识、跨文化知识或者跨文化教学技能，都是与国际汉语教师的教学能力相联系的，教师的认知能力也是以不同的方面进行的，国际汉语教师能力内容的分类并没有清晰的边界，只是具体能力中对某些能力的要求更高。

第三节　从外部环境看国际汉语教师能力发展

提出重塑语言教师教育，是 Kumaravadivelu[①] 在全球化新环境下对语言教师发展的新思考。通过从"后国家视角"、"后现代视角"、"后殖民视角"、"后传播视角"和"后方法视角"五个全球视角，Kumaravadivelu 充分认识了新环境对语言教师的影响力，并总结出 KARDS 模型（见图 4-3），将教师的知、行、识、析和察成作为主要五个能力方面，在环境的特殊性、实用性和可能性三个主要参数的影响下，对学习者、教师和教师教育者进行有效的联系。在语言教师研究领域内，Kumaravadivelu 将环境在教师发展过程中，对教师

---

① Kumaravadivelu, B. Language teacher education for a global society [M]. New York: Routledge, 2012.

能力的影响进行了有针对性的划分。语言教师的能力被分为知识力、分析力、识别力、行动力和观察力，在这个结构中，教师能力之间相互联系，环境在其中不断产生作用。发展到此时，教师能力研究不仅整体结构复杂，在发展过程中，更注重从教师基本能力的角度对教师的专业性进行定位，不仅各个部分能力之间结构复杂，能力之间相互互动，而且，在环境具备的特殊性、实用性和可能性上同样进行了联系，所有能力之间都相互适应、相互影响，因此，系统本身具备循环和自组织特性，不断变化。但同样，这样的语言教师能力所考察的内容更多元，变化发展和动态性更强。

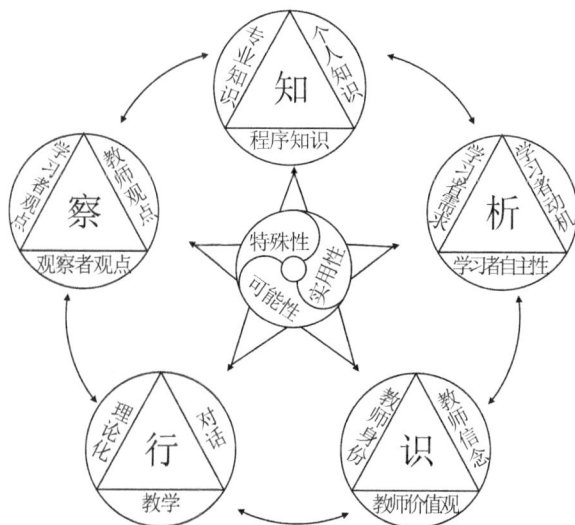

图 4-3　Kumaravadivelu（2012）的语言教师的 KARDS 模型

从地域性角度看国际汉语教师能力发展，是基于国际汉语教师群体的教学工作场所遍布世界各地所作的思考。语言教学环境与语言教师之间产生互动关系，而国际汉语教学在世界范围内提供的不同教学环境是对国际汉语教师能力的直接考验。前文对课堂环境、机构环境不同的情况下的国际汉语教师的能力进行了分析，而宏观环境即不同地域环境中国际汉语教师能力发展同样有所不同。不同国家和地区文化背景、汉语发展现状、汉语教学支持力度各有差异，也各有变化发展，对国际汉语教师的能力发展而言，是参考的重要因素之一。本节通过自建数据库，从近十年国际汉语教师相关资讯出发，探讨不同国家和地域的国际汉语教师发展趋势与关注重点，对国际汉语教师能力发展的地域性进行说明。

一、世界范围内国际汉语教师资讯发展情况

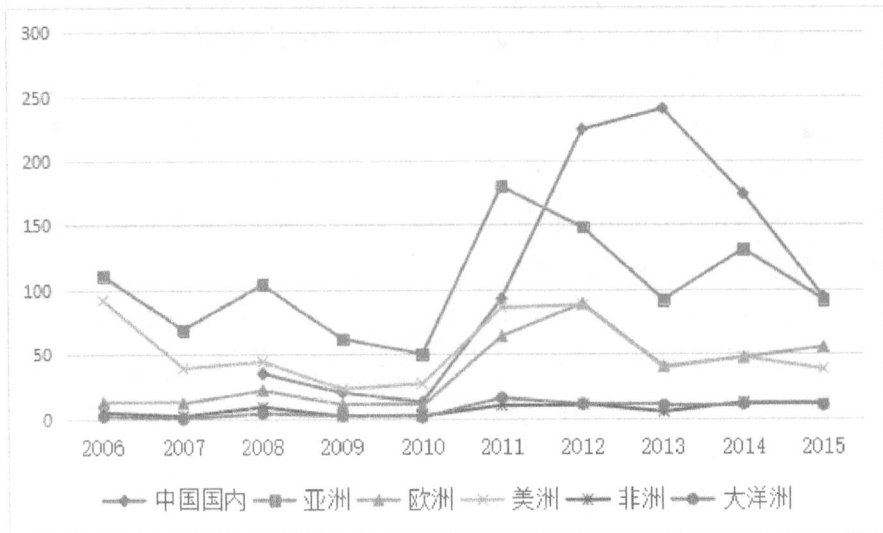

图 4-4　2006—2015 年各大洲汉语教师相关资讯数量比较

图 4-4 显示了 2006—2015 十年间各地区的汉语教师相关资讯总量对比。从总体资讯量整理可见，国际汉语教师资讯的总体发展趋势有以下几个特点。

第一，自 2011 年起与"国际汉语教师"相关资讯迅速增加。一方面，2011 年起《海外华文教育动态》进行改版，资讯量迅速增加，另一方面，在 CNKI 网站以"国际汉语教师"为关键词进行搜索，自 2006—2010 年的文献共 309 篇，而 2011 年一年就有 293 篇。2011 年，实际上是对国际汉语教师群体的关注迅速增加的转折点。

第二，资讯数量与各大洲汉语教学发展情况密切相关。从资讯数量的变化中发现，"国际汉语教师"相关资讯的逐渐增加往往是需要某个国家或区域的汉语国际教育发展至一定阶段。亚洲与"国际汉语教师"相关的资讯数量居各大洲首位。在亚洲，汉语教学或称华文教育有相对更长的历史和更丰富的教育资源，汉语国际教育的整体发展更为成熟，对国际汉语教师的关注度也更高，其中，东南亚多国汉语教学的迅速发展是主要原因。自 2006—2011 年，美洲资讯数量多于欧洲，而 2011 年之后，两大洲资讯数量基本持平，且欧洲逐渐超过美洲。欧洲资讯的增加，主要原因是多个国家的汉语教学逐渐发展起来，也逐渐增加了对国际汉语教师相关内容的报道。虽然非洲和大洋洲的资讯数量相对较少，但作为汉语国际教育推广的对象地区，十年间从涉及

国家数量和资讯总量都呈上升趋势。

第三，资讯中出现的国家数量逐渐增加。2006 年，亚洲资讯基本来自菲律宾、马来西亚、印度尼西亚、泰国和新加坡。美洲 92 条资讯只有 9 条来自其他国家，而非洲 5 条资讯中就有 3 条与南非有关。2008 年，逐渐增加了津巴布韦、埃塞俄比亚、白俄罗斯、乌兹别克斯坦等国家的教师资讯。2009 年，多米尼加、哥斯达黎加、马达加斯加、尼泊尔等国也逐渐有汉语教师的相关新闻。2011 年，资讯收集的增加，许多国家的资讯都有数量的增加，以日本、韩国为例，也有超过 10 条的资讯。2012 年，欧洲与美洲的资讯量持平，这一年，俄罗斯有近 20 条的资讯，泰国资讯迅速增加，超过了 60 条。2013 年，南美的汉语教师发展，在阿根廷、巴西和厄瓜多尔等国家也逐渐展开。2014 年，摩洛哥、瑞士、亚美尼亚也开始有教师相关资讯。2015 年，不仅在格鲁吉亚、吉尔吉斯斯坦、喀麦隆、卢旺达、坦桑尼亚等国家开始有汉语教师相关资讯。

第四，各大洲资讯高频词的使用既有共性也有特性。通过对所有资讯内容的词频统计发现，如表 4-4 显示，各大洲资讯高频词的使用包括了"教师""汉语""孔子学院""教学""培训"等词语，但有些高频词的使用却在特定的区域内。"教师"在资讯中是固定的高频词。在不同大洲，则搭配了"华文教师""汉语教师""中文教师"等不同表达法。"华文"的使用主要应用在华裔较多的亚洲，相应的，美洲更常使用的是"中文"。"孔子学院"则是主要的与国际汉语教师相关的教学机构。不同大学的孔子学院是汉语教学的主要场所，既是外派国际汉语教师的联络安排机构，也是国际汉语教师各类活动的主要发起机构。"培训"和"研讨会"则是国际汉语教师能力培养的主要形式。"志愿者"和"本土"教师则是国际汉语教师群体中，最常被讨论的两个类型，除亚洲对二者都有较高频率的关注度外，美洲和欧洲更倾向讨论"本土"教师的培养发展，而大洋洲则有较多与"志愿者"相关的活动报道。加大"本土"教师的培养力度，同样是国际汉语教师群体所面临的现实问题之一，对"本土"教师能力的培养更需要考虑地域化、国别化问题。

表 4-4　资讯数据库中各大洲常用词频率统计表

词语	亚洲	美洲	欧洲	非洲	大洋洲
教师	5.36%	5.17%	4.46%	2.28%	3.99%
汉语	5.16%	2.77%	6.09%	7.49%	3.40%
华文	2.14%		0.63%		1.03%
中文		5.10%	0.88%	0.98%	3.84%

续表

词语	亚洲	美洲	欧洲	非洲	大洋洲
中国			0.94%	1.63%	1.03%
孔子学院	2.29%	2.11%	3.39%	4.72%	1.92%
教学	2.15%	2.57%	2.81%	4.23%	2.07%
大学	0.86%	1.00%	0.77%		
培训	1.94%	1.79%	2.18%	0.98%	1.18%
研讨会		1.28%	2.01%	1.79%	0.89%
师资	1.04%	0.80%			
志愿者	0.83%			0.81%	0.89%
教育	1.09%	1.00%	0.58%		1.77%
教	1.65%				1.62%
华	2.24%		0.69%		1.77%
本土	0.82%	0.82%	0.91%		

世界范围内,"国际汉语教师"资讯数量的不断增加,象征着汉语国际教育的发展逐渐成熟和壮大。越来越多国家的汉语教育发展都将关注重点逐渐转移至国际汉语教师能力发展本身,未来教师能力研究同样也需要将国别化、区域化纳入考虑。

二、国别化角度看国际汉语教师发展趋势

图 4-5 是各大洲资讯量最具代表性的国家示意图。美洲资讯基本来自美国,美国的资讯总量遥遥领先,主要原因是前期对美国汉语教师的关注比其他国家高。亚洲资讯最主要来自东南亚各国,包括泰国、马来西亚、菲律宾、印度尼西亚和新加坡等国都是主要参与者。亚洲的汉语教师发展本身受到更多关注,原因在于以泰国、马来西亚、印度尼西亚、菲律宾等国的华文教育和汉语教学发展历史更长,资源更丰富,和中国的关系也更密切。欧洲的整体资讯量不如美洲,但以德国、法国、英国和意大利为代表的几国资讯数量相对平均。下文将通过不同国家的具体资讯分析阐述国际汉语教师能力发展的国别化影响。

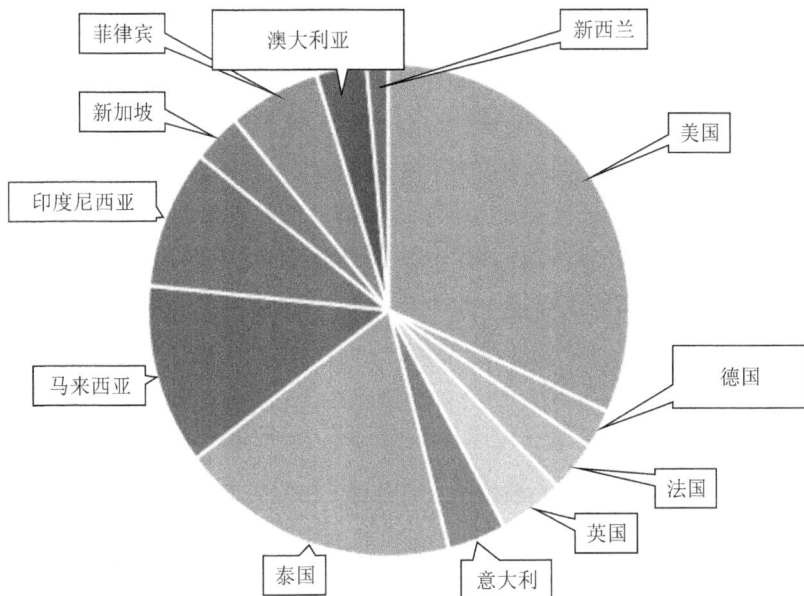

图 4-5　十年间不同国家的国际汉语教师资讯量比较

（一）美国

2006 年，美国国际汉语教师主要关注 AP（Advanced Placement Program）课程和教师资格两个问题。首先，美国公立学校的汉语教师面临三大挑战，除去语言水平和教师公民身份外，还要求汉语教师获得教学执照和教学资格。但多数的汉语教师并不具备相应资格，正式教师数量少，合格教师急缺。其次，美国各界、孔子学院在召开的研讨会和培训课程都直指针对 AP 课程的汉语教师资格考试。为了应对美国对国际汉语教师在公立学校教学的高要求严标准，2006 年有许多相关的教师培训班，主要针对教师资格证书考取和 AP 教学的专业辅导。除了对教师中文专业和教学能力的针对性要求，美国汉语教学希望招收的教师是思想开放、性格活泼、具有特别好的沟通能力和环境适应力的老师，而教师们希望获得的是良好的师资课程训练，取得教学资格，掌握有效的教学方法。

2007 年 5 月，AP 中文考试在美国举行，以应试为目的的国际汉语教师培训内容增加，教学法、5C 标准的课堂运用以及 AP 教学与课程设置等是培训热门内容。合格的汉语教师数量少，在美国对汉语教师需求量达到 5000—7000 人的情况下，能提供的合格汉语教师人数只能达到十分之一。（详见《美国汉语学习越来越热，汉语教师缺口将达到七千》，载《海外华文教育动态》2007年第 6 期）中美之间针对国际汉语教师培养的合作也有所增加，除美国纽约中文教师学会持续与南京大学在汉语教师培训方面进行合作以外，政府和学校也多管齐下，包括提供奖学金，开设执照班、证书班、硕士班等不同类型长、短期培训班，鼓励华裔教汉语，与中国合作进行人才培训和培养，举办各种汉语教学主题研讨会，多角度吸引国际汉语教育的教师资源。汉语教师培训也紧紧围绕汉语发展趋势，汉语教学方法和课堂管理是必备内容，中国文学、古汉语、汉语写作、高级汉语等方面也有涉及，另外，针对 AP 机考模式对教师也进行技术培训，包括数位学习、多媒体与网络辅助主题。

2008 年资讯进一步探讨汉语教学热度和师资数量问题。美国各大学、中国汉办等机构都在积极修正关于中文教学"广而不精"的问题。中文的需求逐渐提高，师资需求量也逐渐增加，一方面，相应的教师培训增加，包括了对教师教学方法、语体意识、多媒体教学、自我检视等主题，另一方面，统筹资源建立统一的中文教学课程大纲也成为解决途径之一。除教师应试内容外，培训也包括了对教师语体意识的培养，语法教学，汉字教学、普通话等具体问题的培训。培训的内容多针对教师执照的考取，中文学分的修订，以及对中文学习标准的学习。美国试图通过"星谈计划"为培养更多有证书有教学能力的教师提供支持，也增加了当地教师到中国学习交流的机会。

2009 年美国的汉语教师资讯集中在与汉语教师资格相关的机构建立。美国认为，国际汉语教师师资在专业性和稳定性上都需要得到提高，并提出相应的解决方案。美国东湾州立大学再一次强调了其截至 2009 年唯一提供华文师资证书班、执照班及硕士班三种课程的大学的身份。美国马里兰大学也成立了汉语教师资质发展中心，以培训合格的本土教师为目的。美国洛杉矶推广汉语教育，并提供中文教师奖助项目，完善中文课程。同时，美国大华府中文教师学会的成立也成为当地首个以主流汉语教师为核心成员的组织。

2010 年逐渐暴露了美国汉语教学过程中汉语教师短缺的问题。虽从美政府在"星谈"计划和汉语纳入国民教育体系等措施中看出对汉语教学的重视，在不断增加的中美交流中，"汉语客座教师计划""国外汉语教师来华研修项目"等中美合作措施也逐渐成熟，但美国教师的缺乏和师资质量的问题仍然使中文教育遇到瓶颈。普遍鼓励"本土化""多元化"才能真正摆脱汉语师资荒，因此美国也逐渐扩大了本土师资培训队伍。

2011 年，美国对国际汉语教师数量上的困扰试图通过提高教师质量来解决,资讯主要包括各类国际汉语教师培训,汉语教学主题研讨会研讨,学术讲座或论坛,以及教师大会。热门主题包括了文化相关、教学方法、课堂管理、教材培训、汉语教学和汉语推广以及现代科技辅助教学。与文化相关的主题出现了 11 次,课堂管理和汉语教学方法各出现 8 次,以教学理念、教学设计在内的教学相关主题出现了 8 次。具体的汉语语音、汉字、语法和词汇的教学也都有所涉及。另外,仍有一些培训在帮助教师掌握证书考取的方法,介绍 AP 考试以及如何找到汉语教学工作。

2012 年,国际汉语教师资讯更集中在教师活动上,包括各类研修班、中文大会和主题宣讲在内,共占全年资讯的 78.4%。热门主题与文化或教学法相关。文化主题包括了文化融入,教师艺术概念和文化意识培养。教学法包括了文字教学、写作教学、语法教学和词汇教学的内容。对汉语课程设计的培训内容增加,对科技辅助教学的主题同样受到关注。另外,对教师执照培训内容减少,教师教学能力的培养转向了探讨与美国实际课堂环境的关系。资讯中开始增加了对"本土教师"培养和"沉浸式教学"的关注,鼓励进行更科学的汉语教学。

2013 年,随着美国汉语教师资讯量的减少,培训和研讨为主的资讯主题内容分散。首先,对实际教学法的探讨,包括了利用故事、电影等外部资源辅助教学。对课堂管理、教学理论、专业设置、效果评估、理论与实践结合等方面内容也都有所包括。其次,在对汉语教学的具体设置过程中,AP 考试、OPI 测试、共同核心课程标准等内容都有所考量,更关注美国实际教学环境的影响。在"实用性"和"本土性"概念的影响下,对汉语教师的培养也分两部分,对外派教师和志愿者,主要提供适应性培训,以期更好适应美国的教学环境,而对本土教师的培养也逐渐增加。另外,培训从原来对汉语教师资格认证的追求,逐渐转向了对教师能力的探究。

2014 和 2015 年的资讯量普遍下降,主题方面变化不大。主体上依然是汉语教学法、教材编写和课堂管理为培训热门主题。这两年对汉语教师的教学培训,以汉字教学作为最主要的培训内容。"沉浸式教学"已逐步成为美国汉语教学的特色之一,也以此为主题进行了多项教师相关培训。在关注教师的教学技能之外,这两年的研讨会更在意双语教学环境下教师的培养,已不只停留在对汉语作为外语教师的提高。从全球化视野对汉语教学进行审视也成为近两年汉语教师教学研讨会上的新热点。在美国的汉语教学中,更加强调在全球化环境中,汉语学习者的语言能力的实际应用情况。

综上所述，美国的国际汉语教师资讯发展主要体现了对教师能力培养的发展趋势，这是建立在美国的汉语教学环境和实际教学要求之上的。当汉语教师面临资格证书和新课型考试压力时，对国际汉语教师能力的要求就偏向应试能力和培养学习者应试能力的能力。当新环境对"本土教师"有更高的需求时，针对本土教师能力的培养就更受重视。但在十年间，对于美国国际汉语教师的能力培养，仍针对教师的语言教学能力、文化教学能力和课堂管理能力，采用的培养方式也主要是主题研讨会和相关培训。

（二）泰国

泰国的资讯自2011年之后逐渐增多。如今，泰国的汉语课程的开设在高等教育和基础教育中都进入多样化，不同的汉语机构也应运而生，不仅汉语学习者人数多且覆盖广，教学形式和教学课程也趋多样化，最重要的是泰国的汉语教学具有很大的自主权。① 但同样，泰国仍然期待有统一的华校系统作为汉语教学的支持后盾。

泰国资讯中对泰国汉语教师存在的数量短缺和水平不一两方面问题的提及篇幅不多但较为平均。在泰国，最受瞩目的是中国的汉语教师志愿者和泰国的本土教师。词频统计中，"本土"占了总词汇数的1.7%，"志愿者"占了1.4%，在词汇频率表中分别占第八和第九。每年派往泰国的汉语教师志愿者数量都远超其他国家。2003年，泰国第一批汉语教师志愿者只有23人，直到2013年，已上升到1683人，十年间累计达到了8722人。（《泰国掀起"全民汉语热"，英文编辑学中文》，载《海外华文教育动态》2013年第8期）这个数字仍在增加，而资讯中也十分关注志愿者在泰国的实际教学情况。中国教师志愿者在泰国的生活获得了当地高校和孔子学院的关注，不仅有欢迎、欢送会和一系列工作表彰及工作慰问，而且志愿者在泰国的学习工作也获得相应支持，在职培训和教学研讨交流会在志愿者在任期间连续性地出现。相较于其他国家，赴泰志愿者在资讯中获得了更多的重视。对本土教师而言，泰国的本土教师培养概念早于其他国家，且首先采用与中国的合作交流方式进行。2011年前，本土教师的培训往往与中国合作，将本土教师送往中国。2011年后，泰国的本土教师培训开始逐渐在泰国国内进行，培训内容也逐渐增加，不同的学校也组织了不同的本土教师培训。对培训内容而言，泰国的教师培训最注重教学理论和教学方法等内容。

① 郑通涛，蒋有经，陈荣岚．壹、泰国的汉语教学[J]．海外华文教育，2014(03):227-233.

　　泰国汉语教学目前的问题依然是大纲和师资，为此，郑通涛等[①]的建议是，虽然志愿者教师能缓解一定的问题，但要帮助泰国解决汉语师资问题，还是应该实现汉语教师的本土化，充分发挥孔子学院的作用，进一步挖掘华校的潜力，并且继续实施"请进来、走出去"的策略。在本土化师资的培养过程中，泰国几个孔子学院走在前端，例如曼松德孔子学院。2012 年，曼松德孔子学院全体教师都获得 HSK 考试管理资格证书，汉语教师质量高，且成为其他学校观摩学习的榜样。（详见《曼松德孔院全体教师获得 HSK 考试管理资格证书（A 级）》，载《海外华文教育》2006 年第 1 期）

　　（三）马来西亚

　　根据词频统计发现马来西亚资讯中有几个特殊的词汇。"呼吁""短缺""荒""解决""问题"等词汇都超过 10 次。而这些词汇都聚焦为同一个内容，即马来西亚的师资短缺问题。马来西亚的华文教育体系虽然保持了体系的完整性，但在十年的资讯整理中同样凸显了其存在过程中仍未解决的师资问题。现有的马来西亚华文学校中，华小、国小和华中都面临类似的问题，在师资短缺问题上得不到实质的解决，导致了师资质量下降，因而产生了恶性循环。[②]马来西亚国小近年来增加汉语课程需要更多教师，教师调配过程中对国小的侧重导致华小教师资源越发紧缺，虽采用临教进行补救，但教师总体质量同样令人担忧，不仅专业毕业生未完全符合教学需要，许多教师的教学水平和汉语语言水平也受到质疑，本土教师队伍发展仍然稚嫩，职业化程度较低。马来西亚教师的师资短缺问题，是连续性的，而教师的流动性大，又影响着教师的教学质量。因此，马来西亚的汉语教师队伍仍然面临巨大的挑战。

　　面对汉语教师的双重压力，马来西亚主要采取了不同主题的教师培训和本土师资队伍建设的方法来解决。不仅从汉字、语法等汉语语言要素教学进行专题培训，在教学和课堂管理方面进行提高，而且对教师人文素养和心理健康也有所涉及。本土汉语师资队伍的建设也是目前解决实际教师问题的一大趋势，其所提供的稳定性和高素质才能真正缓解师资压力，但教师队伍建设能做的依然很多。

————————

　　① 郑通涛,蒋有经,陈荣岚.壹·泰国的汉语教学 [J]. 海外华文教育,2014(03):227-233.
　　② 柯雯靖.马来西亚华文教育师资发展问题——基于《海外华文教育动态》的研究发现 [J]. 海外华文教育,2017(03):424-432.

（四）菲律宾

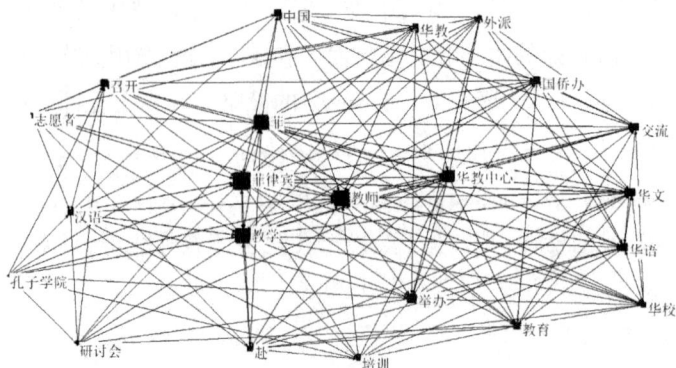

图 4-6　菲律宾资讯高频关键词的共词网络图

通过共词分析法，对菲律宾 10 年资讯中的高频词使用进行分析，从可视网络图 4-6 可见，菲律宾资讯的高频关键词的共词网络中，在资讯共同使用词汇中，除"菲律宾""教师""教学"等相关高频词外，"华教中心"和"外派"成为菲律宾资讯中使用的有特色的高频词。首先，菲律宾的汉语教学活动主要针对对象是当地华侨华人，华教中心则作为菲律宾华文教育中，在中国政府、国家汉办和菲律宾当地孔子学院之间沟通的主要机构，在当地国际汉语教师发展过程中，扮演着重要的角色。其次，"外派"教师在菲律宾资讯中颇受关注，原因之一在于，菲律宾直到 2014 年才开始通过汉办招收汉语教师志愿者，在此之前，关注的都是外派汉语教师的发展。从网络图中同样可以看出，在菲律宾，对国际汉语教师的培养，主要依靠的是教师培训，主题研讨会和中菲之间的教师交流。

（五）印度尼西亚

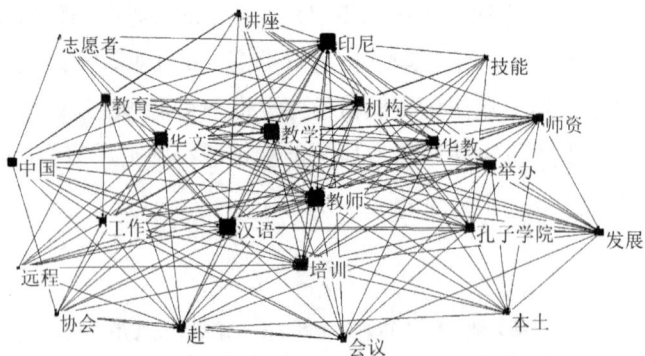

图 4-7　印度尼西亚资讯高频关键词的共词网络图

印度尼西亚的资讯，较有特点的包括了"培训"、"远程"和"本土"。图4-7中同样通过对印度尼西亚资讯高频关键词的共词分析，发现"华文"、"华教"和"培训"等词的共现频率高，在资讯中共同出现率高。其中，"培训"提及率高，包括了对汉语教师的汉语知识、汉字知识、教学方法等内容的培训，培训内容和频率相较于其他国家资讯，占较大篇幅，且与其他词汇的相关性更高，是印度尼西亚对国际汉语教师能力发展采用的主要方式。另外，虽然"远程"的共词性低，但是其词频高。在相关资讯中发现，印度尼西亚有针对性地选择"远程"作为教师培养的一种方式，不仅培养学历生，也培养本土教师，不少教师的学历学习都是通过远程进行。而本土教师也同样是印度尼西亚教师未来发展的侧重点。

（六）德国

2006年，德国法兰克福大学的汉语研究和教学就从6个方面得到令人瞩目的成绩，包括历史悠久的汉语研究，适时转向的汉语研究，严格的教学管理体制，拼音化的教学方法，教学课程质量的优化和与外界交流合作的加强。（详见《法兰克福大学设中国客座教席》，载《海外华文教育动态》2006年第1期）与其他国家相比，德国的汉语教学已经历了近200年的历史，专业化教学也已超过125年，对汉语教学的问题处理更成熟，也更有特色。[①] 德国的汉语教学是具备相当丰厚的基础的。

以教师培训和主题研讨会为主要内容的资讯也体现了不同时间段德国汉语教学过程的具体问题。其中，对语言教学的培训分为三个部分，第一，对汉语语音、词汇、语法、汉字甚至口头语与书面语在教学过程中的应用。第二，探讨中华文化在课堂中的教学融合，包括了文化吸引力、文化译作、文化结合和文化活动在课堂中应用。第三，也是最常出现的，是对教学技巧和课堂管理能力的训练。

2006年—2011年间，教师包括语言能力、跨文化能力培养，教学案例分析学习，教学展示，可操作性教学培训等，总体上都突出德国汉语教学对课堂教学有效性的重视。2011年和2012年，德国在汉语教师发展中分别着重强调了本土教师培训和本土教师联合培训两个主题。随着2011年汉办首次在德国组织了教师培训，本土教师的培训也纷纷在不同孔子学院进行，主题包括了教材培训，语音、词汇、语素教学，阅读课教学，汉语教学课堂技巧，课堂管理技巧等等。2012年的联合培训包括了德国慕尼黑孔子课堂与歌德学院

---

① 管克江，展示立体中国，促进心灵沟通：德国汉语教学走过三百年 [EB/OL]. [2016-12-06]. http://world.people.com.cn/n1/2016/1214/c1002-28947093.html.

总部的合作，以及莱比锡大学孔子学院和萨尔兹曼外国语学校孔子课堂的合作。而德国汉语教师发展的合作不仅于此，2007 年开始德国所采用的是"外语助教交流"的模式，中国向德国派遣汉语教学志愿者的同事，德国也向中国外国语学校派遣德语助教，由中德两国共同支持。这样的合作获得了高度的评价（详见《德中汉语教学工作者交流中小学汉语助教经验》，载《海外华文教育动态》2012 年第 2 期），也成为中德语言教育中的一大特色。

自 2013 年后的资讯，减少了教师培训的内容，更强调中国国际影响力，强调对中国文化的重视，并在 2015 年建立全德中文学校联合总会，将汉语设置为 76 所中学的正规必修课程。

德国的汉语教学形式包括了中小学、高校、大学语言学院、人民高校和孔子学院等，汉语教师主要由五个部分组成，德国汉学教授、学过中文的普通德国人、德语流利的非职业教师、德语水平有限的职业教师以及德语流利的职业教师。[①] 在德国，慕尼黑大学有汉语师范专业，科隆大学将汉语作为语言类师范专业的补充学科，中国也外派了职业的汉语教师，但是教师仍然有巨大的需求，目前提供的师资数量也不足。汉语教师本身人数不够，供不应求，这要求教师谨慎教学，因为他们的教学效果将直接影响未来的生源，对教师的要求高[②]。如今德国中小学汉语教师中，以汉语为母语的教师往往因有限的汉语教学法训练和不流利的德语影响教学，而德国本土教师的汉语水平本身就有待提高。德国学生理想的老师是熟悉德语的汉语职业教师或德语流利但未受过教师培训的中国人。外语助教互派项目肩负了双重使命，一方面用母语协助汉语老师上课，另一方面还需要进修德语[③]，而母语不同的教师本身培训需求不同，在知识结构和文化背景方面急需有针对性的培训，但目前却只能统一接受培训，培训效果可想而知。

对德国国际汉语教师而言，其能力发展随着社会环境对汉语的重视程度增加了挑战。汉语教学的范围增加，汉语学习者数量增加，汉语教师培训效果有待提高等问题，也都对国际汉语教师能力提出了新的要求。

（七）法国

2011 年开始，法国对汉语教师资讯的数量迅速增加，大部分与汉语教师的培训相关。培训中最常出现的主题是汉语教学法的应用，2011 年提到了"考教结合"的汉语教学，在中法环境中选取的结合教学法，2012 年提到结合

---

① 徐肖芳. 21 世纪以来德国汉语教学现状研究 [D]. 湖北工业大学，2010.

② 李明. 德国杜塞尔多夫孔子学院的汉语教学 [J]. 云南师范大学学报（对外汉语教学与研究版），2009, 7(05):34-38.

③ 朱锦岚. 德国中小学汉语教学综述及启示 [J]. 外国中小学教育，2012(02):61-64, 26.

中法语言文化交流的汉语教学,并讨论到法国现有的教师专业性和教学时间性在有限环境里如何做到教师长期培养。2013年更多探讨汉字教学,并且是基于中法关系、语言交流前提下的培训,2014年讨论汉语教学技巧,并深入到本土汉语教师培训中对语言培训、技能培训和实际操练的具体要求。2015年,本土教师培训和远程培训进行了有效结合,更多探讨了在中法不同文化中的融合和比较,将汉语水平测试应用到教师培训中,进一步强调了词汇、语法和文化的教学选择的重要性。总体而言,法国自2011年开始重视汉语教师培训,最主要的培训内容以汉语教学方法为主,并逐渐考虑到在中国和法国不同的文化和教学环境中,如何将汉语和中国文化有效融入法国的语言学习课堂中。在这些年中,虽然有不同主题方法的针对性培训,但不变的是鼓励多媒体教学在课堂中的应用,以及网络教育、远程教育等技术支持的教学技巧的提高。

白乐桑认为法国的汉语教师培养,短板在于汉语教学和欧洲语言框架的挂钩和中国文化传播模式的局限性,并建议培养汉语教师的归纳能力、观察能力和比较能力。(详见《欧洲法语地区孔子学院召开研讨会,聚焦可持续发展》,载《海外华文教育动态》2015年第5期)

(八)英国

2011年,值英国华文教师节十周年,中国国侨办发出了三大希望,"希望华文教育不仅让孩子们学习汉字,还要注重他们的素质教育;二希望能在英国建立一支优秀的华文教师队伍,在教书育人的同时,提高自身的素质;三是希望老师们所在学校争办一流华文学校"。(见《英国华文教师节创立十周年,中国国侨办发信祝贺》,载《海外华文教育动态》2011年第1期)比起其他国家,英国资讯中突出了中英之间汉语教师的相互交流,不仅是志愿者和中方教师在教学过程的教学辅助,丰富的教师巡讲团和专家学者讲座同样也帮助汉语教学和汉语教师的进步,英国各中小学校长也通过访华寻求合作机会。2007年,英国就开始了对中国的研究,不仅在牛津大学、布里斯托大学和曼彻斯特大学联合成立了中国研究中心,而且在南安普顿大学和诺丁汉大学也设立了中国研究专业,在汉语教学的基础上,对中国的研究和了解会更好地促进教师成功的教学。此外,南安普顿大学孔子学院还提议建立汉语教学网络,互通资源的同时,能更好监控汉语教学情况。这方面,英国走在了世界的前列。但这十年间,对英国汉语教师影响最大的因素仍然是师资数量的问题。

英国的本土教师培养也是发展亮点之一,如图4-8所示。英国的本土教师培训内容包括讲解教材以及教材本土化发展的探究，讲授课程设计理念以及中华文化融入，培训汉语教学技能以及课堂管理能力，汉语本体知识及其教学的系统培训，汉语听说读写技能的具体教学，教师素质和能力发展的模块分析和实际教学观摩，教学方法交流和本地化，教师从业测评和能力标准等。

比起其他国家对本土教师的重视，英国的汉语教师更注重教学范畴内的精细化，即重视中小学汉语教师的培养。英国中小学汉语教学是近些年英国汉语发展的侧重。针对中小学汉语教师的培训中，不仅有中英文对比分析，汉语作为外语教学理论，汉语发音和语调的联系以及汉字词汇的课堂教学，还讨论了中华文化如何更成功融入课堂学习当中。汉语进入英国的中小学教学系统中，同样也面临着不同的升学考试的压力，包括了 GCSE 和 IB 考试，因此，英国中小学的汉语教学，要求教师在汉语教学和应试中进行融合和选择。

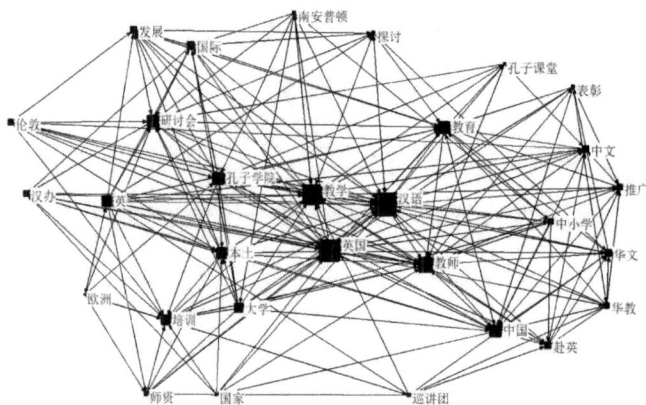

图 4-8　英国资讯高频关键词的共词网络图

根据十年资讯的整理，笔者从五大洲着手，对不同汉语教学环境下的国际汉语教师受关注度进行了统计，并且根据资讯的主题总结了在不同地区国际汉语教师的发展情况。根据实际整理可知，不同国家和地区在国际汉语教师的发展方面，不仅重视程度和提供的支持不同，关注重点也并不相同。在汉语国际教育发展的需求关注中，对国际汉语教学的区域化特征、国别化特征都需要有充分的考量，不仅是海外学习者的学习环境因素，学习者本身的需求和特征的不同也导致了教师教学内容和教学方法的选择增强。①

---

① 郑通涛，陈荣岚，方环海. 基于"需求"导向的汉语国际教育的发展与创新——亚太地区国际汉语教学学会第八届年会综述 [J]. 海外华文教育，2017(03):390-404.

文中对八个国家的丰富资讯进行进一步文本分析，由八个国家的汉语教学发展水平，首先肯定了，汉语教育发展到一定程度，教师的质量和培养成为汉语教育发展的重要推动力这一观点。汉语教学水平发展到一定程度，对于国际汉语教师的能力就更为重视，二者之间的相互促进关系更为明显。这同样支持笔者，对于国际汉语教师能力国别化培养的观点。

八个国家有共同关注的资讯内容，但每个国家也都体现了汉语教学发展特色下对国际汉语教师能力的不同要求。例如美国，对国际汉语教师能力的要求，就需要首先符合美国本土的教师资格要求，因此需要开设执照班、证书班等辅助教师获得教师资格。泰国作为国际汉语教师志愿者的主要派往国，在资讯中更重视志愿者的适应能力，但也正是因为志愿者的流动性大，促使泰国更早地注重本土教师的培训与发展。马来西亚虽然也有完整的汉语教学体系，但他们更多面临的是师资短缺的巨大挑战，需要通过培养本土教师作为师资问题的解决方式。德国更注重本土教师培训和本土教师联合培训的主题，注重的是教师的双语能力。法国则注重教师的汉语教学法的掌握情况，注重通过培训提高教师能力，强调教师多媒体技术应用能力。英国在本土教师培养方面有亮点，但在实际教学领域，更注重中小学汉语教师的培养，对教师的汉语教学针对性有较高的要求。

第四节　总　结

从国际汉语教师能力内外影响因素的分析，主要从国际汉语教师能力内部，即国际汉语教师的教学能力和跨文化能力入手，分析在实证中得出的国际汉语教师能力所应包含的内容。在教师意识、教师认知、教师知识和教师技能的分类中，内容之间相互影响。而以教师教学能力和跨文化能力为子系统的内容分析中同样发现，具体内容也是相互包含的。所以，在复杂视角下，国际汉语教师能力内部因素种类多，相互影响，且互相之间并无明显的边界区分。

国际汉语教师外部影响因素分析，则主要从国际汉语教师所处国家环境不同进行分析。在文本分析中通过对五大洲的基本情况对比，以及具体国家的实际情况分析，可见不同地区的国际汉语教师发展不同，即使在同一大洲，各个国家和地区汉语教学的发展情况不同，所能提供的教学资源和培训支持也是不一样的。他们存在共性也存在个性。但总体的趋势可以分为几个步骤，在汉语教学的起步阶段，各地的汉语教师更需要与中国高校或机构的合作，提供相互交流和学习的机会，当汉语教学进入稳定期时，教师们则需要钻研不同教学课堂的实际教学应用，而当汉语教学进入成熟期时，本土教师的培养和发展则成为比较热门的话题。教师本身的能力受到更严格的监督，教学的类型和对象也更为详尽。综上，汉语国际教育发展程度不同的环境，对教师能力的要求完全不同，未来的研究方向，对于国别化、地域化视角下的国际汉语教师能力针对性培养是必不可少的。

笔者从内部因素和外部因素两个方面，对国际汉语教师能力的复杂性和动态性进行了验证，并且得出结论，在国际汉语教师能力结构中，除互动性导致的内部结构的复杂变化外，外部环境同样也使国际汉语教师能力结构处于不断变化的过程中（如图4-9）。

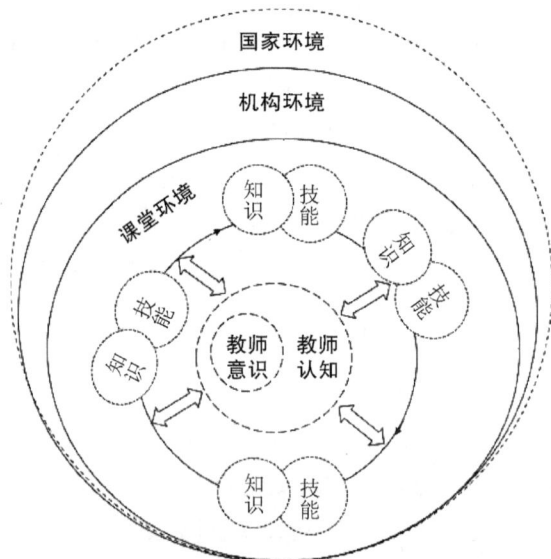

图4-9 国际汉语教师能力动态关系图

第五章　复杂动态理论下国际汉语教师能力发展研究

前一章对国际汉语教师的内部和外部影响因素进行了分析，对国际汉语教师教学能力和跨文化能力为代表的能力结构，根据教师意识、教师认知、教师知识和教师技能进行了更具体的分类。并根据资讯对国际汉语教师的外部发展环境进行了有国别性的分析，由内外因素的影响对国际汉语教师的能力结构的动态变化和复杂结构进一步解析。根据以上内容的分析，国际汉语教师结构的动态性，既表现在内部结构的动态变化，也表现出受外部环境的不同影响。本章在目前研究结论的基础上，为国际汉语教师能力的发展做出进一步的思考分析。主要从能力标准应用，能力发展方式等方面对国际汉语教师能力的实际应用进行阐述。

第一节　国际汉语教师能力标准的应用思考

从能力的具体结构特征分析，第一，国际汉语教师的各能力之间都是相互联系，并非完全分隔开来的。第二，不同教师能力要求和表现形式不同，在本土教师和国内教师身上表现尤为明显，而这些内容在能力标准中应如何做出通用的权衡，是值得思考的。

根据对受访的本土教师和教龄超过 10 年的资深教师的能力自评分数进行统计，如图 5-1 中直观可见，资深教师对自己的能力评估普遍比本土教师的自我评估成绩高，平均分也都比本土教师高出将近一分。从具体能力标准项看，两个组别教师自我评估分差最小的是 14 和 50，分别对应了"具备汉外语言对比的能力"和"能使用任教国语言或英语进行交际和教学"。两项都指向了汉语学习者母语的使用，二者的区别在于，本土教师相对具备更流利的任教国语言能力，而许多资深教师反而以汉语作为主要教学语言。本土教师的优势在于，比国内外派的教师更了解当地学习者的语言能力、学习能力，也更熟悉当地语言学习政策。同时，本土教师也更有效掌握任教国语言，能更好地与汉语进行对比。资深教师中包括了只在中国国内教汉语的老师，例如受访者 12 号, 教龄将近 20 年, 但是外语却是弱项, 在评估中他给了自己较低的自评分。另外, 资深教师也包括了在超过 20 个国家进行过汉语教学的受访者 4 号, 她认为, 汉语教学就应该以汉语为主。若要熟悉每个任教国的语言, 对国际汉语教师而言, 基本是做不到的。"很多国家都不是英语, 大多数人都觉得英语至上, 但有些国家英语也不好啊……每一期的学生都不一样, 也不可能为了学习者完全都学", 她认为即使面对初级学习者, 也可以用图案和其他方式来辅助教学, 甚至总结 "我们对汉语没有自信"。

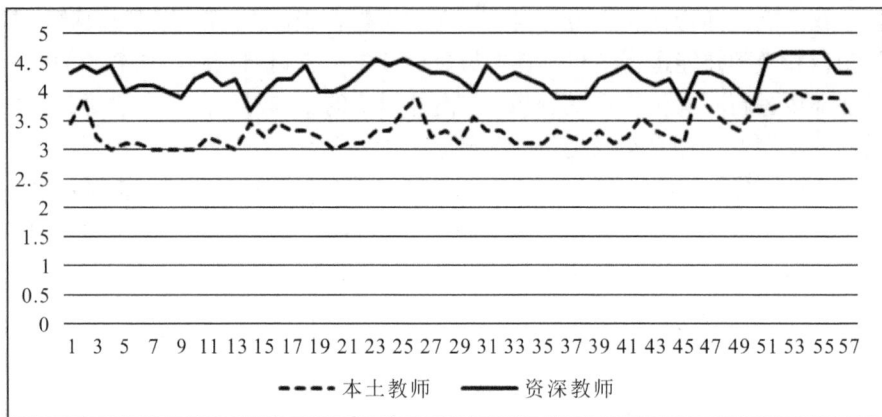

图 5-1 本土教师与资深教师能力自评对比趋势

本土教师在几个方面能力评估分数相对高。例如, "具有提高自身汉语水平的意识和能力", "能根据教学需要利用各类教学资源制作、补充教学材料" 和 "尊重不同文化, 具有多元文化意识" 等。主要原因之一是, 受访教师均到中国交流、学习过, 对中国有比较深刻的了解。但对于大多数能力自评, 本土教师平均都选择了 "一般" 的评价选项。采访过程中, 本土教师也同样表现出谦虚的态度。以受访者 6 号为例, 她认为: "汉语不是我的母语, 我也还在学习……生活中所用的语言比较好, 但是教学语言感觉有点瓶颈, 没有提高和进步。尤其是书面语方面还存在比较大的问题。" 在原来的汉语教学中, 她更倾向于通过自己的学习经验作为参考, "因为学生是初级的, 是从交际的角度教汉语, 学习者不是要学语言原理的, 是应该应用到实际生活中的"。

相较于本土教师, 资深教师能力自评中平均分值最低的是 "具备汉外语言对比的能力" "了解世界主要文化的特点" "能使用任教国语言或英语进行交际和教学"。另外, 对 "测试与评估的基本知识" 的自评成绩也相对较低。主要原因在, 第一, 受访者们对于 "世界主要文化" 的范围限制并不清晰, 无法进行有效的自我评估,第二,许多教师面对的学生都是以学期或者学年进行更换的,之后遇到的学生类型特点都不一样,对教师而言,对学生们的测试只是为了检验他们的学习成果,不会进行更进一步的评估和研究。

志愿者教师能力自评与资深教师相比也整体更低。除"具有提高自身汉语水平的意识和能力"二者持平,在"尊重不同文化,具有多元文化意识"和"遵守法律和职业道德规范"等能力要求也有相似分数外,志愿者教师只在"能使用任教国语言或英语进行交际和教学"一项内容自评超过了资深教师。对受访志愿者教师而言,在汉语技能教学、掌握汉语教学标准和大纲以及组织课外活动三个方面,都有进行能力提高的空间。见图 5-2。

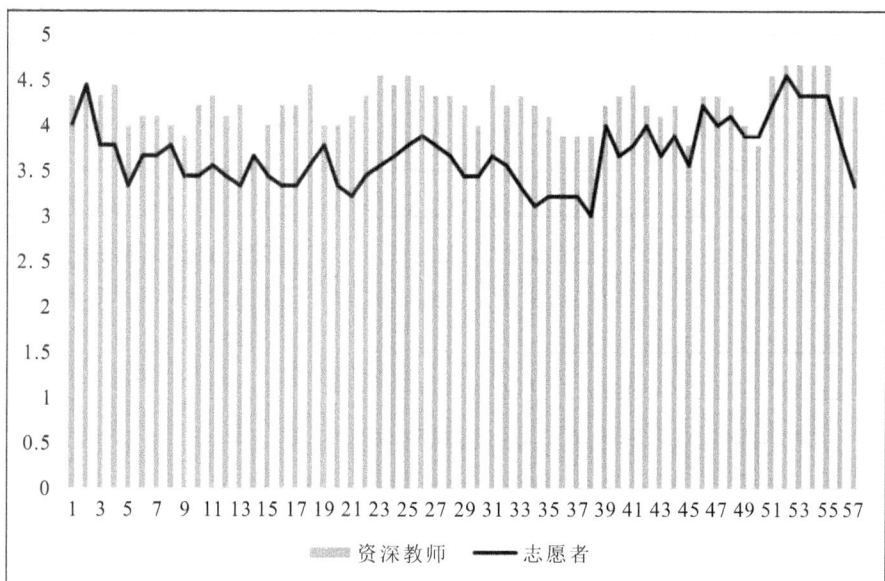

图 5-2　资深教师与志愿者教师能力自评对比趋势

受访的志愿者教师工作实践中的教学对象往往是汉语初级学习者,更注重学习者语言技能的教学,更注重从教学中发现教学问题,因此在自评中往往会通过问题,降低能力自评分。受访者 31 号提到,自己本科专业是英语专业,对汉语基础和理论并不熟悉,一年的专业学习能学到的有限,应用过程中还是觉得能力不足。受访者 1 号更提到"在教学经验之后更知道不足……你要把它应用到实际教学中,才知道有哪些不足"。另外,由于课堂限制,志愿者教师所接触到的课外活动大多以孔子学院组织的节日与活动为主,在自己的教学中很少自行组织,因此在能力评价中也并未有高分自评。再者,在对汉语教学标准和大纲的熟悉程度方面,志愿者教师表示,一些地区并未提供相关的教学标准,学校也并未有相应的文件,教学过程中也没有相关参考。

"国际汉语教师"概念的使用,主要指向了以汉语作为二语为教学目的,在不同教学环境内进行教学的,包括中国国内、派往海外的对外汉语教师、汉语教学志愿者及海外本土汉语教师在内的教师群体,以及以汉语国际教育的专业培养学生。然而从以上研究中发现,无论是从国际汉语教师能力的动态结构的建立,还是国际汉语教师能力具体内容的分析,仍然应以教师具体情况作为研究重点。在自评和访谈中也发现,国际汉语教师能力标准的使用过程反映的问题,可从以下三个方面对现有能力标准的更新提出建议。

一、国际汉语教师能力标准的层次性

欧洲共同语言参考标准(The Common European Framework of Reference for Languages,简称 CEFR),为欧洲语言使用建立了评量的架构,从而对语言学习成果进行评估。根据水平等级的设置,对学习者的语言使用有准则地进行划分。也正如其他国家语言教师能力标准中设定的一样,能力标准需要进行层级水平的分类设置。资深教师和本土教师的自我评估就明显体现了能力程度和优势的不同。而对能力标准的层级设置则能为不同类型的国际汉语教师提供更为准确的参考。

以跨文化知识为例,国内教师与本土教师对中国国情的了解程度就不一致。在新《标准》中,只用"了解中国的基本国情"作为要求,使本土教师在自评中评分偏低。若是能通过层次性为能力标准进行限定,则可以更有效解决以上问题。将能力标准分为"初级""中级""高级",将能力分为不同程度,能使教师在参考时,能有更准确的程度认知。表 5-1 就是以"了解中国的基本国情"为例,对能力标准进行有层次性的分类构想。在以汉语教学为主要目的的条件下,对能力的要求也集中在对教学的应用。初级能力要求掌握中国与学科相关的国情知识,能在汉语教学中有意识的,正确的介绍。中级能力则需要将中国国情综合应用,并且能针对较敏感的话题进行有效的应对处理。高级能力则既需要掌握中国国情的综合知识,还需要教师有相应的教学能力将知识应用于教学环境中。在实际要求中,更强调的是国际汉语教师能力在汉语教学中的应用。对教师而言,他们首先要对中国国情有正确的认识,其次才是全面的认识。通过层次性的分类,更适用于不同类型不同程度的国际汉语教师。另外,以层次性设定的国际汉语教师,能为教师发展设定发展目标,由初级向高级不断发展。这同样符合了国际汉语教师能力的发展和变化性。

表 5-1　能力标准层次性示例

	初级	中级	高级
了解中国的基本国情	能在教学中对中国国情进行正确且客观的介绍。例如中国的教育概况,中国的社会现状等。	对中国的政治、经济、民族发展有系统了解,能自然应用到汉语教学过程中,能应对课堂中的敏感话题。	对中国国情有深入的了解和探究,能根据不同条件的教学对象有针对性地将中国国情应用于汉语教学中。

二、国际汉语教师能力标准的国别适应性

前章对国际汉语教师所在的不同国家发展状态进行了探究,并通过八个国家的不同的汉语教学水平对国际汉语教师的影响进行了具体的分析。从环境和个体的互动关系可见,不同国家对国际汉语教师能力发展有不同影响,而国际汉语教师能力的提高同样能影响这个国家的汉语教学环境。具体分析同样说明,不同环境下对国际汉语教师发展的具体要求也是不同的。如今,《国际汉语教师标准》在发行时,会根据不同国家提供相应的语言和汉语的对照版本。而未来的国际汉语教师的能力标准的设定,同样可以在此基础上,对不同国家和地区的教师提出更为有针对性的能力要求。

以美国为例,对国际汉语教师能力的要求可以增加以下几个内容,第一,获得汉语教师资格。美国的汉语教师需要获得美国授予的教师资格证,因此,在针对美国的《国际汉语教师标准》,就可以针对教师资格所需要的语言能力、教学能力内容增加具体能力项目。第二,具备 AP 等汉语考试应试技巧。美国的汉语教学有部分需要针对语言考试进行,而教师熟悉考试类型、考试内容并具备应试技巧,是具有针对性的能力要求。第三,美国的汉语"沉浸式"教学成为近几年的热点,在其他国家尚未系统地进行类似的汉语教学时,对"沉浸式"教学能力的要求同样也成为对美国的汉语教师能力的具体要求。第四,美国对全球化环境的强调,以及其多元文化融合的背景,同样要求了国际汉语教师的跨文化能力不只是中美文化能力,而是多种文化能力的结合。

以泰国为例,在大量培养本土教师的汉语教学环境中,更应针对本土教师进行具体能力的设定,而中泰的合作交流使得许多本土教师有机会到中国学习,对本土教师能力的要求也就相应地增加学习能力的要求,合作交流能力的要求等。而英国在汉语教学过程中更针对中小学学生,对英国的国际汉语教师能力要求则应该增加对具体教学对象的语言、教育、心理层面的知识掌握。

《国际汉语教师标准》的制定是为了服务于所有国际汉语教师,但教师群

体的多样性，则要求在能力标准的基础上，能根据具体环境进行具体内容的增加。在以国际汉语教师意识、认知、知识和技能为结构的条件下，环境影响认知，而具体改变的是知识和技能的发展。

三、国际汉语教师能力标准评估性

据能力标准的层次性和国别适应性可见，教师的自我评估同样应参照能力标准而定。但受访者们普遍反馈，对于《国际汉语教师标准》的内容并不熟悉，也并未将此应用到工作中。专业培养中，学生们也未针对性地对能力标准进行学习，无法明确学习目标。但能力标准的层次性设定同样能提高其适用程度。

将国际汉语教师能力标准应用于教师的自我发展中十分重要。第一，能力标准的层次性，能为国际汉语教师的自我定位提供更多空间，降低主观性增强客观性。在自我评估中，每一个层级都可使用 Likert 五分量表作进一步评估，让教师能从层级和评估中确定自己的能力状态，并以此设定自我发展目标。第二，在专业培养的评估中，可以为专业学生设置评估线，即通过能力的准确评估来判断学生学习成果，给予学分。专业学生根据能力标准要求，进行有针对性的训练，对能力的培养也更自觉。第三，可以为国际汉语教师的职位考核、教师资格证提供更有针对性的评估文件。

因此，从国际汉语教师能力发展的角度，对能力标准制定的更新，在丰富能力内容的条件下，对能力标准的设定更全面，更具动态性，并将能力标准设置为专业培养的参考、本土教师证书的参考、教师职位考核的参考，提高其适用性，真正将能力标准要求应用到教师能力发展中。

第二节　从发展方式多样化看国际汉语教师能力发展

教师专业发展说明教师发展的个体化、内在化和长期化。在实证研究中，通过对不同发展阶段的教师进行了课程学习、教学观察和培训观察等多角度的考察发现，对国际汉语教师能力发展的研究需要从动态的角度进行。研究中发现，无论是同一阶段的不同教师，或者同一环境的不同教师，其能力构成和表现形式都是具有很强的主观性的，同样印证了前文中对国际汉语教师隐性能力主导作用的假设，并且，能力结构的表现形式都并不一致。

而国际汉语教师能力的互动结构同样也体现了其动态特征。

第一，整个结构内部是不断变化的。无论是职前教师还是实践阶段教师，在能力展现中都由所变化。例如，教师技能是不断相互影响的，职前教师的教育学知识在观察能力的推动下有所提升，对教学计划和教学量表的设计都有了新的认识，增加了知识积累，从而影响其计划能力和教学能力的提高。同样，在行为改变的情况下，教师对与教学计划所应具备的内容也有了不同的认知。

第二，每个部分内容都根据实际情况变化。对于动态结构图而言，教师意识、认知、知识和技能四个部分都是通过虚线组成，这代表了每个教师都具备不同的能力优势和缺点，每个部分的大小都根据能力值变化。例如实践状态的教师，教师 L 的能力结构图就更突出其交际能力，而教师 Y 的能力结构图就更突出观察能力。每个教师的能力结构图，都是不一样的。

第三，整个结构也在不断向前变化。如图 5-3 所示，教师的专业发展随着时间推移会有不同的发展阶段，而在不同发展阶段中，教师的能力发展既有其内部的不断变化，在整体发展过程中也是处于逐渐提高的状态，在整体的国际汉语教师能力发展中，教师能力结构在不断完整，整体水平提高，且内部不断相互影响，不停变化。

图 5-3 是对国际汉语教师能力动态发展的解释。从整体性上看，是既包含国际汉语教师隐性能力，又包含了环境的影响。从互动性上看，国际汉语教师能力中教师意识、教师认知、教师知识和教师技能是相互影响的。从可能性上看，国际汉语教师能力的发展并非按照一致的轨迹进行，且教师具体知识与技能的体现也随个人特点有不同变化。从边界波动性上看，国际汉语教师各项能力之间以虚线所示，并无明显的界限区分。从自适应性上看，国际汉语教师能力可以在不断变化中进行调整，在内外因素共同影响下，在不断变化过程中，保持其相对固定的整体特征。

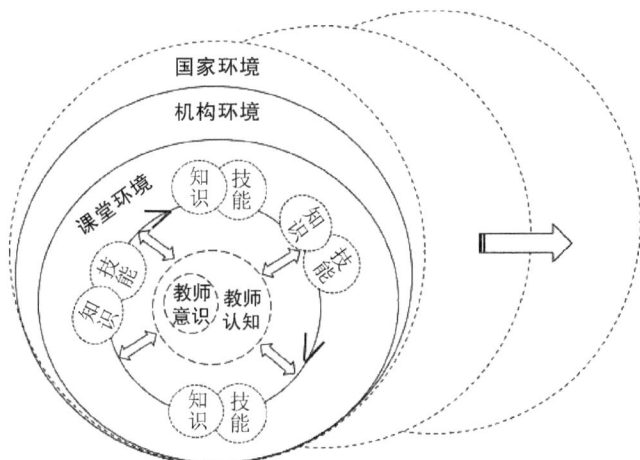

图 5-3 国际汉语教师能力动态结构发展图

　　现有的国际汉语教师能力发展和培养，除了专业学位培养外，其余内容都以教师培训为主。但培训效果单一，主题不符合教师需求，都导致了教师培训并未达到预期效果。本节内容就从国际汉语教师能力的结构入手，通过对数据内容的分析提出了与国际汉语教师能力密切相关的多样化能力发展方式，如表 5-2。

表 5-2　国际汉语教师能力发展方式表

类型	能力发展方式
根据教师意识不同	- 教师自我发展意识建立 - 教师角色定位 - 教师研究意识培养 - 教师学习意识与工作意识的结合 - 教师信念坚定 - 能力标准评估 - 教师定期咨询与辅导
根据教师认知不同	- 教师实践的增加 - 教师理论学习与实践的结合 - 教师互助合作小组 - 教师与学习者的沟通 - 教师个人档案袋的建立
根据教师知识不同	- 专业培养 - 教师培训 - 教师学术研讨会 - 即时资讯（公众号） - 大量阅读（期刊、文献、书籍） - 与同事交流
根据教师技能不同	- 教师职前实践 - 教师技能大赛 - 教师互助合作小组 - 教师培训

一、根据教师意识分析国际汉语教师能力发展方式

　　从国际汉语教师能力结构中发现，教师意识是国际汉语教师能力的核心，是教师能力实施和发展的核心。然而，目前对国际汉语教师意识的研究并未将其作为教师能力的核心，也并未从发展的角度探讨教师意识的培养和加强。国际汉语教师意识包含了对教师道德素质、教师价值观、教师角色意识、发展意识、教师信念等内容，而教师意识的培养主要是为了保持国际汉语教师的工作热情。

　　国际汉语教师的角色定位，是要求对国际汉语教师的定义、身份、职责、专业程度等内容的进一步确定，使国际汉语教师从自我意识层面认识到自己

的职业身份、专业身份。另外，教师发展指向教师的自我发展意识，国际汉语教师对自身发展意识、学习意识、研究意识的建立也是保持教师工作热情的方式。意识的培养，主要依靠教师个体的理解和思考，但外部环境同样可以提供一定的帮助。例如专业学习阶段通过课程设置提高学生自我发展的意识，在机构就业前的培训增加对机构理念的介绍，以及教师之间的分享会，都可以通过理念的传达和分享，帮助国际汉语教师提高对意识的重视程度。而教师能力标准的评估中，对于教师意识的内容设置也应更贴近教师的实际教学，令教师能随时对自己的教学进行自检。增加学校、教学机构对教师的定期咨询和辅导，对教师的心理健康有充分的了解，随时关注教师的心理动态，在教师心理出现问题是迅速提出解决方案，保证教师教学过程中的稳定性。

二、根据教师认知分析国际汉语教师能力发展方式

从教师认知层面可见，教师实践是提高教师认知的最有效方式。丰富的教学经验能为教师提供更多的认知判断基础，而从专业学生的反馈中也可知，对于实践的渴求是第一位的。教师在进入工作岗位之前，拥有足够的实践经验，能帮助教师建立信心，并且更游刃有余处理各类问题。这同样也要求，培养教师理论知识时，应该将课程设置与实践相结合，通过理论知识和实践的相互促进，从认知角度提高教师的能力。另外，教师的合作、与学习者的沟通，从不同的角度看待自己的教学工作，通过客观的评价解决主观存在的问题，都是促进教师认知提高的方式。教师个人档案袋的建立，更主要是通过教师的反思来促进教师能力发展。本文中通过数据库内不同教师的教学计划、教学方案、教学反思报告等内容分析教师能力，发现不同的文件可以帮助教师更好的总结教学，而个人档案袋的建立，令教师能通过不同时期的教学进行反思，从而促进能力发展。

三、根据教师知识分析国际汉语教师能力发展方式

教师学科知识的培养主要来自于学科专业培养，但由于国际汉语教师的专业背景复杂多样，专业课程设置时应对教师学科背景有所了解从而开设有针对性的理论课程。教师的培训和研讨会是最常用的提高教师知识的方式，但不少教师反映，目前的主题培训包含了强制参加的不符合需求的培训，或者是没有实质内容的培训。因此，不仅需要提高教师培训和研讨会的质量，教师个人也应提高学习意识，找到自己所需，培养阅读习惯，通过不同的期刊、文献、书籍甚至是各种学科订阅号文章来学习。另外，教师互助合作小

组也是提高教师知识的有效方式之一。国际汉语教师并不是单独个体发展，作为每一个群体里的一分子，教师同样能从其他教师的经验中学习和提高知识。在交流过程中，分享困惑同样有利于获得相应的解答。

四、根据教师技能分析国际汉语教师能力发展方式

教师技能的提高方式最为直观，最主要的方式就是增加实践。职前增加实践能增强信心，职后参加技能大赛，也能对教师有所提高。教师互助合作小组，可以通过扮演观察者或者被观察者，在交流中发现问题，改正问题，学习经验，转化为技能。

第三节　国际汉语教师能力研究的实际应用

一、对国际汉语教师专业培养的应用

根据对汉语国际教育专业培养方案的分析，国际汉语教师能力研究的应用也应集中在以下三点：

一是强调了对学生实践的要求。动态数据库中，专业学生依然表示，实践机会少是影响培养质量的因素之一。在课程中有针对性地加入实践机会和实践内容，前提是对国际汉语教师能力培养有具体的培养目标和培养计划。二是强调了汉语教学。这要求对国际汉语教师能力的研究，还是要基于教师的汉语教学过程进行。三是重视文化比较和汉语推广。同样要求国际汉语教师能力研究要着重强调跨文化能力。

从国际汉语教师能力结构出发，对国际汉语教师的专业培养则在满足现有要求的前提下更具有针对性。第一，从教师意识的角度，首先从学科建设上，明确了国际汉语教师的定位，能力要求，教师身份等内容，既是对专业目标的确定，也对学生的学习目标进行限定。第二，通过系统的教学，帮助学习者从个人发展角度，培养教师意识，养成教师学习习惯，提供教师档案袋建立的思路，关心学习者的心理状态，为学生的未来工作建立互助合作的"朋友圈"。第三，从教师认知层面，增加教师实践，从实践和教学两个方面提高专业学生能力。增加课程中的实践部分，能从教师认知、教师知识和教师技能的互动角度，提高教师的教学能力。第四，通过课程学习，使专业学生增加学科知识。

二、对国际汉语教师能力标准的应用

为《国际汉语教师标准》现有的结构做出更新建议，从框架式、内容上进行修正。

首先，从原有的教师标准框架着手，注重教师能力之间具有的互动关系，突出了教师隐性能力的作用，强调教师隐性能力对能力的作用。要求将教师能力作为动态结构，强调能力内部的互动性，并对教师能力的细节进行更新，加入了对国际汉语教师作为个人的"普遍性"能力要求。

其次，对《国际汉语教师标准》的使用范围进行扩展。对国际汉语教师标准提供"分层次"的建议，将《国际汉语教师标准》的使用范围从原有的"标准"门槛转变为对教师长期发展的参照。能力标准的设定不只是为培养国际汉语教师进行指导，更应该为教师所用。教师可通过标准进行自测，也可根据层级要求设定发展目标，从而增加其适用程度。不同类型的教师也可通过不同要求对自己的评估，例如本土教师，就不会因为与国内教师同样的语言能力标准而产生消极的情绪。

三、对国际汉语教师自我发展的应用

通过国际汉语教师能力结构可见，对国际汉语教师而言，能力的发展仍然应归于自我发展，首先是对国际汉语教师意识的培养与提高。多种培养方式也多要求国际汉语教师主动配合。国际汉语教师应将能力发展作为一个长期的、变化的过程，在此基础上，国际汉语教师的能力发展，也不是某一个时间段的发展历程，而应该看成一个历时的阶段，每个阶段的能力发展侧重点不同，但整体能力系统应该成螺旋式上升发展。

对教师能力发展而言，未来的发展必然是个性化、多样化的发展。在此基础上，对于国别化、地域化影响下，不同国家和地区国际汉语教师发展的不同，对国际汉语教师能力的要求也不同，尤其是在本土教师成为新兴发展趋势的条件下。因此，对国际汉语教师专业发展的思考也涉及了国别化的问题。本土教师与母语为汉语的教师的能力对比差别很大，但国际汉语教师能力结构的动态性、发展性都将本土教师能力考虑在内。能力的互动性使得本土教师在教师能力发展中能扬长避短。

四、对汉语国际教育发展的应用

汉语国际教育整体的学科建设，面临的教师问题主要来自于教师的师资质量、师资数量的不平衡和教师培养的不足。通过对国际汉语教师能力的研究发现，在新的国际汉语教师能力结构下，国际汉语教师的发展重心转移，培养方式转变，对国际汉语教师能力的影响因素也有所变化。本研究既通过能力的研究，探讨提高教师师资质量的方式，通过隐性能力的关注，从教师内在能力的提高，为教师师资数量的稳定性提供建议，同时，能力系统的转变和为教师培养提供了更多元化的方法。宏观而言，减轻国际汉语教师问题，也是促进汉语国际教育学科建设的一种方式。

第六章　结　论

　　本研究从复杂动态理论视角出发,通过自建动态语料库中国际汉语教师各个方面的数据材料,对国际汉语教师能力标准的建立,能力的构成、能力的发展趋势等进行了探讨,从语言学、教育学、心理学和生态学等多学科的角度,建构了具有动态发展特征的国际汉语教师能力结构。本章主要对本文研究做出结论,指出研究的创新之处,并且对未来研究方向进行展望。

第一节　主要结论

　　本文一共有四个研究问题,通过以上章节的分析介绍,共得出以下几个结论:

　　第一,从复杂视角对国际汉语教师能力的结构设定重新进行了理解。首先对"国际汉语教师"这个研究对象进行了定义,指向以汉语作为二语或外语教学为目的,在不同的教学环境进行教学的,包括中国国内的、派往海外的对外汉语教师、汉语教学志愿者以及海外本土汉语教师在内的教师群体,这个教师群体的储备力量是以高层次、应用型、复合型专门人才为培养目标的各院校的汉语国际教育硕士专业学生。《国际汉语教师标准》是服务于这个群体的能力标准要求,是对国际汉语教师能力的结构体现,经过了 2012 年的改版,从能力标准、能力要求、能力内容等方面都有了大量的精简,从能力内容逐渐转向了能力框架的设置,突出了对国际汉语教师的汉语教学、跨文化交际等方面能力的要求。然而,教师能力的复杂性所体现出的在语言教师能力标准设定中的完整性、相互连接性、非线性和模糊性等特点同样也体现了目前《国际汉语教师标准》仍存在可更新的角度。一是对国际汉语教师的隐性能力,即教师的心理、教师的道德、教师的价值观、教师的信念等内容的重视程度低,在能力标准中篇幅少,未能突出教师内在能力在教师整体能力中的作用。二是对国际汉语教师能力之间的相互连接性,即教师能力产生的动态性未提及。在能力标准中更注重对能力的结构和维度的多种区分,而并未对能力框架的发展和动态性进行分析。三是对国际汉语教师的能力未有程度之分。能力标准应是提供给教师能进行自测的文件,但是目前的能力标准并未提供能力的阶段性和层次性，教师们的自测找不到相应的"标准"。四是对国际汉语教师的能力更注重其"职业性""专业性"，而"普遍性"能力要求少。因此，本文从教师意识、教师认知、教师知识和教师技能四个部分，对国际汉语教师的能力结构进行重新塑造，强调了能力的发展，以意识为源头，以认知为中枢，像齿轮运作一样带动所有条件都形成变化转动。

第二，从教师意识、教师认知、教师知识和教师技能四个基本构成内容出发，构造了国际汉语教师能力的互动性结构。从上一章对国际汉语教师能力结构的四个基本构成的提出做了进一步的解析，并对四者的互动关系做出假设：教师意识和教师认知作为教师隐性能力，是国际汉语教师的内核，对显性能力产生影响；教师知识和技能作为教师的显性能力，往往是共同产生的，技能实施的过程中，需要有相应的操作知识作为行为支持，而知识的展示也是通过技能实施体现的；教师知识和技能往往不仅影响其他知识与技能，同样对教师认知和教师意识也产生反作用；知识和技能之间并无明显间隔，意识和认知之间也并未有明确界限，在使用时往往具有模糊性。在自建动态数据库的支持下，通过对不同类型国际汉语教师进行不同方式的调查研究，也同样反映了国际汉语教师能力结构互动性以及隐性能力的内核地位。

第三，对国际汉语教师能力的内容做了进一步更新。本章主要在国际汉语教师能力的互动结构模式下，对国际汉语教师能力的内外部影响因素进行进一步的分析。内部影响因素，是在能力结构的基础上，分析国际汉语教师能力系统内部复杂、多变的子系统。本章则以国际汉语教师的教学能力、跨文化能力为例，通过数据库材料的具体分析，通过教师教学意识、教师教学认知、教师教学知识和教师教学技能四个部分，对国际汉语教师的教学能力和跨文化能力进行了进一步剖析，并形成了国际汉语教师教学能力表、跨文化能力表。其中，教学意识包含了教师道德素质、教师价值观、教师角色意识、教师学习意识、研究意识、发展意识、合作意识、教师信念等内容。教师的教学认知，主要来自于教师的教学感知、教学判断、教学分析、教学理解、教学情感、教学记忆、教学效能等方面。教师教学知识层面，主要从三个方面对教学知识有所要求，包括学科知识、背景知识和教学经验。并通过教师教学准备过程、计划实施过程、管理过程和课后评估过程四个过程列举出各项教学实践能力。外部影响因素，则从地域的角度对国际汉语教师进行了特征的分析。通过对10年汉语教师资讯文本进行的内容分析、共词分析，对全球范围内各大洲国际汉语教师的发展情况进行总结，一是国际汉语教师资讯总体发展趋势包括了资讯量的迅速增加，资讯量的数量增加与各大洲汉语教学水平提高密切相关,不仅关注国际汉语教师的国家增多,且各大洲高频词的使用既有共性也有特性。二是通过美国、泰国、马来西亚、印度尼西亚、菲律宾、英国、德国、法国八个国家的具体资讯整理发现,不同国家国际汉语教师的发展既有共性又具有特殊性。发现未来的国际汉语教师能力针对性、国别化培养方向的必然趋势。

第四,在对国际汉语教师能力结构、动态变化和能力内外影响因素进行分析之后,针对国际汉语教师的能力发展进行展望。首先,通过对国际汉语教师能力标准的实际应用,对教师能力标准提出三个方面建议。一是能力标准的层次性设置,能为不同类型的国际汉语教师提供更为准确的参考。二是能力标准的国别适应性设置,是对国际汉语教师在具体任教国更好地适应当地需求的建议。不同国家的汉语教学环境不同,在能力标准中增加具体的要求,能帮助国际汉语教师更好地适应。三是能力标准的评估性。在不同的教师考试、评测、培养目的中增加国际汉语教师能力标准的内容,能将国际汉语教师的能力要求与教师的培养更紧密地结合起来,增加其使用范围,也能更好地辅助教师的能力发展。另外,通过对不同类型国际汉语教师能力的研究发现,现有的教师培训方式过于局限,在新的国际汉语教师能力结构下,对教师能力的发展方式应该更多样化,通过教师意识、教师认知、教师知识、教师技能四个类型,包括对教师环境类型的不同,为教师的发展提供更为丰富和有效的培养方式。并且对国际汉语教师能力研究做出总结,对其在国际汉语教师专业培养、能力标准设定、自我发展应用和汉语国际教育学科建设方面的应用价值。

第二节 研究贡献

本文主要从四个方面进行创新,为目前的国际汉语教师能力研究做出贡献。

第一,本文采用复杂动态理论和可供性理论,从语言学、教育学、生态学、心理学等多学科角度出发,结合教师发展,共同探讨国际汉语教师能力研究的定位。从国际汉语教师隐性能力作为能力中枢的角度出发,对国际汉语教师意识、国际汉语教师认知、国际汉语教师知识和国际汉语教师技能进行了四分,并且从四者的齿轮关系着手,对国际汉语教师能力之间的互动关系进行了验证,并且基于四大类型对国际汉语教师能力进行内容的细化,对具备复杂性、动态性的国际汉语教师能力结构进行了梳理。

第二,本文采用自建动态数据库,通过收集主要来自国际汉语教师的自我评估、访谈、课程作业、教学报告、课堂观察以及相关资讯等内容,对具有实时变化的国际汉语教师能力进行研究,从主观和客观两个角度,使用量化和质性研究方法的结合,多方面的考察国际汉语教师能力的结构及内容。其中,本文在使用一般期刊、论文和书籍的文献的前提下,有针对性地通过10年间各国汉语教学的资讯作为文献支持的一部分。这是以往的研究中不常见的。资讯的收集和整理,能从关注热点的角度观察,近十年间不同国家和不同地区对于汉语教师培养的关注重点的不同和发展的趋势。从最直观的角度发现不同环境中对国际汉语教师能力的不同需求。动态数据库中的内容不断增加,可以不断地辅助未来与国际汉语教师相关的研究。

第三,从系统完整性,相互关联性,多种可能性,边界波动性和自适应性五个新角度,对国际汉语教师能力和能力标准的设定进行分析,对国际汉语教师能力的研究突出体现其复杂特征和运动状态,对国际汉语教师能力有全新的认识,有利于国际汉语教师能力的变化且长期的发展。

第四,关于国际汉语教师能力的研究,同时对《国际汉语教师标准》的更新提供建议。在原有教师标准的能力框架模式下,增加了对教师能力中隐性能力以及教师能力直间相互影响的关注。另外,能力程度分层次的概念也有利于《国际汉语教师标准》的使用范围的扩展,更有益于不同类型的国际汉语教师使用。在能力标准与能力研究之间进行了更紧密的连接,让《国际汉语教师标准》更适用于国际汉语教师的培养发展过程中。

第五,将教师发展与国际汉语教师能力进行结合。将国际汉语教师能力研究从客观的显性能力培训转变为对教师个体长期发展的隐性能力培养。为国际汉语教师能力培养提供建议,从国际汉语教师结构的四个方面,增加了能力培养的具体方式,不仅可应用于专业培养中,也可以应用于教师个人发展的针对性培养中。从能力的研究为国际汉语教师目前的问题提供解决方案,从师资质量和师资质量两个方面共同入手,减轻教师问题,促进学科发展。

第三节　未来研究方向

第一,国际汉语教师是一个庞大的研究群体。本文力求从多样材料中获得更为复杂且多元的数据,在自建数据库过程中发现,收集的材料只能初步为研究观点提供支持。但目前的数据已经获得许多意想不到的惊喜。未来的研究，可以从收集更为丰富的数据入手，从量化研究着手，通过更丰富的数据对研究进行支持。

第二，目前已有对网络教学、线上教师研究，但目前教育资源的主体仍为线下教学。因个人原因，文章对"互联网+"影响下的国际汉语教师并未过多着墨，但这是未来的发展趋势，对国际汉语教师会有新的要求和挑战，因此，线上教育、网络教育、远程教育，也应是未来国际汉语教师能力研究的一个主要方向。

第三，本文数据的分析多以质性研究为主，会在评判的过程中加入笔者自己的主观判断和意愿，但在访谈和文本整理方面，尽量维持原有材料内容和原有话语方式，以尽可能保证真实性和客观性。未来研究中，希望在增加研究对象数量的同时，能够增加问卷采访内容，做到量化与质性研究更有效的结合。

第四，对国际汉语教师发展的研究，因教师各种变量因素的考量，尽量选择同一教育背景的教师，因此更集中于发展初期阶段，但通过个案来阐释其多样性，在未来研究中，教师阶段性研究可以拓展，对国际汉语教师能力阶段性研究做出更为全面的分析。

参考文献

1. Aronin, L. The concept of affordances in applied linguistics and multi-lingualism [C]//In Pawlak, M. & Aronin, L. (eds.). Essential Topics in Applied Linguistics and Multilingualism. Springer International Publishing, 2014:157-173.

2. Aronin, L. & Singleton, D. Affordances theory in multilingualism studies[J]. Affordances theory in multilingualism studies, 2012,2(3):311-331.

3. Ashdown, J. & Hummel-Rossi, B. The impact of program adoption on teachers' professional lives [C]//In D. Beijaard, P.C. Meijer, Morine-Dder-shimer, G. and Tillema, H. Teacher Professional Development in Changing Condistions. Springer, 2005: 213-230.

4. Bandura, A. Self-efficacy: Toward a unifying theory of behavioral, change [J]. Psychological Review, 1977, 84(2): 191-215.

5. Barnes, B.D. & Lock, G. Student perceptions of effective foreign language teachers: A quantitative investigation from a Korean University [J]. Australian Journal of Teacher Education, 2013 (2):19-36.

6. Blumenfeld, P.C. & Kempler, T.M. & Krajcik, J.S. Motivation and cognitive engagement in learning environment [C]//In Sawyer, R.K. (eds.). The Cambridge Handbook of the Learning Sciences. 2006.

7. Bochner, A.P. & Kelly, C.W. Interpersonal competence: Rationale, philosophy, and implementation of a conceptual framework [J]. The Speech Teacher, 1974, 23(4): 279-301.

8. Borg, S. Teacher cognition in language teaching: A review of research on what language teachers think, know, believe, and do [J]. Language Teaching, 2003, 36(2): 81-109.

9. Borgatti, S.P. & Everett, M.G. & Freeman, L.C. Ucinet 6 for Windows: Software for Social Network Analysis [M]. Harvard, MA: Analytic Technologies, 2002.

10. Borgatti, S.P. NetDraw: Graph Visualization Software [M]. Harvard:

Analytic Technologies, 2002.

11. Bronfenbrenner, U. The Ecology of Human Development: Experiments by Nature and Design [M]. Cambridge, MA: Harvard University Press, 1979.

12. Carter, K. & Doyle, W. Classroom management in early childhood and elementary classrooms [C]//In Evertson, C.M.E. & Weinstein, C.S.E. (eds.) Handbook of Classroom Management: Research, Practice and Contemporary Issues. Lawrence Eribaum Associates, 2006: 373-406.

13. Chemero, A. An outline of a theory of affordances[J]. Ecological Psychology, 2003,15(2):181-195.

14. Chen, Z. Self-efficacy in teaching Chinese as a foreign language in Australian schools[J]. Australian Journal of Teacher Education, 2015,40(8):24-42.

15. Clarke A, Collins S. Complexity science and student teacher supervision [J]. Teaching and Teacher Education, 2007, 23(2): 160-172.

16. Craft, A. Continuing Professional Development: A Practical Guide for Teachers and Schools [M]. 2nd ed. London, Routledge, 2000.

17. Darling-Hammond, L. Constructing 21st-century teacher education[J]. Journal of Teacher Education, 2006, 57(3): 300-314.

18. Davis, B. & Sumara, D. Complexity science and education: reconceptualizing the teacher's role in learning [J]. Interchange. 2007, 38(1): 53-67.

19. Davis, B. & Sumara, D.& Luce-Kapler, R. Engaging Minds [M]. 2nd ed. New York: Routledge, 2008.

20. Day, R.R. Teacher observation in second language teacher education [C]//In Richards, J.C. & Nunan, D. (eds.) Second Language Teacher Education. Cambridge University Press, 2000.

21. Dornyei, Z. Individual differences: interplay of learner characteristics and learning environment [C]//In Ellis, N.C. & Larsen-Freeman, D. (eds.) Language as a Complex Adaptive System. 2010.

22. Doyle, W. Can campus-based preservice teacher education survive? [J]. Journal of Teacher Education, 1982,33(1):50-53.

23. Doyle, W. Ecological approaches to classroom management [C]// Evertson, C.M. & Weinstein, C.S. (eds.). Handbook of Classroom Manage-

ment: Research, Practice, and Contemporary Issues. 2006: 97-125.

24. Edwards, E. & Burns, A. Language teacher-researcher identity negotiation: An ecological perspective [J]. TESOL Quarterly, 2016, 50(3): 735-745.

25. Evans, L. What is teacher development? [J]. Oxford Review of Education, 2002(28):1, 123-197.

26. Evertson, C.M. & Weinstein, C.S. Classroom management as a field of inquiry [C]//Evertson, C.M. & Weinstein, C.S. (eds.). Handbook of Classroom Management: Research, Practice, and Contemporary Issues. 2006: 3-16.

27. Feryok, A. Language teacher cognitions: Complex dynamic systems? [J]. System, 2010,38(2): 272-279.

28. Fessler, R. A model for teacher professional growth and development [M]//In Burke P.J. & Heideman R.G. (eds.). Career-Long Teacher Education. Springfield, Illinois: Charles C. Thomas, 1985:181-193.

29. Finch, A.E. Complexity in the language classroom[J]. Second Education Research, 2001(47):105-140.

30. Fishman, B.J. & Davis, E.A. Teacher learning research and the learning sciences [C]//Sawyer, R.K. (ed.). The Cambridge Handbook of the Learning Sciences. Cambridge: Cambridge University Press, 2006:535-550.

31. Freeman D. Teacher training, development, and decision making: A model of teaching and related strategies for language teacher education[J]. TESOL Quarterly, 1989, 23(1): 27-45.

32. Gatbonton, E. Investigating experienced ESL teachers' pedagogical knowledge[J]. Canadian Modern Language Review, 2000, 56(4): 585-616.

33. Gibson J. The Ecological Approach to Visual Perception[M]. Boston: Houghton Mifflin, 1979.

34. Glatthorn, A. Teacher development [C]//Aderson, A. (ed.). International Encyclopedia of Teaching and Teacher Education. 2nd ed. London: Pergamon Press, 1995:41.

35. Gómez, M. & Aranda, E. & Santos, J. A competency model for higher education: an assessment based on placements [J]. Studies in Higher Education, 2017,42(12): 2195-2215.

36. Goodwin, D.R. Comprehensive development of teachers based on in-depth portraits of teacher growth [C]//Beijaard, D., Meijer, P.C., Morine-Dder-

shimer, G. & Tillema, H. (eds.). Teacher Professional Development in Changing Condistions. Springer, 2005:231-244.

37. Grant, C. A. Teacher capacity: Introduction to the section [C]//Cochran-Smith, M., Feiman-Nemser, S. & McLntyre, D.J. (eds.). Handbook of Research on Teacher Education: Enduring Questions in Changing Contexts. New York: Routledge, 2008:127-133.

38. Gregoire, M. Is it a challenge or a threat? A dual-process model of teachers' cognition and appraisal processes during conceptual change [J]. Educational Psychology Review, 2003,15(2): 147-179.

39. Hol, D. & Aktas, S.An evaluation of competency perceptions of non-native English instructors [J]. Procedia-Social and Behavioral Sciences, 2013(1):1163-1173.

40. Hopkins, D. & Stern, D. Quality teachers, quality schools: International perspectives and policy implications [J]. Teaching and Teacher Education, 1996, 12(5): 501-517.

41. Howard, T.C. & Aleman, G.R. Teacher capacity for diverse learners: What do teachers need to know? [C]//Cochran-Smith, M., Feiman-Nemser, S. & McLntyre, D.J. (eds.). Handbook of research on teacher education: Enduring questions in changing contexts. New York: Routledge, 2008:157-174.

42. Hoy, A., Davis, H. & Pape, S. Teacher knowledge and beliefs [C]// Alexander, P. & Winnie, P.H. (eds.). Handbook of Educational Psychology. 2nd ed. 2006: 715-738.

43. Kiss T. The complexity of teacher learning: Reflection as a complex dynamic system [J]. Journal of Interdisciplinary Research in Education, 2012, 2(1):17-35.

44. Klein, J.D. & Spector, J.M. & Grabowski, B. & Teja, I. Instructor Competencies: Standards for Face-to-face, Online and Blended Settings [M]. Information Age Publishing, 2004.

45. Kuhlman, N. & Knezevic, B. The TESOL Guidelines for developing EFL Professional Teaching Standards [EB/OL]. [2017-09-15] http://www.tesol.org/docs/default-source/papers-and-briefs/tesol-guidelines-for-developing-efl-professional-teaching-standards.pdf?sfvrsn=6. (2002).

46. Kumaravadivelu, B. Language Teacher Education for a Global Society

[M]. New York: Routledge, 2012.

47. Kumaravadivelu B. Beyond Methods: Macrostrategies for Language Teaching[M]. 陶健敏 , 译 . 北京 : 北京大学出版社 , 2013.

48. Kun, S. Teacher development in China: A study of pedagogical training in TCFL[J]. US-China Education Review, 2010,7(8):102-107.

49. Kunter, M. & Kleickmann, T. & Klusmann, U. & Richter, D. The development of teachers' professional competence [C]//Kunter, M., Baumert, J., Blum, W., Klusmann, U., Krauss, S. & Neubrand, M. (eds.). Cognitive Activation in the Mathematics Classroom and Professional Competence of Teachers. Springer, 2013.

50. Larsen-Freeman, D. Language acquisition and language use from a chaos/complexity theory perspective [A]//C. Kramsch (ed.). Language Acquisition and Language Socialization. London, Continuum, 2002: 33-46.

51. Larsen-Freeman, D. The emergence of complexity, fluency, and accuracy in the oral and written production of five Chinese learners of English [J]. Applied Linguistics, 2006,27(4):590-619.

52. Larsen-Freeman D. & Cameron, L. Complex Systems and Applied Linguistics[M]. Oxford: Oxford University Press, 2008.

53. Lee, I. Becoming a writing teacher: Using 'Identity' as an analytic lens to understand EFL writing teachers' development [J]. Journal of Second Language Writing, 2013, 22 (3): 330–345.

54. Mann, S. The language teacher's development [J]. Language Teaching, 2005,38(3):103-118.

55. Matthiessen, C.M.I.M. Meaning in the making: meaning potential emerging from acts of meaning[C]//Ellis, N.C. & Larsen-Freeman, D. (eds.). Language as a Complex Adaptive System. 60th Anniversary Issue in University of Michigan, 2010:206-229.

56. Miller, P. Ten characteristics of a good teacher [J]. English Teaching Forum, 1987, 25(1):36-38.

57. Mullock, B. The pedagogical knowledge base of four TESOL teachers[J]. The Modern Language Journal, 2006, 90(1):48-66.

58. National East Asian Language Resource Center. CLASS Professional Standards for K-12 Chinese Language Teachersn [M]. Columbus: the Ohio

State University, 2007.

59. Peng, J., Zhang, L. and Chen, Y. The mediation of multimodal affordances on willingness to communicate in the English as a foreign language classroom [J]. TESOL Quarterly, 2017, 51(2): 302-331.

60. Petty, G. A Practical Guide: Teaching Today[M]. London: Nelson Thornes Ltd,2009.

61. Richards, J.C. & Nunan, D. Second Language Teacher Education[M]. 北京：外语教学与研究出版社, 2000.

62. Richards, J.C. & Farrell, T.S.C. Professional Development for Language Teachers: Strategies for Teacher Learning[M]. New York: Cambridge University Press, 2005: 85-97.

63. Robinson, P. & Ellis, N.C. Handbook of Cognitive Linguistics and Second Language Acquisition[M]. Routledge, 2008.

64. Rotter, J. B. Generalized expectancies for internal versus external control of reinforcement [J]. Psychological Monographs, 1966(80): 1-28.

65. Shulman, L.S. Knowledge and teaching: foundations of the new reform[J]. Harvard Educational Review, 1987, 57(1): 1-22.

66. Sokolova, N. Teacher language competence description: Towards a new framework of evaluation [J]. Quality of Higher Education. 2012(9):75-97.

67. Spencer, L.M. & Spencer, S.M. Competence at Work: Models for Superior Performance [M].Wiley,1993.

68. Stacey, R., Griffin, D. & Staw, P. Complexity and Management [M]. London: Routledge, 2000.

69. Steffy, B. E. & Wolfe, M.P. A life-cycle model for dareer teachers [J]. Kappa Delta Pi Record, 2011(38):1, 16-19.

70. Stoffregen, T. Affordances and events[J]. Ecological Psychology, 2000,12(1):93-107.

71. Stronge, J. H. & Ward, T. J. & Grant, L. W. What makes good teachers good? A cross-case analysis of the connection between teacher effectiveness and student achievement [J]. Journal of Teacher Education, 2011, 62(4): 339-355.

72. Thelen, E. & Smith, L.B. A Dynamic Systems Approach to the Development of Cognition and Action [M]. MIT Press, Cambridge, 1994.

73. Thomas, A.L. Language teacher competence and language teacher education [C]//Bowers R. (ed.) Language Teacher Education: An Integrated Programme for EFL Teacher Training. Modern English Publications, 1987:33-42.

74. Ton de Jong. The design of powerful learning environments [C]//Alexander, P. & Winnie, P.H. (eds.). Handbook of Educational Psychology. 2nd ed. 2006.

75. Tschannen-Moran, M. & Hoy, W. A. & Hoy, W. K. Teacher efficacy: Its meaning and measure [J]. Review of Educational Research, 1998(68): 202-248.

76. Tyler, A. Cognitive linguistics and second language instruction [A]//Robinson, P. & Ellis, N.C. (eds.) Handbook of Cognitive Linguistics and Second Language Acquisition. Routledge, 2008: 456-488.

77. Ushioda, E. Language motivation in a reconfigured Europe: Access, identity, autonomy[J]. Journal of Multilingual and Multicultural Development, 2006, 27(2): 148-161.

78. Varner, I. & Beamer, L. Intercultural Communication in the Global Workplace[M]. 上海：上海外语教育出版社, 2006.

79. van Lier, L. Interaction in the Language Curriculum: Awareness, Autonomy and Authenticity [M]. New York: Longman, 1996.

80. van Lier, L. Language learning: An ecological–semiotic approach [C]//Hinkel E. (ed.), Handbook of Research in Second Language Teaching and Learning. New York, NY: Routledge, 2011:383-394.

81. Vieira, F. Task-Based instruction for autonomy: Connections with contexts of practice, conceptions of teaching, and professional development strategies [J]. TESOL Quarterly, 2017(51): 693-715.

82. Villegas-Reimers, E. Teacher professional development: an international review of the literature [R]. UNESCO, 2003.

83. Whitacre, M. & Diaz, Z. & Esquierdo, J. Pre-Service teachers: An analysis of reading instruction in high needs districts dual language classrooms[J]. International Journal of Instruction, 2013,6(1):5-20.

84. Williams, M. & Burden, R.L. Psychology for Language Teachers [M]. 北京：外语教学与研究出版社, 2000.

85. Wragg, E.C. An Introduction to Classroom Observation[M]. London:

Routledge,1999.

86. 阿斯亚·艾尼, 崔巍. 新疆高校民族教师汉语授课口语能力的调查 [J]. 新疆社会科学,2011(04):160-163.

87. Brent Davis, 康长运. 复杂理论与教育 [J]. 全球教育展望,2008(01):8-12, 20.

88. 白晔. 跨文化背景下海外国际汉语教师社会适应研究 [D]. 暨南大学, 2016.

89. 蔡绿. 文化依附矛盾与跨文化交际能力——也谈对外汉语教师素质 [J]. 黑龙江高教研究,2006(04):128-129.

90. 曹贤文, 王智. 对外汉语教师与欧美留学生对"有效教师行为"的评价 [J]. 语言教学与研,2010(6): 16-23.

91. 车正兰. 对外汉语教师的教学能力研究 [J]. 吉林省教育学院学报,2011,27(07):88-90.

92. 陈斌. 大学教师教学发展中心核心使命分析——基于 30 个国家级教师教学发展示范中心陈述稿的研究 [J]. 西南交通大学学报 (社会科学版),2015,16(03):36-42.

93. 陈扶莹. 对泰汉语教学中课堂管理有效性的调查研究 [D]. 云南师范大学,2016.

94. 陈静静. 教师实践性知识及其生成机制研究 [D].华东师范大学,2009.

95. 陈琴, 庞丽娟, 许晓晖. 论教师专业化 [J]. 教育理论与实践, 2002(01): 38-42.

96. 陈申, 薛馨华. 国际汉语教师培养理念解构 [J]. 语言教学与研究, 2010(05):28-33.

97. 陈思毅. 论从汉语语言能力到跨文化交际能力的培养 [D]. 暨南大学,2011.

98. 陈婷婷. 复杂动态理论下的汉语作为第二语言交际能力研究 [D]. 厦门大学,2017.

99. 陈婷婷. 第二语言课堂教学环境中的可提供性 [J]. 海外华文教育,2017(11):1521-1527.

100. 陈薇, 王艳荣. 论对外汉语教师的职业技能及其培养 [J]. 集美大学学报 (教育科学版),2013,14(02):10-13.

101. 陈曦. 师范生教师能力培养模式建设与实践研究 [D]. 华东师范大学,2010.

102. 陈向明 . 质的研究方法与社会科学研究 [M]. 北京 : 教育科学出版社 , 2000.

103. 陈向明 . 实践性知识 : 教师专业发展的知识基础 [J]. 北京大学教育评论 ,2003(01):104-112.

104. 陈向明 . 对教师实践性知识构成要素的探讨 [J]. 教育研究 ,2009,30(10):66-73.

105. 陈艳艺 . 泰国汉语教育现状及规划研究 [M]. 广州 : 世界图书出版广东有限公司 , 2016.

106. 崔希亮 . 汉语国际教育 "三教" 问题的核心与基础 [J]. 世界汉语教学 ,2010,24(01):73-81.

107. 戴淑芬 . 赴印尼汉语教师跨文化适应情况研究 [D]. 广东外语外贸大学 ,2013.

108. 戴运财 , 王同顺 . 基于动态系统理论的二语习得模式研究——环境、学习者与语言的互动 [J]. 山东外语教学 , 2012(05):36-42.

109. 邓恩明 . 谈教师培训的课程设置 [J]. 世界汉语教学 ,1991(01):48-54.

110. 董晶晶 . 对外汉语初级综合课课堂教学的提问技巧研究 (对俄)[D]. 黑龙江大学 ,2011.

111. 杜莹 , 董葆莉 . 提升国际汉语教师的传播能力 [J]. 新闻爱好者 ,2011(11):107-108.

112. 范慧琴 . 国际汉语教师传播能力的构成及培养 [J]. 现代传播 (中国传媒大学学报),2013,35(05):146-148.

113. 范晓玲 , 李建宏 . 国际汉语教育学科框架下的对外汉语教学能力培养探究 [J]. 新疆大学学报 (哲学 · 人文社会科学版),2010,38(01):143-146.

114. 冯忠芳（KIATTISAK SAE FONG）. 泰国中小学本土汉语教师发展的历时考察与标准研究 [D]. 中央民族大学 ,2011.

115. 傅先庆 . 教师专业化的内涵与任务 [J]. 教育评论 ,2005(02):1.

116. 高皇伟 . 新时代国际汉语教师教育发展走向 [N]. 中国社会科学报 ,2018-02-01(004).

117. 高芸 . 汉语国际教师志愿者文化推广能力培养研究 [D]. 湖北工业大学 ,2013.

118. 国家汉办 / 孔子学院总部 . 国际汉语教师标准 [M]. 北京 : 外语教学与研究出版社 ,2007.

119. 国家汉办 / 孔子学院总部 . 国际汉语教师标准 [M]. 北京 : 外语教

学与研究出版社 ,2012.

120. 郭风岚 . 关于海外汉语教师培训的几点思考 [J]. 语言教学与研究 ,2012(02):33-38.

121. 郭睿 . 汉语教师发展 [M]. 北京：北京语言大学出版社 , 2010.

122. 郭睿 . 国际汉语教师教学能力框架 [M]. 北京：北京语言大学出版社 ,2017.

123. 郭文娟 , 郑翠 . 对外汉语教师课堂举例行为的观察与分析 [J]. 国际汉语教育 ,2012(02):116-124, 206-207.

124. 郭熙 . 华文教师培养与培训研究 [M]. 北京：商务印书馆 , 2016.

125. 郭小瑜 . 汉语国际教育专业硕士培养的研究与实践 [D]. 苏州大学 , 2014.

126. 海雷 , 王永阳 . 跨文化交际的第三空间与国际汉语教师跨文化交际能力培养 (英文)[J]. 国际汉语教育 ,2012(02):150-163.

127. 韩大伟 , 邓奇 . 动态抑或互动 ?——动态系统理论与社会文化理论在二语习得中的应用 [J]. 外语电化教学 ,2013(03):10-15,25.

128. 何李 . 台湾高校华语文教学专业人才培养模式探析——以国立台湾师范大学、铭传大学、文藻外语大学为例 [J]. 四川职业技术学院学报 ,2015,25(05):95-99.

129. 何亮 . "一带一路" 需要国际汉语人才 [N]. 中国社会科学报 ,2016-02-02(003).

130. 洪历建 . "国际汉语" 概念的由来与发展 [M]// 不同语言、文化和政策环境下的汉语教学 . 上海：学林出版社 , 2014.

131. 洪秀敏 , 庞丽娟 . 论教师自我效能感的本质、结构与特征 [J]. 教育科学 , 2006(04):44-46.

132. 胡清平 . 对国际汉语教师跨文化交际能力的探讨 [J]. 语文学刊 ,2012(22):87-88.

133. 胡卫平 , 张皖 . 教师专业能力发展的理论与实践 [J]. 陕西师范大学学报 (哲学社会科学版),2018,47(02):139-145.

134. 胡兴莉 . 动态复杂系统理论视角下的课堂教学探讨 [J]. 教学与管理 ,2015(09):106-108.

135. 胡兴莉 , 郑通涛 . 汉语作为二语的交际能力研究 [M]. 广州：世界图书出版广东有限公司 , 2016.

136. 胡艳明 . 汉语教学课堂提问之我见 [J]. 乌鲁木齐成人教育学院学

报,2006(01):53-56.

137. 胡月宝. 基于建构主义的教师培养模式：职前教师自主教学设计能力培养 [C]// 中国国家开放大学. 汉语国际教育人才培养理论研究. 2011:15.

138. 黄福涛. 能力本位教育的历史与比较研究——理念、制度与课程 [J]. 中国高教研究,2012(01):27-32.

139. 黄露阳. 汉语国际教育硕士教学能力培养刍议 [J]. 教育教学论坛,2012(09):43-44.

140. 黄娇瑛. 国际汉语教师专业化教育实践个案研究 [D]. 华东师范大学, 2009.

141. 黄启庆, 刘薇. 国际汉语教师研究三十年回顾与展望 [J]. 云南师范大学学报 (对外汉语教学与研究版),2017,15(02):1-16.

142. 黄晓颖. 论对外汉语教师反思能力的培养 [J]. 云南师范大学学报 (对外汉语教学与研究版),2007(04):18-21.

143. 黄晓颖. 汉语国际推广背景下的有效教学 [J]. 东北师大学报 (哲学社会科学版), 2011(05):172-176.

144. 黄欣荣. 复杂性科学的方法论研究 [M]. 第二版. 重庆：重庆大学出版社, 2012.

145. 汲传波. 职前国际汉语教师语言教学信念发展研究 [J]. 华文教学与研究,2016(03):54-62.

146. 汲传波, 刘芳芳. 教师的教师：国际汉语教师教育者研究 [J]. 国际汉语教育, 2009(03):18-24.

147. 季红琴. 孔子学院对外汉语教师的文化素养与文化传播 [J]. 长春大学学报,2015,25(05):137-140.

148. 姬建国. 跨文化教学意识与国际汉语师资培训 [M]. 北京：北京师范大学出版社,2011.

149. 姬建国. 影响海外汉语教师施教能力的政策因素——以美国教育部门的现状为例 [J]. 国际汉语教育,2011(01):18-26, 96-97.

150. 季晶晶. 新教师教学观念的发展变化研究 [D]. 华东师范大学,2010.

151. 冀小婷. 关于复杂系统与应用语言学——拉尔森·弗里曼访谈 [J]. 外语教学与研究, 2008(05):376-379.

152. 江傲霜, 吴应辉. 泰国汉语教师志愿者教学适应能力探析 [J]. 华文教学与研究,2012(01):60-66.

153. 姜丽萍. 对外汉语教学论 [M]. 北京：北京语言大学出版社, 2008.

154. 江世勇 . "自我"与"他者"的博弈：以意识发展为导向的外语教师专业发展探析 [J]. 教育理论与实践 ,2015,35(23):37-39.

155. 江世勇 , 代礼胜 . 从自为到自觉：教师意识的觉醒与教师专业发展的内涵重构 [J]. 教育理论与实践 ,2012,32(26):30-33.

156. 江新 , 郝丽霞 . 新手和熟手对外汉语教师实践性知识的研究 [J]. 语言教学与研究 , 2011(02):1-8.

157. 姜勇 , 庞丽娟 . 论教师的意识唤醒 [J]. 教育研究与实验 ,2006(05):38-40.

158. 教育部师范教育司 . 教师专业化的理论与实践 [M]. 北京：人民教育出版社 , 2001.

159. 靳洪刚 . 21 世纪的外语教学：以能力为出发点的主题导入教学新论 [J]. 国际汉语教学研究 , 2015(3):19-24.

160. 克莱因（Klein,D.）, 顾小清 . 教师能力标准——面对面、在线及混合情境 [M]. 上海：华东师范大学出版社 , 2007.

161. 柯传仁 , 陆原 , 潘小斐 . 汉语教师教学技能及二语习得理论知识的评估模式 [J]. 世界汉语教学 ,2015,29(01):111-129.

162. 柯雯靖 . 马来西亚华文教育师资发展问题——基于《海外华文教育动态》的研究发现 [J]. 海外华文教育 , 2017(03):424-432.

163. 库玛 , B.Kumaravadivelu, 赵杨 , 等 . 全球化社会中的语言教师教育："知""析""识""行"和"察"的模块模型 [M]. 北京：北京大学出版社 , 2014.

164. 郎亚鲜 . 赴意志愿者跨文化能力研究：敏感度和效能感 [D]. 北京外国语大学 ,2016.

165. 李春玲 . 关于汉语国际教育师资培养的新构想 [J]. 云南师范大学学报（对外汉语教学与研究版）, 2015(01):63-70.

166. 李翠英 , 孙倚娜 . 国外英语教师能力标准对我国英语教师发展的启示 [J]. 外语界 , 2014(01):57-63.

167. 李达 . 泰国中小学国际汉语教师中国文化素养培养 [D]. 郑州大学 ,2017.

168. 李嘉郁 . 华文教师培养与培训研究 [M]. 北京：商务印书馆 , 2016.

169. 李琳 . 国际汉语教师专业发展探索 [J]. 中国成人教育 ,2011(17):59-61.

170. 李明 . 德国杜塞尔多夫孔子学院的汉语教学 [J]. 云南师范大学学报

(对外汉语教学与研究版),2009,7(05):34-38.

171. 李明善 . 教师专业发展论纲 [M]. 长春 : 吉林大学出版社 ,2011.

172. 李泉 . 国际汉语教师培养规格问题探讨 [J]. 华文教学与研究 , 2012(01):51-59.

173. 李泉 . 国际汉语教师的角色认知 [C]// 世界汉语教学学会 , 国家汉办 / 孔子学院总部 . 第十一届国际汉语教学研讨会论文集 . 2012:9.

174. 李茹 . 国外语言教师认知研究演进、转向及启示 [J]. 外语界 ,2016(06):23-30.

175. 李向农 , 贾益民 . 对外汉语与汉语国际教育 : 专业与学科之辨 [J]. 湖北大学学报 (哲学社会科学版), 2011(04):21-25.

176. 李雪菲 . 海外实习与汉语国际教育硕士生创新能力培养研究 [D]. 南昌大学 ,2013.

177. 李亚男 . 汉语国际教育硕士中华文化素养提高途径探索 [D]. 渤海大学 ,2014.

178. 李艳波 . 基于建构主义的国际汉语教师培养研究 [D]. 云南师范大学 ,2014.

179. 李玉玲 . 泰国国际汉语教师志愿者胜任力分析及培训建议 [D]. 重庆大学 ,2014.

180. 李悦 . 对外汉语教师教学能力结构及培养策略 [J]. 语文学刊 (外语教育教学),2016(11):173-174.

181. 李运华 . 教师核心能力视角下的教师职业能力结构分析 [J]. 上海教育科研 ,2016(08):10-13.

182. 连榕 , 等 . 华文教育心理学 [M]. 北京 : 教育科学出版社 , 2010.

183. 梁玉华 , 庞丽娟 . 论教师角色意识 : 内涵、结构与价值的思考 [J]. 教育科学 ,2005(04):39-42.

184. 林秀琴 . 汉语国际教育硕士教学能力培养问题探讨 [J]. 黑龙江高教研究 ,2012,30(12):109-111.

185. 刘弘 . 国际汉语教学职前教师教学设计能力初探 [C]// 中国国家开放大学 . 汉语国际教育人才培养现状及对策 , 2011:15.

186. 刘弘 . 对外汉语职前教师课堂观察与分析能力研究 [J]. 世界汉语教学 ,2012,26(03):419-430.

187. 刘弘 . 对外汉语初任教师实践能力发展影响因素研究 [D]. 华东师范大学 ,2014.

188. 刘晶晶 . 试论对外汉语教师自身跨文化交际能力的培养 [J]. 辽宁教育行政学院学报 ,2006(03):65-66.

189. 刘居红 . 汉语教师课堂提问预设的技巧 [J]. 喀什师范学院学报 ,2009,30(05):91-94.

190. 刘玲 . 非目的语环境下外派与本土汉语教师课堂管理对比研究 [D]. 新疆大学 ,2017.

191. 刘路 . 质性方法在对外汉语教学研究中的应用 [J]. 语文学刊 (外语教育教学),2016(12):150-152.

192. 刘路 . 国际汉语教师教育课程与反思性教学能力的培养 [J]. 教育与教学研究 ,2017,31(06):69-73.

193. 刘钦瑶 , 葛列众 , 刘少英 . 教师胜任力研究述评 [J]. 高等工程教育研究 ,2007(01):65-69.

194. 刘曙雄 . 与 " 一带一路 " 同行的 " 非通人才 " 培养 [J]. 神州学人 ,2016(01):12-13.

195. 刘颂浩 . 汉语国际教育专业硕士培养中的若干问题 [J]. 华文教学与研究 , 2013(04):44-50.

196. 刘涛 , 刘富华 . 国际汉语教师课堂教学能力培训策略研究 [J]. 东北师大学报 (哲学社会科学版), 2013(01):185-188.

197. 刘珣 . 对外汉语教育学引论 [M]. 北京 : 北京语言文化大学出版社 ,2000.

198. 刘珣 . 迈向 21 世纪的汉语作为第二语言教学 [J]. 语言教学与研究 ,2000(01):55-60.

199. 刘学惠 . 外语教师教育研究综述 [J]. 外语教学与研究 ,2005(03):211-217.

200. 刘学蔚 . 从国际汉语教师的跨文化能力论中华文化走出去 [J]. 江汉论坛 ,2016(05):140-144.

201. 刘元满 . 汉语国际传播与国际汉语教学研究——第九届国际汉语教学学术研讨会论文集 : 下册 [C]. 北京 : 中央民族大学出版社 , 2011.

202. 龙宝新 . 美国教师能力研究的主要维度与现实走向 [J]. 全球教育展望 , 2015(05):85-96.

203. 陆俭明 . 汉语教员应有的意识 [J]. 世界汉语教学 ,2005(01):60-63.

204. 龙君伟 . 国外教师效能感研究 30 年 : 回顾和展望 [J]. 比较教育研究 ,2004(10):6-10.

205. 卢淑芳 . 论国际汉语教师的多元文化意识 [J]. 中国成人教育 ,2016(22):139-142.

206. 卢正芝 , 洪松舟 . 我国教师能力研究三十年历程之述评 [J]. 教育发展研究 , 2007(02):70-74.

207. 鲁忠义 , 陈笕桥 , 邵一杰 . 语篇理解中动允性信息的提取 [J]. 心理学报 , 2009(09):793-801.

208. 罗红玲 . 复杂动态系统视域下的对外汉语课堂教学组织观 [J]. 海外华文教育 ,2018(04):122-128.

209. 罗蓉 , 李瑜 . 教师专业发展 : 理论与实践 [M]. 北京 : 北京师范大学出版社 ,2012.

210. 罗树华 , 李洪珍 . 教师能力学 [M]. 济南 : 山东教育出版社 , 2000.

211. 吕必松 . 关于对外汉语教师业务素质的几个问题 [J]. 世界汉语教学 ,1989(01):1-17.

212. 吕丽蓉 . 香港普通话教师专业能力对比研究 [D]. 北京语言大学 , 2007.

213. 吕俊辉 . 国际汉语教师的跨文化视野 [J]. 中国教师 ,2010(23):10-11.

214. 吕俊辉 , 汝淑媛 . 对外汉语教师海外工作跨文化适应研究 [J]. 云南师范大学学报 (对外汉语教学与研究版), 2012(1): 57-62.

215. 马敏 . 国际汉语教师课堂组织能力的培养途径及原则 [C]//Information Engineering Research Institute,USA.Proceedings of 2012 International Conference on Social Science and Education(ICSSE 2012) Volume 10. Information Engineering Research Institute, USA, 2012:6.

216. 茅海燕 . 试论国际汉语教师语用能力发展的三个方面 [C]// 北京语言大学对外汉语研究中心 , 厦门大学中文系 , 厦门大学国家语言资源监测与研究中心教育教材语言分中心 . "国际汉语教学理念与模式创新" 国际学术研讨会 (第七届对外汉语教学国际研讨会) 论文摘要集 , 2010:1.

217. 茅海燕 . 论汉语国际推广视域下教师的语用能力 [J]. 当代教育理论与实践 ,2012,4(10):147-149.

218. 苗东升 . 科学的转型 : 从简单性科学到复杂性科学 [J]. 河北学刊 ,2004(06):30-34.

219. 闵家胤 . 关于 "复杂性研究" 和 "复杂性科学" [J]. 哲学动态 ,2003(07):10-11.

220. 闵婕 . 新手——熟手对外汉语教师选择注意研究 [D]. 北京语言大

学 ,2008.

221. 倪树干 , 亓华 . 赴澳国际汉语教师志愿者跨文化适应研究 [J]. 国际汉语教育 , 2012(01):71-81, 209-210.

222. 聂丹 . "一带一路" 亟须语言资源的互联互通 [J]. 人民论坛·学术前沿 , 2015(22):66-71.

223. 聂学慧 . 汉语国际推广形势下教师的跨文化教学能力 [J]. 河北大学学报 (哲学社会科学版), 2012, 37(05): 152-155.

224. 宁虹 . 教师教育 : 教师专业意识品质的养成——教师发展学校的理论建设 [J]. 教育研究 ,2009,30(07):74-80.

225. 宁虹 . 教师能力标准理论模型 [J]. 教育研究 , 2010(11):77-82, 94.

226. 宁虹 , 赖力敏 ."零距离" 教师教育——全日制教育专业硕士培养的探索 [J]. 教育研究 ,2015,36(01):81-89.

227. 欧阳汝颖 . 汉语文教师的口语能力基准 [C]// 世界汉语教学学会 . 第六届国际汉语教学讨论会论文选 . 1999:8.

228. 潘玉华 . 国际比较视野下的汉语教师标准与素质研究 [D]. 中央民族大学 ,2015.

229. 庞丽娟 , 洪秀敏 . 教师自我效能感 : 教师自主发展的重要内在动力机制 [J]. 教师教育研究 , 2005(04): 43-46.

230. 裴淼 , 朱旭东 , 陈林 , 区颖欣 , 高晓玲 . 构建校本教师学习复杂系统模型——为教师成长提供良好适宜环境 [J]. 教育学报 ,2016,12(01):83-92.

231. 彭军 . 国际汉语教师跨文化交际能力调查研究 [J]. 辽宁师范大学学报 (社会科学版),2013,36(05):695-698.

232. 钱时惕 . 世界的复杂性与熵理论——兼评《新自然观》一书中的 "熵理论与自然观" [J]. 科学技术与辩证法 ,2004(01):19-24.

233. 邱均平 , 邹菲 . 关于内容分析法的研究 [J]. 中国图书馆学报 ,2004(02):14-19.

234. 邱睿 . 论国际汉语教师教材 "选" "用" 能力培养 [C]// 世界汉语教学学会 , 国家汉办 / 孔子学院总部 . 第十一届国际汉语教学研讨会论文集 ,2012:4.

235. 仇鑫奕 . 汉语国际教育硕士专业学位研究生专业问题研究能力培养刍议 [J]. 华文教学与研究 ,2015(01):32-40.

236. R.J. 斯腾伯格 ,J.A. 霍瓦斯 , 高民 , 张春莉 . 专家型教师教学的原型观 [J]. 华东师范大学学报 (教育科学版),1997(01):27-37.

237. 饶见维 . 教师专业发展——理论与实务 [M]. 台湾：五南图书出版公司 , 2003:465.

238. 日本筑波大学教育学研究会 . 现代教育学基础 [M]. 钟启泉，译 . 上海：上海教育出版社，1986:441.

239. 邵滨 , 邵辉 . 新旧《国际汉语教师标准》对比分析 [J]. 云南师范大学学报 (对外汉语教学与研究版),2013,11(03):31-36.

240. 申继亮 . 教师人力资源开发与管理 [M]. 北京：北京师范大学出版社 , 2006.

241. 申继亮 , 姚计海 . 心理学视野中的教师专业化发展 [J]. 北京师范大学学报 (社会科学版),2004(01):33-39.

242. 申沁 . 国际视野中的教师专业学习与发展模式走向 [J]. 教师教育研究 ,2012,24(02):52-56.

243. 沈伟威 . 泰国本土汉语教师汉语口语能力案例研究 [D]. 广西大学 ,2016.

244. 沈毅 , 崔允漷 2008 课堂观察：走向专业的听评课 [M]. 上海：华东师范大学出版社 :73-120.

245. 孙德坤 . 国际汉语教师个人实践性知识个案研究 [J]. 世界汉语教学 ,2014,28(01):128-141.

246. 孙琴 , 李艳 . 国际汉语教师跨文化适应策略分析——以国家公派到南非的教师为例 [J]. 云南师范大学学报 (对外汉语教学与研究版),2012,10(01):63-67.

247. 孙宜学 ."一带一路"建设催生对外汉语教师旺盛需求 [N]. 文汇报 ,2017-07-21(007).

248. 田艳 . 基于英国 MTESOL 课程体系对汉语国际教育硕士课程设置的思考 [J]. 世界汉语教学 ,2012(02):276-288.

249. 王端 . 汉语国际教育本科专业人才跨文化交际与传播能力培养研究 [J]. 现代语文 (学术综合版),2015(09):97-99, 2.

250. 王恩旭 . 对外汉语教师教学实践能力的培养——以语音课反思性笔记为例 [J]. 北京广播电视大学学报 ,2012(06):44-48.

251. 王恩旭 . 国际汉语教师自主发展导论 [M]. 沈阳：辽宁人民出版社 , 2014.

252. 王宏丽 , 陈海平 . 国际汉语教师的胜任力研究——任务分析和招聘面试问题归类得出的结论 [J]. 河北大学学报 (哲学社会科学版),

2009(05):111-114.

253. 王丽珍, 林海, 马存根, 等. 近三十年我国教师能力的研究状况与趋势分析 [J]. 教育理论与实践, 2012(10):38-42.

254. 王添淼. 构建对外汉语教师专业发展理念的必要性探究 [C]// 北京语言大学对外汉语研究中心, 厦门大学中文系, 厦门大学国家语言资源监测与研究中心教育教材语言分中心. "国际汉语教学理念与模式创新"国际学术研讨会（第七届对外汉语教学国际研讨会）论文摘要集, 2010:1.

255. 王添淼. 成为反思性实践者——由《国际汉语教师标准》引发的思考 [J]. 语言教学与研究, 2010(02):25-30.

256. 王添淼. 文化定势与文化传播——国际汉语教师的认知困境 [J]. 中国文化研究, 2011(03):177-182.

257. 王添淼. 国际汉语教师专业发展现状及其对策 [J]. 东北师大学报（哲学社会科学版）, 2015(02):229-231.

258. 王添淼, 林楠. 关于建立国际汉语教师档案袋评价体系的思考——基于美国的经验 [J]. 东北师大学报（哲学社会科学版）, 2016(01):124-129.

259. 王添淼, 任喆. 国际汉语新手、熟手、专家教师比较研究述评 [J]. 云南师范大学学报（对外汉语教学与研究版）, 2015,13(03):38-44.

260. 王添淼, 杨灿. 国际汉语教师专业发展的人文关怀与制度保障——基于英国教师入职教育的经验与启示 [J]. 国际汉语教学研究, 2016(01):88-93.

261. 王少良. 高校教师教学能力的多维结构 [J]. 沈阳师范大学学报（社会科学版）, 2010, 34(1):110-113.

262. 王士元. 语言是一个复杂适应系统 [J]. 清华大学学报（哲学社会科学版）, 2006(06):5-13.

263. 王树强. 泰国中小学国际汉语教师胜任力研究 [D]. 广西大学, 2015.

264. 王鞋鞋. 论对外汉语教师的主动性 [D]. 华中科技大学, 2011.

265. 王希竹, 彭爽. 试论国际汉语教师应具备的跨文化交际素养 [J]. 当代教育与文化, 2016(6): 27-31.

266. 王艳玲. 教师专业发展：教师教育的核心理念 [J]. 全球教育展望, 2008(10):29-34.

267. 王毅, 冀小婷. 复杂理论对教师教育的启示 [J]. 天津外国语大学学报, 2016(05):33-36.

268. 王银花. 对外汉语教师跨文化交际能力的培养策略研究 [D]. 南昌大学, 2013.

269. 王志海 . 对外汉语教师职业能力培养研究 [D]. 东北师范大学 ,2010.

270. 王子义 , 牛端 . 埃及汉语师资的现状与对策分析 [C]// 姜明宝 . 汉语国际教育 : 人才培养现状与对策 . 北京 : 北京语言大学出版社 , 2013.

271. 王祖嫘 . 国际汉语教师话语能力研究 [J]. 当代教育科学 , 2012(09):62-64.

272. 魏智慧 . 环境可供性理论视角下的课堂教学探讨 [J]. 教学与管理 ,2014(36):102-104.

273. 魏智慧 . 复杂动态理论下的汉语交际类型特征研究 [D]. 厦门大学 , 2017.

274. 吴坚 , 刘立云 . 汉语国际教育硕士课堂教学能力培养策略——基于 X 大学的案例分析 [J]. 云南师范大学学报 (对外汉语教学与研究版), 2014(03):32-38.

275. 吴兰 . 新手与熟手对外汉语教师教学计划能力的实验研究 [D]. 北京语言大学 ,2009.

276. 吴伟平 . 关于语用为纲理念在教师培训中如何落实的探讨 [J]. 华文教学与研究 , 2013(04):21-29.

277. 吴应辉 . 汉语国际教育面临的若干理论与实践问题 [J]. 云南师范大学学报 (哲学社会科学版),2016,48(01):38-46.

278. 伍新春 , 吴思为 , 康长运 . 学习理论的第三思潮 : 复杂科学视野下的学习与教学观 [J]. 华中师范大学学报 (人文社会科学版),2013,52(03):169-176.

279. 夏伶 . 教师专业化背景下语文教师能力构成及其自我培养 [D]. 湖南师范大学 ,2006.

280. 辛涛 . 教师反思研究述评 [J]. 清华大学教育研究 ,1998(03):103-106.

281. 徐彩华 . 对外汉语教师教学效能感的特点 [J]. 语言教学与研究 ,2009(03):33-39.

282. 徐虹 , 郑通涛 . 课外语言学习动态模式研究 [M]. 广州 : 世界图书出版广东有限公司 , 2016.

283. 徐肖芳 . 21 世纪以来德国汉语教学现状研究 [D]. 湖北工业大学 ,2010.

284. 徐子亮 . 对外汉语教学心理学 [M]. 上海 : 华东师范大学出版社 , 2008.

285. 杨洁 . 能力本位 : 当代教师专业标准建设的基石 [J]. 教育研

究 ,2014,35(10):79-85.

286. 杨天平 , 申屠江平 . 教师专业发展概论 [M]. 重庆 : 重庆大学出版社 , 2012.

287. 杨桐桐 , 张蓓蓓 , 姚仙竹 . 论生态学视角下教师专业发展 [J]. 中国成人教育 ,2017(17):147-149.

288. 杨薇 . 汉语国际教育专业硕士培养模式的探索 [J]. 天津师范大学学报 (社会科学版), 2013(04):7

289. 杨盈 , 庄恩平 . 构建外语教学跨文化交际能力框架 [J]. 外语界 , 2007(04):13-21, 43.

290. 么加利 . 走向复杂 : 教育视角的转换 [D]. 华东师范大学 ,2002.

291. 易丹 , 邓杏华 . 对外汉语教师应强化的五种意识 [J]. 中国成人教育 ,2009(23):104-105.

292. 于胜刚 . 教师专业发展导论 [M]. 北京 : 北京大学出版社 ,2015.

293. 俞婷婕 . "澳大利亚政府优质教师计划"解读——基于教师专业素质提升的视角 [J]. 清华大学教育研究 ,2012,33(05):108-113.

294. 俞文虹 , 白乐桑 . 从中法对比视角探索国际汉语教师"国别化"培养思路 [J]. 国际汉语教育 , 2011(04):8-13.

295. 袁新 . 跨文化交际与对外汉语教学 [J]. 云南师范大学学报 , 2003 (02): 27-31.

296. 曾小燕 . 复杂动态系统理论下的现代汉语外来词研究 [D]. 厦门大学 , 2016.

297. 詹向红 . 对外汉语专业跨文化人才培养目标定位的思考 [J]. 中国大学教学 , 2009(06):47-48, 32.

298. 张德鑫 . "功夫在诗外"——谈谈对外汉语教师的"外功" [J]. 海外华文教育 , 2001(02):1-8.

299. 张海静 . 汉语国际教育硕士生课堂观摩能力研究 [D]. 广东外语外贸大学 , 2013.

300. 张和生 . 对外汉语教师素质与培训研究的回顾与展望 [J]. 北京师范大学学报 (社会科学版), 2006(03):108-113.

301. 张和生 , 鲁俐 . 再论对外汉语教师的素质培养 [J]. 语言文字应用 , 2006(S2):163-167.

302. 张红玲 . 外语教师跨文化能力培训研究 [J]. 跨文化交际研究 ,2009,1(00):278-290, 355-356, 363, 369.

303. 张洁. 对外汉语教师的知识结构与能力结构研究 [D]. 北京语言大学,2007.

304. 张洁. 国际汉语教师的知识与能力研究 [M]. 武汉:武汉大学出版社,2017.

305. 张进清,蒋士会. 论教学的复杂性 [J]. 广西师范大学学报 (哲学社会科学版),2010,46(02):100-106.

306. 张立忠,熊梅. 论教师实践性知识的内涵与结构 [J]. 课程·教材·教法,2010,30(04):89-95.

307. 张娜,申继亮. 教师专业发展:能动性的视角 [J]. 教育理论与实践,2012,32(19):35-38.

308. 张勤,马费成. 国外知识管理研究范式——以共词分析为方法 [J]. 管理科学学报,2007(06):65-75.

309. 张晓冬. 我国教师发展研究十年:范式转换的视角 [J]. 上饶师范学院学报,2009,29(01):104-107, 72.

310. 张晓红. 浅谈汉语国际教育专业学生跨文化交际能力的培养 [J]. 教育与职业,2014(09):176-178.

311. 张燕. 应用型汉语国际教育本科生教学实践能力培养问题及对策 [J]. 教育与职业,2016(08):98-99.

312. 张杨. 从汉语学习的跨文化性浅谈国际汉语教师的跨文化能力 [J]. 语文建设,2012(04):57-58.

313. 张燚. 论双语教学能力的培养——关于双语师资教学实习问题的几点思考 [J]. 新疆教育学院学报,2006(01):21-24.

314. 赵金铭. 汉语作为外语教学能力标准试说 [J]. 语言教学与研究,2007(02):1-10.

315. 赵金铭. 对外汉语教学理念管见 [J]. 语言文字应用,2007(03):13-18.

316. 赵金铭. 课程体系与实习体系——汉语国际教育硕士专业学位的两个科学体系:第二届全国汉语国际教育人才培养论坛暨专业硕士培养工作研讨会 [C]. 北京: 北京大学出版社, 2011.

317. 赵金铭. 何为国际汉语教育 "国际化" "本土化" [J]. 云南师范大学学报 (对外汉语教学与研究版), 2014(02):24-31.

318. 赵丽玲,舒路萍. 论国际汉语教师应备文化推广能力的构成 [J]. 湖北工业大学学报,2013,28(03):98-102.

319. 赵蒙成. 论教学的 "经验" 基础:复杂性科学的观点 [J]. 高校教育管

理 ,2007(01):6-11.

320. 赵书红 , 贾馥萍 . 试论对外汉语教师的课堂教学反思 [J]. 文教资料 ,2006(28):104-105.

321. 赵薇 , 肖丽莉 . 国际汉语教师外语语言知识与技能的需求及应用分析 [J]. 科教文汇 (中旬刊), 2012(12):82-83, 108.

322. 郑承军 . 汉语国际教育背景下对外汉语师资核心素质研究 [M]. 北京 : 北京语言大学出版社 , 2011.

323. 郑鸿颖 . 复杂视域下的外语教师观念与行为关系研究 [J]. 基础教育 ,2015,12(02):36-42.

324. 郑鸿颖 . 复杂系统理论视域下的教师教学观念系统研究 [J]. 四川师范大学学报 (社会科学版),2013,40(01):100-105.

325. 郑莎 . 对外汉语口语课堂新手教师与熟手教师师生互动对比分析 [D]. 北京大学 , 2009.

326. 郑通涛 . 复杂动态系统与对外汉语教学 [J]. 国际汉语学报 , 2014(02):1-16.

327. 郑通涛 . 复杂动态系统理论与语言交际能力发展 [J]. 海外华文教育 ,2017(10):1301-1310.

328. 郑通涛 , 陈荣岚 , 方环海 . 基于 "需求" 导向的汉语国际教育的发展与创新——亚太地区国际汉语教学学会第八届年会综述 [J]. 海外华文教育 ,2017(03):390-404.

329. 郑通涛 , 蒋有经 , 陈荣岚 . 东南亚汉语教学年度报告之一 [J]. 海外华文教育 ,2014(01):3-18.

330. 郑通涛 , 蒋有经 , 陈荣岚 . 东南亚汉语教学年度报告之二 [J]. 海外华文教育 ,2014(02):115-133.

331. 郑通涛 , 蒋有经 , 陈荣岚 . 壹、泰国的汉语教学 [J]. 海外华文教育 ,2014(03):227-233.

332. 郑永成 , 崔琳 , 杨洪涛 , 李军 . 教师职业能力发展研究 [J]. 中国成人教育 , 2008(18):25-26.

333. 仲伟合 , 王巍巍 . "国家标准" 背景下我国英语类专业教师能力构成与发展体系建设 [J]. 外语界 , 2016(06):2-8.

334. 周冬梅 . 对外汉语教学研究方法回顾与反思 :2010—2015[J]. 语言政策与语言教育 , 2017(01):85-91,128-129.

335. 周海英 , 景萍 . 对小学汉语教师语言能力现状的调查 [J]. 新疆教育学院学报,2011,27(04):78-81.

336. 周红,尚超.国际汉语教师职前实践反思能力培养途径[J].沈阳师范大学学报(社会科学版),2016,40(04):90-93.

337. 周金声.谈国际汉语教师教学汉字应具备的素质及能力[C]//中国应用语言学会(筹),教育部语言文字应用研究所.语言文字法制化、规范化、标准化、信息化建设——第七届全国语言文字应用学术研讨会论文集,2011:6.

338. 周启加.基础教育英语教师教学能力及其发展研究[D].上海外国语大学,2012.

339. 周淑琪.新手教师和专家型教师评价素养研究——基于教师专业标准的比较[J].比较教育研究,2014(1):12-17.

340. 祝婕.在韩汉语教师志愿者跨文化适应影响因素的实证分析[D].山东大学,2011.

341. 朱锦岚.德国中小学汉语教学综述及启示[J].外国中小学教育,2012(02):61-64, 26.

342. 朱旭东.教师专业发展理论研究[M].北京:北京师范大学出版社,2011.

343. 中华人民共和国教育部.关于转发《汉语国际教育硕士专业学位研究生指导性培养方案》的通知[EB/OL]. http://old.moe.gov.cn/publicfiles/business/htmlfiles/moe/moe_823/201002/xxgk_82702.html

344. 邹小青.CDIO教育模式下汉语国际教育专业学生教学实践能力的培养[J].华北科技学院学报,2014,11(10):96-99, 102.

345. 埃德加·莫兰.复杂思想:自觉的科学[M].陈一壮,译.北京:北京大学出版社,2001.

346. A·班杜拉.自我效能:控制的实施[M].上海:华东师范大学出版社,2003.

347. 肯尼斯·莫尔.课堂教学技巧[M].北京:人民教育出版社,2010.

348. 珍妮·埃利斯·奥姆罗德.教育心理学[M].第六版.龚少英,主译,褚宏启,主编.北京:中国人民大学出版社,2011.

349. 丹尼斯·舍伍德(Dennis Sherwood).系统思考[M].修订版.邱昭良,刘昕,译.北京:机械工业出版社,2008.

350. Ralph Fessler, Judith C.Christensen.教师职业生涯周期——教师专业发展指导[M].董丽敏,高耀明,等译.北京:中国轻工业出版社,2005.

附录一　自评量表

1. 您的性别：[单选题]*

○男	○女

2. 您的年龄段：[单选题] *

○ 18 岁以下	○ 18~25	○ 26~30	○ 31~40	○ 41~50	○ 51~60	○ 60 以上

3. 您目前的职位是？[填空题] *

_____

4. 您从事相关行业的时间有多长？[填空题] *

_____

5. 请您对自己掌握的汉语交际能力进行评价：1 → 5 代表非常不满意→非常满意 [矩阵量表题]*

	1	2	3	4	5
具有符合职业需要的汉语口语和书面语交际能力	○	○	○	○	○
具有提高自身汉语水平的意识和能力	○	○	○	○	○

6. 请您对自己掌握的汉语语言学知识和语言分析能力进行评价：1 → 5 代表非常不满意→非常满意 [矩阵量表题]*

	1	2	3	4	5
具备汉语语言学的基本知识	○	○	○	○	○
具备基本的汉语语音、词汇、语法和汉字的分析能力	○	○	○	○	○

7. 请您对自己掌握的第二语言学习基本原理进行评价：1 → 5 代表非常不满意→非常满意 [矩阵量表题] *

	1	2	3	4	5
了解第二语言习得的基本概念和主要理论	○	○	○	○	○
了解第二语言学习的基本过程	○	○	○	○	○
了解第二语言学习的主要影响因素	○	○	○	○	○

8. 请您对自己掌握的第二语言教学基本原则与方法进行评价：1 → 5 代表非常不满意→非常满意 [矩阵量表题] *

	1	2	3	4	5
熟悉第二语言教学的一般原则，并具有将其与汉语教学实践相结合的意识和能力	○	○	○	○	○
熟悉第二语言教学的主要方法	○	○	○	○	○

9. 请您对自己掌握的汉语教学的基本原则与方法进行评价：1 → 5 代表非常不满意→非常满意 [矩阵量表题] *

	1	2	3	4	5
掌握汉语教学的基本原则与方法，并能运用于教学实践	○	○	○	○	○
能根据不同的教学对象和教学目标进行教学，培养学习者的汉语综合运用能力	○	○	○	○	○

10. 请您对自己掌握的汉语语音、词汇、语法和汉字教学基本原则、方法与技巧进行评价：1 → 5 代表非常不满意→非常满意 [矩阵量表题] *

	1	2	3	4	5
掌握汉语语音、词汇、语法和汉字教学的基本原则与主要内容	○	○	○	○	○
掌握汉语语音、词汇、语法和汉字教学的方法与技巧，并能根据不同的教学对象采用适当的教学方法	○	○	○	○	○
具备汉外语言对比的能力	○	○	○	○	○
具备分析和处理学习者偏误的能力	○	○	○	○	○

11. 请您对自己掌握的汉语听、说、读、写教学的特点、目标、原则与方法进行评价：1 → 5 代表非常不满意→非常满意 [矩阵量表题] *

	1	2	3	4	5
了解汉语技能教学的课型特点、教学目标与基本原则	○	○	○	○	○
掌握汉语听、说、读、写教学的方法与技巧，并能有效地组织教学	○	○	○	○	○
能根据学习者的特点，设计、组织教学活动	○	○	○	○	○

12. 请您对自己掌握的现代教育技术进行评价：1 → 5 代表非常不满意→非常满意 [矩阵量表题] *

	1	2	3	4	5
了解现代教育技术及对汉语教学的作用	○	○	○	○	○
具有运用现代教育技术进行汉语教学的能力	○	○	○	○	○

13. 请您对自己掌握的汉语教学标准和大纲进行评价：1 → 5 代表非常不满意→非常满意 [矩阵量表题] *

	1	2	3	4	5
熟悉有关的汉语教学标准和教学大纲	○	○	○	○	○
能合理设计课程并制订教学计划	○	○	○	○	○
能根据教学要求编写教案	○	○	○	○	○

14. 请您对自己掌握的根据教学需要选择教材和资源的能力进行评价：1 → 5 代表非常不满意→非常满意 [矩阵量表题] *

	1	2	3	4	5
熟悉常用的汉语教材	○	○	○	○	○
能合理选择、加工和使用汉语教材	○	○	○	○	○
能根据教学需要利用各类教学资源制作、补充教学材料	○	○	○	○	○

15. 请您对自己掌握的课堂教学任务与活动进行评价：1 → 5 代表非常不满意→非常满意 [矩阵量表题] *

	1	2	3	4	5
了解课堂教学任务与活动的主要类型及特点	○	○	○	○	○
具备设计教学任务和组织教学活动的能力	○	○	○	○	○
能合理选用或制作必要的教具	○	○	○	○	○

16. 请您对自己掌握的课堂管理效率进行评价：1 → 5 代表非常不满意→非常满意 [矩阵量表题] *

	1	2	3	4	5
了解并适应不同国家和地区的课堂管理文化	○	○	○	○	○
能创建有利于汉语教学的课堂环境与氛围	○	○	○	○	○
能采用适当的策略和技巧实施有效的课堂管理	○	○	○	○	○

17. 请您对自己掌握的组织课外活动能力进行评价：1 → 5 代表非常不满意→非常满意 [矩阵量表题] *

	1	2	3	4	5
了解课外活动的形式、特点和作用	○	○	○	○	○
掌握组织课外活动的基本方法和程序	○	○	○	○	○
能根据学习者特点组织课外活动	○	○	○	○	○

18. 请您对自己掌握的测试与评估的基本知识进行评价：1 → 5 代表非常不满意→非常满意 [矩阵量表题] *

	1	2	3	4	5
了解测试与评估的基本知识和主要方法	○	○	○	○	○
能根据不同教学目的选用或设计合适的测试与评估工具	○	○	○	○	○
能对测试与评估结果进行有效的分析和应用	○	○	○	○	○

19. 请您对自己掌握的中华文化基本知识和文化阐释和传播能力进行评价：
1 → 5 代表非常不满意→非常满意 [矩阵量表题] *

	1	2	3	4	5
了解中华文化基本知识、主要特点、核心价值及当代意义	○	○	○	○	○
能通过文化产品、文化习俗说明其中蕴含的价值观念、思维方式、交际规约、行为方式	○	○	○	○	○
能将文化阐释和传播与语言教学有机结合掌握相关中华才艺,并能运用于教学实践	○	○	○	○	○

20. 请您对自己掌握的中国基本国情进行评价：1 → 5 代表非常不满意→非常满意 [矩阵量表题] *

	1	2	3	4	5
了解中国的基本国情	○	○	○	○	○
了解当代中国的热点问题	○	○	○	○	○
能以适当方式客观、准确地介绍中国	○	○	○	○	○

21. 请您对自己掌握的跨文化知识进行评价：1 → 5 代表非常不满意→非常满意 [矩阵量表题] *

	1	2	3	4	5
了解世界主要文化的特点	○	○	○	○	○
尊重不同文化,具有多元文化意识	○	○	○	○	○
能自觉比较中外文化的主要异同,并应用于教学实践	○	○	○	○	○

22. 请您对自己掌握的跨文化交际能力进行评价：1 → 5 代表非常不满意→非常满意 [矩阵量表题] *

	1	2	3	4	5
了解跨文化交际的基本原则和策略	○	○	○	○	○
掌握跨文化交际技巧,能有效解决跨文化交际中遇到的问题	○	○	○	○	○
能使用任教国语言或英语进行交际和教学	○	○	○	○	○

23. 请您对自己具备的教师职业道德进行评价：1 → 5 代表非常不满意→非常满意 [矩阵量表题] *

	1	2	3	4	5
认识并理解职业价值，树立并维护职业信誉	○	○	○	○	○
遵守法律和职业道德规范	○	○	○	○	○

24. 请您对自己具备的心理素质进行评价：1 → 5 代表非常不满意→非常满意 [矩阵量表题] *

	1	2	3	4	5
具有健康的心理和积极的态度	○	○	○	○	○
具有较好的心理承受能力和自我调适能力	○	○	○	○	○
具有合作精神	○	○	○	○	○

25. 请您对自己掌握的教育研究能力和专业发展意识进行评价：1 → 5 代表非常不满意→非常满意 [矩阵量表题] *

	1	2	3	4	5
能进行教育研究，具有教学反思能力	○	○	○	○	○
了解相关学术动态与研究成果，参与学术交流与专业培训，寻求专业发展机会	○	○	○	○	○

附录二　学生课程作业示例

一、观察量表

课堂内容说明	序号	教师提问	所属环节	问句类型
词卡复习	1	（词卡）这是什么？	2	1
	2	对！（支），一支什么？	2	1
	3	这个是什么？（"那"，对！）	2	1
	4	这是什么？	2	1
复述课文	5	今天是几月几号（开始引导复述）	2	1
	6	今天星期几？	2	1
	7	今天是谁的生日	2	1
	8	明天下课要干吗？	2	1
	9	那个饭馆在哪儿	2	1
	10	"我"还准备做什么	2	1
	11	我想买什么礼物？（重复一次）	2	1
	12	什么？	2	1
图：出现太阳早—午—晚位置图	13	这是什么时候	3	1
	14	现在呢？（早上，中午，晚上？）	4	2
	15	哪个是"午"？（牛，午）	4	2
	16	那"晚"呢？	4	1
图：饭	17	这是什么？（饭）	2	1
	18	早上吃的是？（早上吃的是→早饭）	4	1
	19	你们吃早饭了吗？	5	1
	20	谁不吃早饭？	5	1
点	21	这个是什么？	3	1
	22	这是几点？	3	1
	23	这个人不知道，他问……？（几点）	4	1
	24	点，问点？（几点？）（找4个同学，问时间）	5	1
	25	珍，现在是……？	5	5
	26	早上晚上？	5	2

续表

课堂内容说明	序号	教师提问	所属环节	问句类型
店	27	我**五点**去书店，书店卖书，图书馆不卖书对吗？	4	1
	28	店，**一样吗**？（显示"书店，小店"图片）	4	1
半：复习（半的具体意义）	29	这是什么？（苹果，一个…苹果）	3（2）	1
	30	这是？→半个 对，这是"半"（图）爸爸是中国人，妈妈是美国人，所以他是…半个中国人。	3（2）	1
半：讲解—X点半	31	半，这是？（一点半）	4	1
	32	几点半？	4	1
	33	几点？	4	1
	34	七点吗？（八点半）	4	1
	35	早上八点半吗？（晚上……）	4	1
	36	几点（九点）？早上九点半吗？（晚上九点半）	5	1
半：练习—X点半（发写有时间的纸条）	37	你呢？你呢？（回答自己的，同时其他人听写）	5	1
	38	×××，你呢？	5	1
	39	晚上 ___?（晚上九点半）	5	1
	40	×××？（晚上三点半）	5	1
	41	晚上？	5	4
	42	晚上？	5	4
	43	晚上三点半？	5	4
	44	下午，晚上？（对，晚上 3:30）	5	2
	45	（核对答案）×××点，早上晚上？	5	2
网，上网	46	这是什么？（网）	4	1
	47	这是什么？这是"网"（图+字形）（写）	4	3
	48	你们上网吗？（**配字+图**）	4	1
	49	你们喜欢上网吗？	5	1
	50	你们上网学习吗？	5	1

续表

课堂内容说明	序号	教师提问	所属环节	问句类型
频率词—讲解—意思＋字形	51	先讲解:(我喜欢上网,我1号上网……给出上网时间)我(停顿)**每天**上网。我喜欢上网,但没时间,我(停顿)**常常**上网。(后面引出:有时候/不)		
	52	"每天"什么意思?	4	1
	53	"常常"什么意思?	4	1
	54	有时候 什么意思?	4	1
	55	(读后问)你们学过"时间",时间什么意思?	(2)4	1
	56	那"时候",明白了吗?	4	1
	57	(句子)这是?(学生读)	4	1
	58	我们看(给出两个汉字)一样吗?	4	1
	59	"常"怎么写?(123456……)	4	1
	60	"候",(单人旁)这是 __?(人,对)	4	1
	61	(候,右下角部件)有个汉字,你们学了,是___?对,知道的知	2	1
频率词—练习1—问句	62	你×××做什么?你每天吃早饭吗?	5	1
	63	×××,你每天吃早饭吗?	5	1
	64	现在做什么?	5	1
	65	那你们每天学汉语吗?	5	1
	66	(学生:看电影也是学汉语)对,那你们常看电影吗?(点答)	5	1
	67	那你们常看书吗?	5	1
	68	报纸?(不常,不常常)	5	1
频率—练习2—自己运用、造句	69	做什么?(以多个"做什么"引出学生回答一系列动宾短语:吃早饭,上课)	5	1
	70	做什么?做饭。做什么?(生答,师重复学生答案)	5	1
	71	你们想,想想你们常常做什么?每天做了什么?有时做什么?(想一想,不要写下来)(提问后,各给例句1,让学生想)	(5)1	1
	72	想好了吗?(没,再给时间)	1	1
	73	谁准备好了?(×××,请)	1	1
	74	还有谁?	1	1
	75	(每天看报纸)你们知道吗,报纸?	5	1
	76	还有吗?(常,有时)	1	1
	77	还是有谁?shelly?	(1)5	1
	78	×××,你呢?(每天**都**上课,对)	5	1

续表

课堂内容说明	序号	教师提问	所属环节	问句类型
词卡复习	79	这是什么？（上节课刚学的词）（词卡）	2	1
先	80	再学一个词，这是（停顿）？"先"	4	3
	81	（给出 8:00,9:00），我怎么样？我先（停顿后说完句子）	4	3
	82	（7:00；8:00）他怎么样？他先 ___？（然后解释）	4	1
	83	谁先？（终点的图片）	4	1
	84	（终点小人变成"先"字形）怎么写？	4	1
	85	他先做什么？（两图＋时间；点答）	5	1
	86	你们先做什么（上课）（点答）	5	1
先……然后	87	图，她先？ The second one?(超市)	3	1
	88	她先去 ___，然后 ___ 去超市。（区别"以后"）	4	5
	89	先，然后，（说一遍，然后点同学说出图中行为）	5	5
	90	先，然后，明白吗？	1	1
	91	Misha，你有问题吗？	1	1
洗澡	92	(图)这是什么？	3	1
	93	洗澡，你们每天 ____。	4	5
	94	中国人常常 ___，美国人常常 ____。	4	5
	95	（图片）这是什么(PPT 给出句子)？	4	1
	96	我先洗洗澡（停顿＋重复多次）___（生：然后睡觉）	4	5
"洗""澡"分别讲及字形	97	(洗手，图片)这是什么？	3	1
	98	"先"，洗衣服你要先 ___（水），对！（洗，先，水）	4	5
	99	左边也是"水"，右边有什么？（字形）	4	1
	100	（老师先写洗，后写澡字后）×××，你能写吗？	1	1
	101	（学生板书后）漂亮吗？	1	1
起床	102	这是？（对！有同学知道）	3	1
	103	我们学过"起"，还有什么？——对不起	4(2)	1
	104	床(图)宿舍都有床对吗？	4	1
"起""床"	105	"超"，左边是一样的对吗？	4	1
	106	这是什么？	4	1
	107	他的床怎么样？（大，舒服，对）	5	1
	108	我们看怎么写(1234……)	4	5
	109	下面是什么？（木，对）	4	1
	110	你的床是木头的吗？	5	1
	111	(示范写，"走己")对吗？（不对，再写一次）	1	1

续表

课堂内容说明	序号	教师提问	所属环节	问句类型
语法：谁＋几点＋做什么，及提问	112	几点？早／下午／晚？（对，早上六点）	3	2
	113	他做什么？（起床）	3	1
	114	他早上六点，做什么？（起床）（引导全句，然后：他—谁，早上—什么时间，做什么→语法点）	4	1
	115	我不知道他早上几点起床，我问，他（停顿）___几点（停顿）起床。	4	5
	116	我问 _____？	4	5
	117	你们早上几点起床？（点答）×××，几点？	5	1
课文	118	看这儿，下午没课，她常去 ___？	5	5
	119	做什么？	5	1
	120	接下来几张图，均如此问，然后让学生自己练习，然后找人说（描述这组图）	5	1
	121	问旁边同学，PPT 上的问题明白吗？	1	1
	122	今天没时间 finish，对吗？那回去准备，明天再说	1	1

二、小组报告

观察项目	优点	不足
生词讲解	1. 以意义进行组合和安排 2. 注重对比 3. 熟练运用图片和动画为教学服务 4. 通过旧知识的复习自然引入新知识 5. 注重汉字书写	1. 例句数量不够 2. 语用讲解不够 3. 对多媒体过于依赖
课堂提问	1. 问题相关性高 2. 注意提问用语与学生程度的匹配 3. 善用提问串联、推进课堂教学 4. 知识点讲解采取提问方式，帮助学生由词逐步扩展到句子 5. 做到以学生为中心，调动学生积极性，关注学生掌握情况	1. 提问过于简单 2. 对"听"和"读"的训练不够
听说读写技能训练	1. 听：注重学生的输入，语速较慢 2. 说：跟读次数多；鼓励学生使用汉语 3. 读：带读短文，注重从语段上训练学生 4. 写：注重汉字书写	1. 问题过于简单，难以训练学生语言思考能力 2. 汉字书写上教师出现错误

续表

观察项目	优点	不足
总结	从吴老师对生词的讲解、课堂的提问和听说读写技能的训练这几个方面来看，吴老师能够按照自己的教学安排组织教学，讲解方式多样且灵活，对课堂的讲解内容把握程度高，提问有效，与学生互动较多，注重四项技能的训练，很好地完成了教学任务，足以见其教学经验之丰富。但在提问方面，可以考虑增加些能锻炼学生能力的问句，另外，生词的讲解可以通过增加例句，讲解语用等方法促进教学	

三、学生教案

《发展汉语》第 22 课课文二教案

教学对象：初级班留学生（一年级上）

教学时间：80 分钟

教学目的：1. 理解并掌握课文二的生词。

2. 掌握"有点儿……"、"……（一）点儿"、"才……"三个语法点，并能熟练运用。

3. 理解课文二的内容，能流利朗读课文，并掌握课文中的常用表达。

教学重点及难点：

1. 重点词语的语法及语用意义：

有点儿：副词，常用在形容词或动词前面，表示程度不高，相当于"稍微"，用在形容词前常有不如意的意思。

才：用在数量词语前边，表示数量少、时间早、价格便宜等。

2. "有点儿……"和"……（一）点儿"两者的区别。

教学原则：坚持精讲多练的教学原则。

教学方法：1. 对于生词和语法点的讲解，重点放在意义和用法上，在讲解的基础上，设置情景或者练习对重点词语和语法点进行操练。

2. 教授课文时，在掌握生词和语法点的基础上，通过领读和学生朗读使学生感知课文，对难以理解的地方进行简单的讲解，力求学生掌握文章大意并能熟练运用其中的常用表达。

教具准备：PPT 课件、板书。

教学环节设计：

（一）复习旧课和新课导入（10 分钟）

1. 听写 22 课课文一的生词和重点句子，请两位同学到黑板上写，其余同学在本子上写。听写完成后,老师批改黑板上的听写,其余同学自己订正修改。

2. 复习前一课语法点"的"字短语的使用:

(1)问同学衣服的颜色。先指老师自己的衣服,并说:老师的衣服是蓝色的。然后指其他同学的衣服,抽取三位同学来回答。

(2)借用一些同学的水杯、书本、笔等道具,说说东西是谁的。老师提问"这个水杯是谁的? 这本书是谁的? 这支笔是谁的? "也抽取三位同学来回答,例如:这个水杯是林娜的。

(3)说说这些东西是做什么用的。老师举起食物、衣服、笔等向同学们展示,让同学们回答:"这是吃的,这是穿的,这是写字的……"

3. 全班朗读课文一。

4. 新课导入:

展示图片,在商场试衣服的图片,指着图片问"这件衣服好看吗?"(课文中的句子)老师介绍今天学习的课文内容,在商场买衣服、试衣服。

(二)讲解生词和例句(15分钟)

1. 学习生词:以 PPT 集体展示生词,老师带读一遍,学生齐读一遍,学生以接龙的方式再读一遍。(学生齐读和个别读后,老师都需要注意正音。)

2. 讲解重点词语(三四个,组词拓展、给出图片或更多的例句进行讲解)

例如:换、肥、正好

具体讲解过程如下:

(1)换:组词"交换"→交换戒指、交换礼物、交换商品(同时展示说明该意思的图片)

展示多个例句,如:"这件衣服太肥了,能不能换一件瘦一点儿的。"让学生更理解这个词的应用。

(2)肥:说明常用的意思有两个,一个是衣服或者裤子太大;另一个是身材胖。

分别展示例句:例如"这件衣服太肥了。""这只母鸡很肥。"……

(3)正好:说明一般指时间、地点、大小、程度非常合适、刚刚好。

展示图片,例如一张钟的图片,刚刚到三点钟,老师给出例句:现在正好三点钟。再展示一张标有两块钱价格的图片,老师给出例句:这瓶水两块钱,我正好有两块钱(并配合拿出两块钱的动作)。在这样的基础上,老师给出更多的图片,让学生尝试模仿造句,老师再给出相应的例句。

3. 让学生再齐读一遍生词,进行巩固。

（三）讲解语法点（20分钟）

1. 老师跟同学们聊天，"今天天气有点儿冷"，引入语法点"有点儿"。再说"老师感冒了，有点儿不舒服"，让同学们注意"有点儿"这个词。然后提问"上一节课，林娜的自行车丢了，她怎么样？"老师完善学生回答："林娜的自行车丢了，她有点儿生气。"同时 PPT 上出现这个例句，并要求学生跟着老师念。接着 PPT 上出现更多的例句，例如：小明上课迟到了，老师有点儿不开心；他有点儿不太高兴……老师念完后，请学生以接龙的方式念。PPT 上有点儿后面的形容词或动词，已经用不同的颜色标出，让学生思考它们的特点，留给学生一点思考的时间。老师最后给出答案：对，一般都是表示不开心、不满意的事情。同时 PPT 上出现一个不开心孩子的图片，加强学生的记忆。最后总结语法点：S + 有点儿 + adj/v，并写出板书。

练习：PPT 上出现图片和提示的文字，让学生用"有点儿"回答问题。

2. 老师说："今天天气有点儿冷，我希望热一点儿"，又接着说"老师喝了药，舒服一点儿了"，引出语法点"一点儿"，同时 PPT 上出现"一点儿"这个词。老师指出，"一点儿"虽然和"有点儿"很像，但是它们的用法不同。PPT 上出现例句，要求学生跟着老师念，同样将同类词性的词语用同一颜色标出，并说明"一点儿"的"一"可以省略，最后总结"一点儿"使用时的两个语法点：adj +（一）点儿、（一）点儿 + N，并且写出板书。

练习：用"一点儿"或者"有点儿"填空，区分两者。随机抽查学生回答，学生回答后，PPT 上出现正确的答案。

3. 老师展示衣服的图片，配上不同的价格，引导学生说出：这件衣服很贵；这件衣服很便宜。在很便宜的时候，老师说："这件衣服很便宜，才 30 块。"同时 PPT 上出现这个例句，"才"用不同的颜色重点标出。然后老师解释说明："才"用在数量词语前边，表示的意思是数量少、时间早、价格便宜等，并展示更多的例句进一步说明，最后全班齐读例句。

（四）处理课文（30分钟）

1. 老师先领读课文一遍，学生再齐读一遍，老师纠正发音。然后随机点名，请同学分角色朗读课文。

2. 老师对课文中难以理解的地方进行简单的讲解，帮助学生理解全文。带领学生将文中常用的句型表达标出，重点记忆，必要时可以配上适当的句型操练。例如："我觉得您穿这个颜色特别合适，您试试吧。这件不长不短，不肥不瘦，正好。……"

3. 老师将课文的内容以图片的方式展现，随机点名，让学生复述课文。最后，老师和学生一起复述该课文。

4.课堂活动:角色扮演。让学生分别扮演营业员和顾客进行表演,尽量新学的词语和句子。

(五)布置作业(5分钟)

1.完成该课文的课后练习

2.复习 22 课课文二的所有生词、语法和课文,下节课进行听写和表达练习

3.预习 22 课课文三的生词和课文

附录三　国际汉语教师资讯数据库录入部分信息

亚洲

地点	题目	内容	备注
泰国	素攀孔子学院举办"泰国中小学汉语课堂管理策略"研讨会，寻求汉教发展之路	108名教师参与、解答了教师关切的三个核心问题：如何创造教学友善型课堂、如何保证教学稳定性、如何提高教学效率。	
泰国	智民学校开展教师公开课，建教学技能交流平台	资深教师示范课教学后，新任教师进行观摩学习。外派教师也努力向本土教师学习和借鉴教学经验。	
泰国	素攀孔子学院运用"活动教学法"进行汉语教学		
泰国	曼松德汉语培训推广中心启动曼谷汉语教师分区培训计划	25所学校的50名汉语教师参加本次汉语培训，该区各校希望提高活动的数量和质量，与汉语培训推广中心的合作意愿日益强烈。开设了汉语语法与教学、汉字教学和汉泰语言比较与教学三方面内容。	
泰国	宋卡府汉语教学座谈会召开，推动泰南地区汉语教学协同发展	30余人与会，希望孔子课堂能继续扩大活动规模、增加参与人数，以现有的经验和模式，走出去，帮助更多学校开展活动。	
韩国	韩国外国语大学孔子学院举办第四届在韩汉语教师志愿者教学技能大赛	6月28日，10多家孔子学院60多名汉语教师参加。分现场展示课和评审团提问两个环节。	
马来西亚	大马华总会长方天兴：政府对华教重视仍有待加强	马来西亚大选过后，发生了许多不利华教发展的课题和风波。问题的产生除了设计政策和认为执法偏差外，也与教育部没有熟悉华教的华裔代表有关。	
印度尼西亚	印尼万隆国际外语学院首办华语教学技能培训活动	6.23-6.24，80余人参加培训，印尼高校应完成三项使命：教学、科研和社会服务。本次培训在这样的背景展开，服务印尼社会、服务华文教育，最大特点是有针对性、更具实用性，待一些前沿的教学理论转化为切实可用的教学技巧。	
印度尼西亚	印尼教育部重新调派百余对外汉语教师，满足师资需求	120名对外汉语教师到国立中学，包括60名较早派往汉语小学和40名派往全寄宿学校的对外汉语教师。	
吉尔吉斯斯坦	"吉尔吉斯汉语教学本土化探索与实践"国际研讨会举行	主要议题有"孔子课堂、汉语教学点本土化管理：本土汉语教学计划、教学大纲的制定、实施与面临的困难和采取的措施；合格的本土汉语教师招聘与任用问题；孔子学院在本土汉语教师培训、本土汉语教材开放方面所起的作用；汉语教材编写与教学资源建设。	
缅甸	缅甸华文学校开展系列教研活动，助力当地华education	教师课堂教学水平提高是教学质量的根本保障，晶华中文学校开展"以老带新，以研促教"系列教研活动。	

◀ ▶ 161期 162期 163期 164期 165期 166期 167期 168期 169期 170期 工作表2 ··· + ...

欧洲

地点	题目	内容	备注
英国	英国汉语教学学研究会第十二届国际汉语教学研讨会圆满闭幕	7月11日，伦敦摄政大学顺利闭幕。共130余名从事汉语教学和研究的专家、学者及教师参加。发言包括了通过汉语原文文本阅读和翻译训练方法培养学生认读和思辨能力的重要性；欧洲汉语能力标准项目再探。	
法国	汉语教学新探讨：动画文字——阿尔多瓦孔子学院举办第七届欧洲孔子学院汉语教师培训班	来自芬兰、丹麦、英国、法国等国家的14所孔子学院、2所高校和1所中学的6位教师、28位教师和硕士生参加。主题是：图像在汉语教学中的应用；培训内容和后勤服务都得到肯定。	
法国	布列塔孔子学院举办2014年法国本土汉语教师培训	采用汉语母语和非汉语母语两个小班分开授课与集中授课相结合模式，旨在帮助教师改善课堂语言教学，促进当地华人教师间的相互交流、提高语言表达水平，帮助中文老师顺利拿到当地的教师资格证书，培训采用语言培训、技能培训和实际操练相结合的方法，让参加培训的教师在浸润式语言环境中更好得到教学理论的提升和语言素养的提高。	
奥地利	维也纳大学孔子学院举办"中国语言与文化"专题讲座探讨对外汉语教学	"中国语言与文化"专题讲座。	
荷兰	荷兰格罗宁根孔子学院举办首届全荷汉语教师培训大会	30余汉语教师进行培训，Ardi Brouwers从跨文化角度阐释中荷文化差异，姜丽萍教授展示汉语教学设计重要性，以及中文发声特点和中文朗诵及演讲的艺术与实用技巧。	
西班牙	西班牙学中文热度不减，昆卡举办汉语教师短期集训	2014年底汉语学习人数超过1.5亿，需要至少700万对外汉语教师。2013年西班牙参加汉语水平考试人数已超过7100人，居欧洲首位。	

美洲

地点	题目	内容	备注
美国	旧金山州立大学孔子学院举办本土中文教师培训班促提高汉语教学能力	6月15-21日，"第五届暑期本土中文教师培训班"，35名在职教师，希望通过专业培训提高教学能力，以应对实际教学中的问题。	
巴西	巴西将再添3所孔子学院，汉语教师短缺成"瓶颈"	2016年持达到500名，而既懂汉语教学又懂葡语的教师缺乏。	
加拿大	加东华文教师研习会，用ipad教学与时俱进	"2014年加东地区华文教师研习会"，以"翻转课堂、创新学习"为主题，利用高科技产品进行教与学，提升学生沟通技巧，强化学生中文能力。